U0154546

五南圖書出版公司 印行

交通事故肇事重建與蒐證

陳家福／著

　　「15年，終於完工了！」如釋重負，有歡喜感。「25年，期間所涵養的話，已講了七成！」如吐真言，是有快感！但沒有雀躍，也沒有快樂，是一種「悲喜交集」的心情。

　　本書雖然已提供了事故發生後，於蒐證鑑定方面重要而基本的知識，也提供了改善國內交通安全體質的根本對策與立法，但臺灣在國際上於開發同等級或以上國家中，仍是一個道路交通很不安全的國家！近6年來，每年仍發生至少50萬件的交通事故，至少造成40萬人受傷，2,814人死亡，每10萬人死亡率至少11.9人，總財產損失約4,318億元（約占GDP的3%）的結果。不但負責處理事故的人員忙得不可開交，而且民眾的生命財產安全、交通司法正義也仍均受到嚴重的衝擊，所以現在的心情除了是「悲喜交集」外，亦有「感恩圖報」。

　　25年前，隨著恩師王文麟教授開始學習事故鑑定，一路走來，中央警察大學提供很好的鑑定團隊與行政支援，讓我在這時空環境中能獲得成長、滋養生命、發揮所長、回饋社會，「我，心懷感恩！」

　　25年來，所從事之事故鑑定工作，都是利用教學之餘、假日時間所完成者，幾乎很少有休閒旅遊時間，於此要向家人說：「謝謝您們的體諒與支持。」更要謝謝賢內助，這15年來的支持與督促，使本書能順利完成，「謝謝您！」說到完成這本書，也要謝謝趙崇仁主任於製圖、編輯上的一路相挺，「謝謝您！」

　　11年前，承王文麟教授之意，著手創立系友會，之後並向內政部登記成立，接著運作了4年。感謝所有系友、理監事於期間的支持，並同意個人辭去該職務使能專心寫作。說到能專心寫作，也要感謝弟妹幫忙照顧父母、球友陪我維護健康、學生善良好教、同事待我如親、朋友給我溫暖、有緣的人長我智慧，「謝謝您們！」

　　再多的謝謝也謝不完，沒錯！不過，仍要謝謝我曾經鑑定過的這些案主、關係人、警察、行政鑑定覆議人員、檢察官、法官等先進的教導，即便是於行車道路上禮讓我的人，甚至對我按喇叭、讓我心生恐懼

的人，我也都要說「謝謝您！」

本書於第一篇「肇事重建實務」，將過去所履歷過的58件司法肇事重建案取來分析，分析後發現「交通事故的冤案近四成、懸案近一成、假案占3.4%」，這著實令人感到驚訝！難怪申請學術鑑定的案件這麼多，難怪開放申請後1～2天就額滿了！交通社會的冤情著實嚴重！而且發現冤案、懸案、假案的形成皆導因於「蒐證錯漏」；本書因而進一步分析造成蒐證錯漏的原因與內容。

第二篇「冤懸假案例分析」，舉了四個分別屬於冤案或懸案或假案的案例，具體分析個案中蒐證錯漏的詳細內容，並檢討分析針對該肇事型態的事故應如何才能完整蒐證或透過鑑定以釐清案情，兼提供所應具備的蒐證或鑑定知識供參考。這一篇的內容對事故當事人、關係人、警察、保險業者、鑑定覆議人員、檢察官、律師、法官應該都能有所幫助。

第三篇「現場蒐證與安全改善之建議」，則針對交通事故現場蒐證所共通的倫理議題、現場保護與交通管制問題、蒐證應具備的基本知識等問題，再搭配至少十個案例中之關鍵照片加以分析，並提供應有的、重要的、基本的蒐證或鑑定知識供參考。這些單元的內容，除了對上述人員有幫助之外，對負責現場蒐證的警察機關或相關人員、鑑定人員、司法人員的蒐證或認證觀念與知識，應該會有更值得重視、留意與討論之處，進而能將案情加以釐清，幫助發現真相的功效。

最後兩章，則有感於蒐證錯漏所關聯社會問題之嚴重性，呼籲政府應加以重視，並提供改善交通安全體質的具體對策與立法供參考。

懷著感恩能忍受艱辛的心路歷程寫完本書，企盼藉由本書的出版能夠提供事故當事人、事故關係人、警察、保險人員、行車事故鑑定與覆議委員、檢察官、律師、法官、交通人等先進參考，祈願共同努力，幫助用路者行車平安，我國道路交通安全、交通正義能持續進步，往交通文明的國家邁進！

　　未來的人生路上，個人會學習著「視民如親」，將周遭的人都視如我的親人般關懷，也願以一顆感恩清淨的心，學習「蓮藕入汙泥而不染」的精神，隨緣而行。願大家　行車平安、吉祥如意！

陳家福 109.8.17序

第一篇　肇事重建實務

第二篇　冤懸假案例分析

第三篇　現場蒐證與安全改善之建議

圖目錄

表目錄

照片＋影像目錄

第一篇

肇事重建實務

|第一章|
道路交通事故處理

第一節　道路交通事故名稱與意涵

壹、名稱說明

　　道路交通事故俗稱「車禍」，泛指車輛（如汽車、機車、慢車、動力機械、大眾捷運系統車輛等）於道路上行駛，因某種因素發生車輛碰撞，肇致人員傷亡或車輛毀損之情形者。車禍於臺灣有多種法定名稱，如道路交通事故、車輛行車事故、汽車交通事故、機動車交通事故、車禍等，茲將其相關名稱、法規出處、主管機關、適用範圍簡要說明如下：

一、道路交通事故

　　「道路交通事故」一詞之法定出處為《道路交通事故處理辦法》（以下簡稱《處理辦法》）第2條：「本辦法用詞，定義如下：一、道路交通事故：指車輛、動力機械或大眾捷運系統車輛在道路上行駛，致有人受傷或死亡，或致車輛、動力機械、大眾捷運系統車輛、財物損壞之事故。」依《道路交通管理處罰條例》（以下簡稱《道交條例》）第92條第5項規定，該處理辦法由內政部會同交通部、衛生福利部定之，故得知《處理辦法》不但源自於《道交條例》，而且其主管機關為內政部；進而得知主辦機關為內政部警政署。

　　該「道路交通事故」所指之「道路」當作何解釋？有無包含發生於校園、軍營、加油站或停車場內之事故呢？討論如下：

（一）「道路」的定義出自《道交條例》，指公路等供公眾通行之地方

由於「道路交通事故」一詞出自《處理辦法》，而《處理辦法》又出自《道交條例》，而《道交條例》第3條又規定：「本條例用詞，定義如下：一、道路：指公路、街道、巷衖、廣場、騎樓、走廊或其他供公眾通行之地方。」

（二）「公路」，在《公路法》中，係指公路主管機關（核准）興建之道路及其設施

《公路法》第2條：「本法用詞，定義如下：一、公路：指國道、省道、市道、縣道、區道、鄉道、專用公路及其用地範圍內之各項公路有關設施。……八、專用公路：指各公私機構申請公路主管機關核准興建，專供其本身運輸之道路。」

（三）「道路」，在《市區道路條例》中，係指主管機關計畫或管轄或核定之道路

《市區道路條例》第2條：「市區道路，指下列規定而言：一、都市計畫區域內所有道路。二、直轄市及市行政區域以內，都市計畫區域以外所有道路。三、中央主管機關核定人口集居區域內所有道路。」

（四）綜上，道路係指公路或道路主管機關（核准）興建或管理之公路及其設施

依《道交條例》第3條及《公路法》第2條，「道路」的意涵可解釋爲，係僅止於公路主管機關（核准）興建之道路，並用以供公眾通行之地方。又《市區道路條例》中所稱之「道路」，也是指主管機關管理之道路；因此，道路可解釋爲公路主管機關（核准）興建或道路主管機關管理之公路及其設施，並用以供公眾通行的地方。因此，此處的「道路」具有以下三個要件：

1. 爲公路或道路主管機關所（核准）興建或管理者。
2. 爲道路的型態，並包含道路之附屬設施。
3. 爲供公眾通行之地方。

故此處的「道路」，並不包含非公路主管機關（核准）興建或非道路主管機關管理，但供公眾通行之道路。所以，於軍營營區、學校校園、工廠廠區、企業或私人用地、私有停車場、加油站等車道上發生車輛碰撞之事故，均非屬《處理辦法》所稱之「道路交通事故」；但其本質上仍屬於車輛在陸地上通行時所發生之交通事故。

二、車輛行車事故

《公路法》第67條規定：「車輛行車事故鑑定及覆議事項，由交通部指定之所屬機關辦理。但其事故發生所在地於直轄市行政轄區內者，由直轄市政府或其指定之所屬機關辦理，或亦得委託交通部指定之所屬機關。前項車輛行車事故鑑定及覆議作業辦法，由交通部會同內政部、法務部定之。」

《公路法》對於「車輛行車事故」並未加以定義，但對「車輛」於第2條有如下之定義「九、車輛：指汽車、電車、慢車及其他行駛於道路之動力車輛。」同時對於汽車、電車、慢車等用詞定義如下「十、汽車：指非依軌道或電力架設，而以原動機行駛之車輛。」「十一、電車：指以架線供應電力之無軌電車，或依軌道行駛之地面電車。」「十二、慢車：指腳踏自行車、電動輔助自行車、電動自行車，三輪以上人力或獸力行駛之車輛。」

可見「車輛行車事故」之「車輛」係指汽車、電車、慢車及其他行駛於道路之動力車輛而言；特別值得一提者是，此處之「車輛」是指《公路法》所指之車輛，該車輛之定義中包含了電車，但《道交條例》所指之車輛並未包含電車[1]。

---

[1] 《公路法》、《道交條例》兩者對車輛之定義並不相同，《公路法》第2條所指之車輛包含了電車，但《道交條例》第3條所定義之車輛並未包含電車；因為《道交條例》第3條「本條例用詞，定義如下：……八、車輛：指非依軌道電力架設，而以原動機行駛之汽車（包括機車）、慢車及其他行駛於道路之動力車輛。九、大眾捷運系統車輛：指大眾捷運法所定大眾捷運系統使用之專用動力車輛。」顯然，《道交條例》第3條所指之車輛並未包含大眾捷運系統車輛。

三、汽車交通事故

《強制汽車責任保險法》（以下簡稱《強制險法》）第13條：「本法所稱汽車交通事故，指使用或管理汽車致乘客或車外第三人傷害或死亡之事故。」主管機關則於第3條規定為「金融監督管理委員會」（以下簡稱「金管會」）。

「汽車交通事故」所指之「汽車」，依於中華民國111年6月15日最新修訂之《強制險法》第5條第1項規定：「本法所稱汽車，係指公路法第二條第十款規定之汽車及行駛道路之動力機械。」而《公路法》第2條第10款為：「汽車：指非依軌道或電力架設，而以原動機行駛之車輛。」同時，《強制險法》第5條第2項及第3項前段規定：「第三十八條及第四十九條所稱之機車，亦為公路法第二條第十款所定義之汽車。」「除前二項所稱汽車外，亦包括特定之非依軌道行駛，具有運輸功能之陸上動力車輛」。

故「汽車交通事故」所指之「汽車」，係指非依軌道或電力架設，而以原動機行駛之汽車、機車，及於陸上行駛之動力機械；但該處之「汽車」，並不包括《公路法》所稱之電車、慢車。

四、機動車交通事故

衛生福利部依據世界衛生組織（World Health Organization, WHO）對於直接死因之分類統計規範[2]，每年於統計死因時，當發現死亡證明書上記錄為「車禍」時，則歸類統計為「機動車交通事故」；主管機關為衛生福利部。

---

[2] 衛生福利部（簡稱衛福部，前身為衛生署）自民國75年開始統計機動車交通事故，民國75～96年依ICD-9進行死因分類，自民國97年起依ICD-10進行死因分類。在民國96年之前，事故傷害（E47-E53）包含運輸事故（E47）、意外中毒（E48）、意外墜落（E50）、火及火燄所致之意外事故（E51）、意外之淹死及溺水（E521）、其他等；而機動車交通事故（E471）是運輸事故（E47）中之一種。自民國75～104年之30年間，機動車交通事故最高死亡人數為7,584人（民國78年），最低死亡人數為2,922人（民國104年）；機動車交通事故死亡人數對運輸事故之占有率高達91%（民國104年）～99%（民國84、85年）；而對事故傷害之占有率亦達42%（民國104年）～58%（民國86、95年），但在民國97年之前的占有率均高於50%。

　　該「機動車交通事故」所指之「機動車」，係指非依軌道或電力架設，而以原動機行駛之汽車、機車，及行駛道路之動力機械，並不包括依軌道行駛之火車、電車，也不包括慢車。故「機動車交通事故」所指之「機動車」，似乎是等同於「汽車交通事故」所指之「汽車」。

五、車禍

　　各級檢察署或法院之卷宗、傳媒、民間，通常將「動力車輛於道路上行駛，因故發生碰撞，並導致人員傷亡或財損之事故」，通稱爲「車禍」。而屬於各級檢察署、法院之刑事案件者，也都是犯罪之案件。

　　除了上述法定名稱之外，亦有簡稱爲交通事故、行車事故、汽車事故、車輛事故、機動車事故、道路事故，甚至於是「事故」等者。上述名稱雖有不同，但主管交通安全之交通部、職掌道路交通事故處理之內政部，均以「道路交通事故」稱之；而且學術上之用語通常也以「道路交通事故」稱之。故對於汽車、機車、慢車、動力機械、大眾捷運系統車輛等各種車輛，於道路上行駛，因某種因素發生車輛碰撞，肇致人員傷亡或車輛毀損之事故，本文亦均以「道路交通事故」稱之，或簡稱爲「交通事故」，或更簡稱爲「事故」或「車禍」。

貳、「事故」意涵，屬「意外」的性質，它不包含「假車禍」

　　一般而言，事故（accident）與事件（incident），在表面上或形式上都是屬於所發生之事情[3]，亦是屬臨時發生或非例行發生之事情，但應該用事故或事件來形容這些所發生的事情呢？究竟這兩者有無不同呢？一般而言，事故通常是指無法預測或出乎意料之外而發生之事情，是屬「意料之外」、「意外」、「疏忽」、「過失」的性質；而

3　東方國語辭典（東方出版社編輯委員會，中華民國83年6月革新10刷）對「事故」、「事件」的解釋分別爲，「事故：1變動無法推測的事情。2預料不到的事情」；「事件：1案件。2事項，事情」。

事件則通常是指可以預測或故意製造而令其發生之事情，是屬「意料之內」、「有意」、「故意」的性質。故，道路交通事故，在實質上是因「意外」而發生之「車禍」，並不是「故意」製造而令其發生之「假車禍」。

在實務面，所發生之道路交通事故，絕大部分是用路人「意外」或「疏忽」所造成的「真車禍」，但也有少部分是用路人「有意」或「故意」令其發生的「假車禍」。這些假車禍，例如利用車輛殺人、自殺、自傷，或是製造車禍用以詐財、詐領保險金，或是根本沒發生車禍卻向對方騙取金錢等情況。這些故意製造出之「假車禍」，並非民眾心目中之「真車禍」，也非上述法律規範內之「道路交通事故」的範疇；而且「假車禍」對於民眾之權益、社會的正義影響頗大，故警察或檢察官於調查道路交通事故時，應具備能分辨「真車禍」或「假車禍」之智能。

第二節　道路交通事故處理內容與層次

壹、道路交通事故處理內容

道路交通事故發生後所引發之問題有哪些？這些問題由誰來處理？依《警察職權行使法》、《刑事訴訟法》、《道交條例》、《處理辦法》等法律之規定，道路交通事故所引發之問題，與處理問題之權責機關，可簡述如下：

一、責任歸屬問題之處理

道路交通事故發生後，釐清肇事真相、分析肇事原因、劃分責任歸屬，尤其是責任的歸屬，通常是當事人所重視之問題。

其權責機關有各級警察機關、司法機關（檢察官、法官、律師）、交通機關（交通部或直轄市政府所主管之車輛行車事故鑑定組織）、地方政府（鄉鎮區公所調解委員會）、保險機關（金管會及各保險公司）等。

二、救援救護問題之處理

道路交通事故發生後，有關人員傷亡的救護、道路的維持暢通或儘速恢復通行、避免危害的擴大等問題，更是當時所有當事人、用路人所重視的問題，所謂「救人第一」即是此問題。

其權責機關有各級政府機關、警察機關、交通機關、消防機關、衛生機關（含醫院）、事業主管機關（危險物品）等。

三、安全改善問題之處理

道路交通事故發生後，除了責任歸屬、救援救護兩問題須加以處理之外，另一重要的問題是「人命關天」，因此人們必須竭盡所能地保護其他用路人的行車安全；竭盡所能地避免相同類型事故之再發生，或是事故之再發生，或避免因發生而肇致死亡之情形，或降低受傷嚴重程度之情形。

其權責機關有各級政府機關[4]、保險機關（金管會及各保險公司）、交通機關、警察機關、司法機關、衛生機關（醫院）、教育機關等。

貳、道路交通事故處理層次及其作為

道路交通事故發生後，於處理前述之責任歸屬、救援救護、安全改善等問題時，需具備哪些智能？欲討論這些問題之前，首先須瞭解道路交通事故處理之層次，與該層次內所涵蓋之工作內容。有關道路交通事故處理之層次[5]與其所涵蓋之工作內容，簡述如下，並參考圖1-1。

4　在中央主要爲交通部及其一級單位「道路交通安全督導委員會」（以下簡稱道安會），在地方主要爲各市縣（市）政府及負責「道路交通安全聯席會報」之一級單位。

5　吳明德（1994），交通事故偵查學（一版2刷），頁8-10。

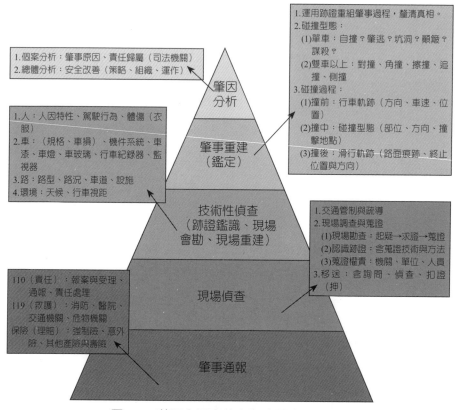

1.運用跡證重組肇事過程，釐清真相。
2.碰撞型態：
　(1)單車：自撞。肇逃。坑洞。顛簸。
　　謀殺。
　(2)雙車以上：對撞、角撞、擦撞、追
　　撞、側撞
3.碰撞過程：
　(1)撞前：行車軌跡（方向、車速、位
　　置）
　(2)撞中：碰撞型態（部位、方向、撞
　　擊地點）
　(3)撞後：滑行軌跡（路面痕跡、終止
　　位置與方向）

1.個案分析：肇事原因、責任歸屬（司法機關）
2.總體分析：安全改善（策略、組織、運作）

肇因
分析

1.人：人因特性、駕駛行為、體傷（衣
　服）
2.車：（規格、車損）、機件系統、車
　漆、車燈、車玻璃、行車紀錄器、監
　視器
3.路：路型、路況、車道、設施
4.環境：天候、行車視距

肇事重建
（鑑定）

技術性偵查
（跡證鑑識、現場
會勘、現場重建）

1.交通管制與疏導
2.現場調查與蒐證
　(1)現場勘查：起疑→求證→蒐證
　(2)認識跡證：含蒐證技術與方法
　(3)蒐證權責：機關、單位、人員
3.移送：含詢問、偵查、扣證
　（押）

110（責任）：報案與受理、
　通報、責任處理
119（救護）：消防、醫院、
　交通機關、危物機關
保險（理賠）：強制險、意外
　險、其他產險與壽險

現場偵查

肇事通報

圖1-1　道路交通事故處理之層次與作為

一、肇事通報

　　肇事通報係指基本屬性資料之蒐集，以便確認肇事相關人、車、路、時間、行為等，進而予以分類，並能快速進一步加以處理。此一層次所蒐集者僅限於精確的事實資料，絕不允許有意見陳述。

　　本肇事通報所涉及之工作內容有：打110向警察報案、打119救護通報、出險的通報理賠等，而處理這些工作自當有其所需之相關智能。

二、現場偵查

　　現場偵查係針對肇事結果予以勘查、記錄，此一層次所蒐集者亦僅

限於事實資料，故其核心工作就是現場調查、蒐證、移送等工作；惟若遺漏了或誤蒐了關鍵的事實資料，將可能造成日後極難發現事實眞相的困境。

（一）交通管制與疏導

交通事故發生後，於進行現場調查與蒐證之前，為達到保護現場處理人員之安全、保護現場跡證之安全，及儘速恢復交通通行、避免再發生二次事故等目的，必須迅速到達事故現場進行交通管制與疏導的工作。當進行這項工作時，若不懂交通運行之基本原理、車流中之潛在危險等，很可能造成處理人員反而被撞、跡證被破壞、車流難以快速紓解之反效果。此項工作，主要負責者乃是警察機關。

（二）現場調查與蒐證

為實施現場偵查，必需於現場進行勘查、調查、詢問、攝影、測繪等蒐證工作，並進一步進行保管或扣留、分析、移送等事項，故現場偵查者必須具備一定的基本智能，方能適任。例如，於交通事故現場調查時，須懂得現場之交通基本特性與現場勘查知識；又如，進行現場蒐證時，則須認識交通事故中各類人、車、路、環境等跡證之意涵，並具備蒐證技術與記錄方法等智能；再如，於處理移送時（含詢問、偵查、扣證、扣押等），則須具備瞭解相關交通法規（尤其交通刑法、交通行政法等）之知識。這些工作，主要負責者就是警察機關，以及指揮警察偵辦案件之檢察機關。

三、技術性偵查

技術性偵查層次擬獲得的資料，係指這些資料於現場蒐集或獲取時有困難，然而這些資料卻與肇事有密切關係，需運用專業技術始能蒐集到之資料而言。這些技術性資料的來源，可能有事實資料，也可能是屬於意見陳述的資料。

此一層次的進行通常是針對一些特殊（個案）標的或法律訴訟目的

而展開的。而這些關於人、車、路、環境等各類技術性跡證之調查與蒐集，可再運用下列三種方式獲得資料。

（一）跡證鑑識

跡證鑑識的資料，需透過具有這類專業技術的人員或設備始能獲得。這些技術性的資料或跡證，例如煞車系統（或機件系統）有無故障之資料、行車紀錄器解讀之資料、車漆採集與成分分析的資料、車體碎片所屬車款之資料、人體傷（或衣鞋）之部位、傷勢、型態特徵等資料、人因交通特性資料、人車路環境各類痕跡特徵之資料等。

（二）現場會勘

現場會勘，通常是由發動者[6]邀集分別具有交通、道路、刑事鑑識、肇事重建等專業智能的學者或專家，及交通、道路主管機關之承辦人員，與其他相關之人員（如駕駛人或家屬、關係人、民意代表）等，重回現場進行共同勘查，蒐集任何與肇事有關之資料，尋找行車軌跡、撞擊地點及撞擊後之滑行軌跡，並討論事故發生之原因等作為。故現場會勘獲得資料，可能有事實補充資料，及關於肇事過程與原因分析的陳述資料。

關於這些事實的補充資料或陳述資料，則依每一個個案的狀況而定，這些資料有例如行車安全視距之資料、道路交通管制設施之資料、路型路況車道配置之資料、道路及土地利用狀況之資料、彎道路面超高設計之資料、行車（或行人）號誌設計與運轉之資料、行車軌跡及撞擊地點與撞擊後滑行軌跡之資料等。

（三）現場重建

於交通事故發生後，為了瞭解或查證某（些）特定行為之存在

---

6 現場會勘的發動者通常有兩類：一為由地方政府之警察機關或交通主管機關發動者，而由哪一機關發動，則視地方政府的規定而定；由地方政府機關發動者，通常比較少邀集刑事鑑識、肇事重建之學者或專家參與會勘。另一為由檢察官發動者，由檢察官發動時，視案件狀況，通常可能再邀集刑事鑑識、肇事重建之學者或專家參與會勘。

與否，乃重回事故發生之現場，依據先前已獲得之事實資料，針對該（些）行為於現場進行模擬，並對模擬準備、模擬過程、模擬結果、產生資料等作完整之記錄與分析，這過程稱為現場重建。

於實務運作上，對稍縱即逝但可重複顯現的資料，通常可運用現場重建之方法或技術而獲得，以釐清事實。這些資料諸如：涉及大型車輪跡內移所產生內輪差之行車軌跡的資料、車輛視野死角範圍大小的資料、不平路面是否引起機車顛簸的資料、汽車上坡過程突然倒退（而滑落山谷）是煞車失靈或操作失當的問題等。

四、肇事重建（鑑定）

肇事重建（Accident Reconstructoin），是指運用已獲得或能獲得之所有事故資料，對這些資料或跡證進行跡證特徵鑑識，解讀其涵義，再依跡證涵義重組涉入人車之時空關係，用以釐清肇事前、中、後整體肇事過程之軌跡，並能據以發現肇事原因、或研判肇事責任之技術或智能。肇事重建，俗稱肇事鑑定或鑑定，是進行肇事原因分析的主要方法之一[7]。有關肇事重建流程如圖1-2所示，而相關意涵說明如下。

（一）宛如拼圖過程

肇事重建的過程就宛如拼圖，設法拼出一張完整的肇事過程圖；這些事故跡證就宛如每一小塊的拼圖圖片，重建者（拼圖者）必須依據已知事實（大圖邊型）、解讀每一跡證（圖片）之特徵與涵意，再將和已知事實相關聯的跡證放置於與該事實正確連結的時空位置，依此邏輯不斷地解讀、分析、調整與校正，將可連結（拼圖）出部分肇事軌跡（區塊圖），進而再連結出肇事後之滑行軌跡、肇事中之碰撞型態（區塊圖）、肇事前之運行軌跡，最後，連結出完整之肇事過程圖，從而釐清肇事真相（破案）。

---

[7] 陳高村（2004），道路交通事故處理與鑑定（二版），頁170；吳明德（1994），交通事故偵查學（一版2刷），頁9。

（二）肇事重建者應具備之智能

肇事重建者在不斷連結之過程中，不但要具備各項交通事故跡證之解讀能力，而且要具備清晰的事理邏輯分析能力；若稍不慎或勉強解讀跡證（如同拼圖稍擠）等一念之差，即可能連結出一張「自以為真實，但某部分卻是非真實而不自知的，自以為是的肇事過程圖」。

為避免鑑定出自以為是之肇事過程圖，對於跡證之解讀與連結，不但禁止以臆測的方式來進行，而且必須以依據事實的、科學求證的方式來進行，因此肇事重建者能力的高低是取決於對跡證意涵的解讀能力（或稱跡證鑑識能力），尤其對交通事故現場人、車、路、環境等各類跡證之專業解讀能力。

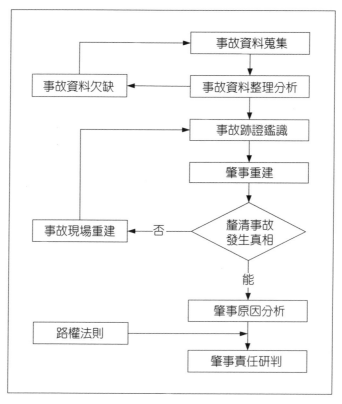

圖1-2　肇事重建流程圖

　　肇事重建者除了應具備事故跡證之專業解讀能力之外，也應對運動（碰撞）力學、交通管制、交通工程、人因工程、車輛工程、道路工程、交通法令等基本知能有所具備。

五、肇因分析

　　肇事原因分析在交通事故處理中，是最高階、最後端、最重視的一個層次，其工作主要是利用前四個層次所獲得的資料，分析該事故為何會發生，並將事故發生原因作為當事人分派責任、預防該類事故再發生之用途。因此，肇事原因分析可分為個案分析與總體分析兩種。

（一）個案分析

　　於肇事重建後，必須於釐清肇事過程之後，方可依據路權法則或相關之交通法規，用以分析當事人有無肇事原因，及其所應負之肇事責任。

（二）總體分析

　　個案分析之後，進而分析如何改善或預防該類事故，並提出改善對策與作為，是為總體分析。如分析易肇事人因、易肇事行為、易肇事地點、易肇事時間、易肇事車種等；又如針對某種肇事行為之預防，或整體交通安全之改善，提出具體可行之策略等。以上這些都屬總體肇因分析的工作，更是交通事故處理中，極其重要的一項工作。

第三節　道路交通事故責任處理流程與肇事重建

　　當事人自案發後，隨即進入肇事責任處理的流程，另在該流程中負責重建肇事過程、肇因分析的鑑定種類，本節皆將簡要說明之。

壹、責任處理之流程

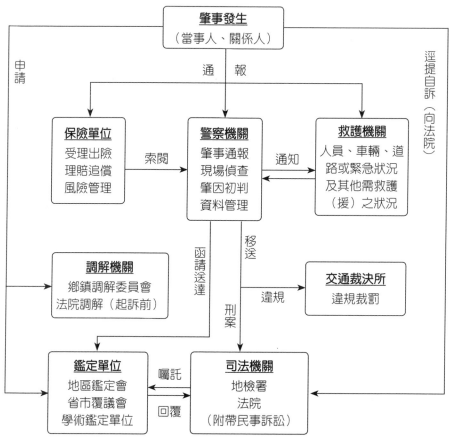

圖1-3　道路交通事故責任處理流程與組織體系概要圖

　　肇事責任有法律責任、道義責任、政治責任等三類；而法律責任則包含民事責任、刑事責任、行政責任等三種。有關肇事責任中法律責任處理的流程，經整合《刑事訴訟法》、《道交條例》、《公路法》、《處理辦法》、《災害防救法》、《強制險法》、《鄉鎮市調解條例》、《車輛行車事故鑑定及覆議作業辦法》等，及其他相關法令後，其法律責任處理流程與負責之單位如圖1-3所示。從圖1-3可見其流程之複雜！

貳、案件鑑定之種類

在目前之體制上，針對事故案件之原因分析或責任鑑定，從責任處理流程中，若再依鑑定單位及其所出具鑑定報告書「完整呈現程度」來分類，約可分為肇因初判、行政鑑定、專業鑑定（學術鑑定）、肇事重建等四類。

一、肇因初判

指警察機關於事故發生後，所開具提供給案件當事人或利害關係人之道路交通事故初步分析研判表[8]，於該表內所實施之分析內容。

該表僅是1張A4大小之紙張，表內僅簡單記錄著當事人之「初步分析研判可能之肇事原因（或違規事實）」，內容幾乎以涉及之「路權法規」為主，並幾乎未出現任何有關肇因分析之方法、過程、跡證解讀等之相關文字。

二、行政鑑定

目前，幾乎各縣市均設有「車輛行車事故鑑定委員會」（簡稱為「地區鑑定會」或「車鑑會」）[9]，臺灣省與六都也都設有「車輛行車事故鑑定覆議委員會」（簡稱為「省市覆議會」或「覆議會」）。民眾若不服車鑑會之鑑定結果，可再申請覆議會再行鑑定，若再不服覆議會之鑑定結果，則無其他行政機關可再受理申請鑑定，故本文將「地區鑑定會」、「省市覆議會」統稱為「行政鑑定」，以別於由大專院校所實施之「學術鑑定」或更專業、更詳盡之「肇事重建」。

該行政鑑定之「鑑定意見書」或「覆議意見書」，雖然已從駕駛行為、佐證資料、路權歸屬、法規依據等層面實施肇事分析，但由於是

8　《道路交通事故處理辦法》第13條：「道路交通事故案件當事人或利害關係人，得於下列期間向警察機關申請閱覽或提供相關資料：……。三、於事故三十日後得申請提供道路交通事故初步分析研判表。」

9　參見《公路法》第67條之規定，或參見本章第一節之壹之二之說明；並參見依《公路法》第67條第2項所訂定之《車輛行車事故鑑定及覆議作業辦法》。

採「主報告，短時間之決議制」[10]，因此，鑑定意見書或覆議意見書並無法像學術鑑定或肇事重建一樣，對跡證解讀、肇事過程分析得那般詳盡、完整，該類行政鑑定甚至有時會出現悖離事實之鑑定結果。

三、專業鑑定（學術鑑定）：未完整呈現

雖對肇事案件已進行專業性之鑑定，但認證過程、分析方法、分析結果等若「未完整呈現」於鑑定報告書中者，則稱為「專業鑑定」或「學術鑑定」。

（一）名詞解釋

1. 跡證解讀（跡證鑑識）

指對個別跡證之歸屬、特徵進行分析，並對其涵義作出正確解釋與具體呈現的作為。也可稱為「跡證鑑識」。

2. 肇事過程重建

肇事過程包含肇事前、中、後之階段，肇事前之軌跡稱為運行軌跡，肇事中稱為肇事型態，肇事後則稱為滑行軌跡。對肇事過程當中所產生之各項跡證先加以解讀，再運用所解讀之涵義，進行時空關係位置與軌跡之分析，以重組完整肇事過程之作為者，稱為肇事過程重建。

3. 專業鑑定（學術鑑定）

指專業單位（人員）或大專院校（教師）經由司法機關或當事人或關係人之囑託，針對囑託事項所實施之交通事故肇事鑑定，其鑑定報告書對於「跡證解讀」、「肇事過程重建」雖已進行專業分析，但對認證過程、分析方法、分析結果等並「未完整呈現」之鑑定者，稱為「專業鑑定」或「學術鑑定」。

---

10 將某（些）事故案，約於會議1～2週之前交給某一委員，由該委員負責分析該案情，並於會議中提出案情報告、分析建議，再由出席委員共同決議。但由於每次會議（約3～4小時）所需鑑定（或覆議）之案件量多，導致每案所能審議之時間短（約只有10～20分）、並非每一出席委員都看過重要跡證，因此，若缺乏深厚功力之委員較多，則容易出現疏漏跡證求證、跡證解讀不清或不正確，甚而產生悖離事實之鑑定結果。

（二）討論：專項專業鑑定、過程專業鑑定

在該專業鑑定過程中，若只針對某（些）專項證據加以鑑定者，則稱爲「專項專業鑑定」，這專項專業鑑定已包含跡證解讀；若針對整個肇事過程加以鑑定者，則稱爲「過程專業鑑定」，亦稱爲前述之「肇事過程重建」。無論是專項專業鑑定或過程專業鑑定，其所出具之鑑定報告書是對「跡證解讀」做了專業性的分析，但對認證過程或分析方法或分析結果等都僅是「部分呈現」而「未完整呈現」。

至於針對「肇事過程重建」所實施之專業（學術）鑑定，則除了對「跡證解讀」做專業性的分析與呈現之外，尚須整合人、車、路、環境等各類跡證之涵義，再針對肇事過程進行專業性、學術性的分析及重建。

四、肇事重建：完整呈現

指專業單位（人員）或大專院校（教師）經由司法機關或當事人或關係人之囑託，針對所囑託之交通事故案件實施「肇事過程重建」之鑑定，而且其鑑定報告書不但包含「認證過程」、「跡證解讀」、「分析方法」、「肇事過程重建」、「重建結果」與「肇因肇責分析」，而且以上各項均能「完整呈現」，並「以一般語言（非專業術語）呈現」者，稱爲肇事重建。

第二章
道路交通事故肇事重建之履歷

　　自1995年起，筆者即於所服務之大學兼任本校「鑑識科學研究委員會」委員，利用本職工作（教學、行政、研究）之餘，再從事車禍案件之學術鑑定工作。因此，本章將筆者這20多年來實際從事事故鑑定工作的經驗與案例先做簡介，其次將筆者做這肇事重建之準則做個重點說明，最後則說明筆者所寫鑑定報告書全被法院採用之情形。

第一節　肇事重建之外在工作

　　筆者這20多年來，所從事有關肇事重建之工作內容，主要可分為下列四種：司法案件之學術鑑定（肇事重建）、研究案之現場會勘、民眾案件之協助分析、器官捐贈者家屬之協助等。

壹、學術鑑定→肇事重建：（共58案）含現場重建、現場履勘

一、案件來源：司法機關、監察院

　　筆者這20多年來，透過本校「鑑識科學研究委員會」所受理之車禍鑑定案，都是來自各級檢察署、法院所囑託之刑事重要案件（非死即傷重），也都是經過地區車鑑會、省市覆議會所完成之行政鑑定案，但其覆議結果仍有爭議或尚無法釐清肇事真相之車禍案件。這些案件總共

有58案。

　　另一個案件，是來自監察院之委託，也因完成該案件之肇事重建，釐清了倒車是否為故意殺人之真相，受到監察委員的肯定，而再次受邀前往監察院接受專案委員的諮詢，提供學術鑑定或肇事重建過程中，所發現之重要問題與專業的見解。

二、出具專業鑑定書

　　受理案件之後，必須利用本職之餘，進行閱卷、整理案情、找出爭點、尋找疑點，進而進行跡證驗證、跡證解讀、案情分析、求證肇事過程等工作，於釐清肇事過程後，才開始進行肇因分析、研判肇事責任的工作；最後，將這些過程、方法、分析、結果等均撰寫於鑑定報告書中，署名出具、具結所完成之鑑定報告書。該項工作，不但專業、繁複、耗時、費神、費力，而且報酬低、無益於升等，若不小心則會背因果之傻人的工作，若非有興趣、淡泊名利、富正義感、具使命感，則難以持續不斷。

三、特殊經歷：現場重建、現場履勘

　　監察院的案件最為特殊，憑藉著卷內的現場照片，和王文麟教授至基隆某路口，重建10多年前的車道配置位置。

　　另一特殊案件為在某一顛簸案[1]中，為瞭解機車快速行經橋縫處時是否會形成顛簸的現象，接受了檢察官的徵求協助，與檢察官共同指揮鑑識警察、交通警察、當事人等，回到肇事現場進行模擬騎乘以驗證的工作。該案於起訴後，於辯論終結前，又有配合法官回到肇事現場履勘當事車輛視野死角範圍之經驗。

1　參見表3-1案序26樹林擦撞案。

貳、現場會勘：研究案（38案／104案）、私下協助警察（約20案）

　　民國95年底，筆者於參與執行委託研究案[2]期間，於桃園縣轄區內只要發生A1交通事故，警察局交通隊會通知我們研究團隊，擇定時間於事故發生後約1～2週內到事故現場會勘。配合會勘之單位還有交通局、鄉（鎮、市）公所、工務段、警察分局交通組、當地派出所等，會勘之目的是瞭解事故發生經過與原因，作爲易肇事地點改善規劃之用。本研究案共會勘104案，筆者會勘了38案。

　　這20多年間，私下協助警察會勘肇事現場的單位亦有彰化王功派出所、彰化北斗分局、高雄林園分局、新竹市交通隊等，共計約到過20個案件之肇事現場進行會勘，並提供改善或偵辦之意見參用。

參、民衆案件之協助分析（至少80案）

　　這20多年來，也曾受理過一般民衆發生事故後，透過親友的介紹，提供專業之口頭意見或書面意見，免費協助其調解或和解、鑑定、訴訟，這些案件有記錄者至少有80案[3]。

　　印象中，曾幫一位民衆減少約50萬元的賠償費，也曾幫助過多位受害者翻案而獲得理賠；也曾有一位因救人卻反被誣告撞人的民衆，於事發2年後，求助於筆者，但因筆者當時被法院催繳鑑定書，僅能提供口頭意見而無法爲其出具書面鑑定書，終因其對司法失去信心，憤而離開臺灣，此類讓人感到不平與不忍的案件。

2　蔡中志、陳高村、陳家福等（2007），桃園縣易肇事地點改善規劃，桃園縣政府交通局委託計畫。

3　8案（108年）、5案（107年）、5案（106年）、1案（105年）、1案（104年）、7案（103年）、5案（102年）、9案（101年）、7案（100年）、10案（99年）、2案（96年）、20案（95年以前），共80案。

肆、器官捐贈移植登錄中心及家屬之協助（演講＋輔導成員＋5案）

民國100年，在不知何種因緣條件下，受財團法人器官捐贈移植登錄中心之邀，於所辦理之「100年度器官勸募與生命末期臨終照護研討會」（臺灣北中南共3場）擔任講師，講題為「醫護人員如何協助交通事故死亡者處理法律責任——以體傷證據為例」。之後，即義務協助該中心轉介之捐贈家屬處理與鑑定該事故。

民國101年起，更受邀擔任「器官捐贈家屬關懷暨悲傷輔導工作小組」成員，擔任成員期間，參加座談會、協調聯繫警政署，以協助改善「器官捐贈檢警友善服務流程」中，關於「醫療機構轉介檢警機關處理器官捐贈案件應行注意事項」。104年，又再度受邀於所辦理之「104年度器官捐贈移植醫療臨床實務研討會」（臺灣北中南共3場）擔任講師，講題為「當意外死亡時家屬如何尋求法律扶助」。截至108年為止，義務協助捐贈家屬鑑定事故之案件至少有5案。

第二節 　肇事重建之內心準則

壹、核心準則：眞相！誠實！

一、眞相：一直是人們內心所極度渴望瞭解者

這20多年來，筆者於從事鑑定相關工作時，所秉持的最高準則，也是核心準則，就是「釐清眞相」。

曾經在某個晚上，一對樸實的夫妻於20時來學校找筆者，一直談到深夜24時，臨走時，回頭對筆者說「希望能給死者一個交代！」在這4小時內，我們就是拿著警察、家屬所拍的所有照片，討論著事故是如何發生的？機車在哪裡跌倒？騎士（大二學生），飛越過中央分向島，飛到對向時，小貨車在哪裡？騎士、小貨車各以哪些部位互相碰撞？小

貨車看到騎士飛過來時來不來得及閃避？騎士是躺著被撞到？抑或是飛行過程中被撞到？這對夫妻很堅強，筆者也很小心，他們強忍著失子的悲痛，並未流露出觸景傷情的情緒，仍能冷靜地和筆者討論著。最後，他們帶著筆者的提示：「您們回去時，拿著您兒子所戴的安全帽，看看能否從小貨車左前側的底盤下方放得進去？並將這過程拍下來。」回去做比對以求真相。

由上例可知，對於真相的瞭解，總能讓人心安。因此，事故真相的釐清，從始至終，從古至今，從國內到國外，一直都是事故處理中的核心目標，更是筆者的核心準則。

二、誠實：不隱覆、不臆測、用語普通化、清楚明白

（一）不隱覆

在釐清真相的過程中，更要秉持所知所學，完全「誠實」地面對與處理，絲毫不允許自己對已發現的疑點、爭點、方法等，假裝沒發現而不加以處理的情形發生。這些發現中不應該隱覆的內容，例如在個別跡證方面，有可疑之跡證、他人沒發現之跡證、應再補調查之跡證、跡證涵義先前之解釋有爭議、已知道可能求證之方法等；例如在肇事過程方面，有可疑之爭點、可疑之過程、先前之見解或分析有爭議等。這些在良知上已發現者，不能以為別人的能力不見得能發現而忽視它，故不能隱覆，應積極的求證與處理。筆者於此歷程，往往有新的發現。

（二）不臆測

由於「跡證會說話」，所以證據到哪裡，話就說到哪裡，絕不說得不足，更不說得過頭。

在「積極求證」的前提下，若還有機會「補調查跡證」，一定會盡全力補調查。當能補調查的跡證都到手後，若極盡所能仍無法釐清事實，也絕不仗勢著專家的頭銜，而做出臆測的結論。「肇事重建者不是神，肇事重建者是具備跡證解讀能力高的人」，所以「知道就說知道，不知道就說不知道」，不能以為自己是鑑定者，就自以為什麼都知道，

而於未經過驗證或分析即有想當然耳的推論，這種推論很有可能是臆測之詞。若是臆測，極有可能難以釐清事實，甚至於誤導案情產生冤情的情形，這不可不慎。

（三）用語普遍化

撰寫鑑定報告書，要求自己：第一，不要用專業術語，而改以一般用語來表達；若不得不用專業術語或計算公式，也會先對之加以解釋或說明，之後才開始使用。第二，為讓案內重要、關鍵跡證的涵義能真實明白的呈現，要求自己以圖文並茂的方式加以解釋，以讓雙方或律師、檢察官或法官、任何人閱讀後的理解都是相同的，避免閱讀後還有見仁見智情形發生。

（四）鑑定書清楚明白，期能息訟

由於以上的自我要求，故筆者的鑑定書都像在寫教科書似的，總是圖文並茂、內容豐富、完整真實、清楚明白，能讓一般人看了就都懂，不再有爭點或疑點，所以鑑定書的篇幅通常都在20～30頁左右，甚至於曾有高達82頁者。但也正因為這清楚明白的鑑定書內容，才經常會於法院的判決書中出現類似這樣的文字，「鑑定人纂之甚詳，無出庭說明之必要」。

不過，這肇事重建、撰寫詳盡鑑定報告書的工作，實在是一件既費神又費時的工作，這些工作，都是利用本職之餘所從事的，工作期間，曾經因為久坐於螢幕前而造成痔瘡出血、眼睛乾澀痠痛，也幾乎無法陪家人旅遊，更必須捨棄寫著作以升等的機會，是一件默默無聞又辛勞的工作。但內心秉持著的是「協助兩造釐清真相能心安，為維護交通正義盡份心力」。

貳、思辨邏輯（三段證法）：起疑→求證→證實

在佛學之禪宗上講究「疑→思→悟」，而在科學之驗證上著重「起疑→求證→證實」，這兩者有異曲同工之妙。筆者於鑑定過程中，

總不斷地運用該思辨邏輯（或稱三段證法），而有重要的突破或新的發現。茲將該思辨邏輯（三段證法）略述於後。

一、起疑：大膽假設

（一）基本認知

1. 起疑是科學上之「假設」，藉以求證，用以證明該「假設」是否存在。

2. 「起疑不是要栽贓，而是要及時追查疑點」，用以發現真實。

（二）起疑內容

1. 個別證據：對「對應位點」起疑

「對應位點」即對應部位、撞擊地點、感知地點等三項，鑑定過程若能對該三項或關鍵項先加以「起疑」，則自能對之加以「求證」，進而能分辨「證實」其真偽。若未對該三項或關鍵項先加以「起疑」，則很有可能產生疏漏求證，導致未釐清事實，甚而冤枉之鑑定結果。

(1) 對應部位：「兩車（或物）互相碰撞之部位」在哪裡？

(2) 撞擊地點：「路面上之撞擊地點」在哪裡？

(3) 感知地點：「駕駛人察覺危險之地點」在哪裡？

2. 整體證據：對「肇事過程」起疑

「肇事過程」可分為肇事前、肇事中、肇事後等三個階段，這三個階段是連貫一致的。故「肇事過程」如何，依第1項所述之理，應加以起疑及求證之。

(1) 肇事前：身心狀態？運行軌跡？反應過程？

A.身心狀態：飲酒？藥毒？疲勞？疾病？精神？

B.運行軌跡：如行車方向、車道、位置、車速等各為何？又如道路狀況？交通狀況？車輛狀況？

C.反應過程（PIJR）：感知（Perception）→確認（Identification）→判斷（Judgement）→反應（Reaction）等過程如何？能與現場狀況搭配或吻合嗎？

(2) 肇事中：肇事類別？肇事型態？

肇事類別可區分為單車事故、雙車事故，而該兩類事故中又各有其肇事型態。由於每一肇事型態所涉及之路權均不同，而且其各有所對應之關鍵事證、跡證，故依(1)所述之理，應加以起疑及求證之。

A. 單車事故：指現場只有一部車輛之事故

單車事故有下列肇事型態，應加以起疑並求證分辨：

(A) 肇事逃逸：對應部位在哪裡？

(B) 道路障礙：原因是坑洞？顛簸？碎石？孔蓋？路障？

(C) 閃避：閃避車？人？動物？目擊者？影像紀錄？

(D) 假車禍（含自殘、自殺）：不合乎自然法則或經驗法則？

(E) 自摔（撞）：合乎自然法則或經驗法則？

B. 雙車事故：指現場有兩部車輛（含以上）之事故

雙車事故若以「對應（碰撞）部位」來區分其肇事型態，則可區分為以下(A)～(D)之四種，故可對其所對應之路權、事證、跡證等加以起疑並求證之。

(A) 對撞（車頭VS.車頭）：誰越線？

撞擊地點或行車軌跡之跡證。

(B) 角撞（車頭VS.車側）：誰優先？

號誌、標誌、標線、安全視距之跡證。

(C) 擦撞（車側VS.車側）：

　　a. 對向擦撞：同對撞。

　　b. 同向擦撞：誰在前？誰在左？誰變換方向（車道）？

　　　　「對應（碰撞）部位」之跡證？前車有做轉彎或轉向之相關動作嗎？方向燈亮嗎？車輛終止位置與方向？

(D) 追撞（車頭VS.車尾）：有保持安距嗎？推撞？倒車撞？

　　　　（撞擊地點VS.散落物）位置跡證？車損程度（含前後車損高度VS.肇事前後高度）？最前車被撞幾次？

(E) 側撞（轉彎轉向時）：誰轉彎？誰變化方向？

同角撞或同向擦撞之起疑。

(3) 肇事後：損毀結果？滑行軌跡？

人車毀損部位及程度？現場人車物痕各類跡證之終止位置、方向、特徵等為何？

二、求證：積極求證

（一）基本認知

1. 求證是科學上之「證明方法」，必須運用相關之知識與經驗。
2. 「凡走過必留下痕跡」，所以應「仔細調查」跡證、「仔細求證」。

（二）求證方法

1. 求證方法：如勘查法、調查法、模擬法、比對法、計算法、分析法、影像法等。
2. 核心智能：具備「（交通行為＋作用力）VS.跡證」之因果關係的知識，及經驗法則、自然法則之知識與經驗，亦即具備「跡證解讀」的能力。

三、證實：發現事實

（一）基本認知

1. 證明是科學上之「證據力」，可透過重複之實驗或驗證而獲得相同之效力。
2. 對各項跡證加以解讀，尤其要找出關鍵的「對應位點」，發現真實的「肇事過程」。

（二）實際驗證

1. 驗證程序

對應部位→肇事型態→肇事過程→肇因（責）分析。

2. 程序說明

「解讀跡證」→確認「對應部位」→找出「肇事型態」→連結「肇事過程」軌跡→回饋驗證「現場跡證」→確認「肇事過程」→依「路權」「分析肇因」→分析肇責。

(1) 從「對應部位」分辨肇事過程「中」之「肇事類型→肇事型態」。

(2) 從「肇事中」之「肇事類型」的「肇事型態」，依解讀出來的相關跡證，連結出「肇事前」、「肇事後」之相關軌跡。

(3) 確認「肇事過程」之後，再依「路權」「分析肇因與肇責」。

第三節　鑑定報告之自我歸類

這20多年來，筆者所完成的鑑定報告書共58案，若依第一章第三節之分類標準「未完整呈現者歸類為專業鑑定（學術鑑定），完整呈現者歸類為肇事重建」，則這些鑑定書之歸類結果，可分為學術鑑定（專業鑑定）、類肇事重建、肇事重建等三類，茲簡述如下。

壹、「學術鑑定（專業鑑定）」階段：1995～1996年元月，3案

自1995年起，到1996年元月之前所完成之3件個案，其中2件之鑑定報告書雖以手寫及人工繪圖，也雖進行專業性、學術性的分析，但由於僅將分析方法、分析結果「簡略呈現」於鑑定報告書中，故此期間所從事之事故鑑定工作歸類為「學術鑑定」階段。

貳、「類肇事重建」階段：1996年4月～2007年4月，41案

該段期間，為避免兩造之間繼續有爭點，筆者自我要求，於鑑定報告書中增加或加強了以下這些內容：

一、以一般用語（非專業術語）撰寫

　　為讓所有閱讀鑑定報告書者均能完全明白其中之意義，不至於對報告書中之專業術語、物理公式、爭點釐清等重要內容，產生不明白其意義或各自解讀之情形，因而繼續有爭議；為避免該些可能的爭議持續發生，筆者自我要求「以一般用語（非專業術語）呈現」跡證的意涵。

二、完全改用電腦Word進行文書處理

　　但該類鑑定報告書，還未使用照片掃描、影像下載、圖文編輯等軟體來處理鑑定報告書。

三、視案件需要，請求「補調查資料」，或附上「補充證據資料」

（一）請求「補調查資料」

1. 補調查道路之資料：如路寬、車道寬、中央分隔島寬、路肩寬等。
2. 補調查交通管制設施設置之資料：如號誌時相及時制、停止線或斑馬線設置位置與相關之距離、減速標線位置與彎道位置及彼此間之距離、相關標誌實際設置情形等。
3. 補調查肇事後路面跡證之資料：如刮地痕位置、人體或血跡終止位置、機車終止位置與行車方向於現場照片標示等。

（二）附上「補充證據資料」與分析

1. 同款車輛之資料：如機車前輪軸外觀之結構與高度、機車手把轉彎前後之高度、機車傾倒時最先與地面接觸之部位及其高度與傾角、坐墊乘載相同身高（或體重）後之高度、後置物架乘載相同重量後之高度、機車乘載後之重量、汽（機）車車長或車寬或軸距、汽（機）車相同部位之相關資料等。
2. 同一現場道路之資料：如陸橋護欄之高度。
3. 警察記錄之資料：如已拍照但未沖洗或未移送之現場相片、歷史事故發生量等。

四、視案件需要，自行繪製（手繪）之肇事過程說明圖

肇事過程比較複雜或用文字說明可能引起誤解者，則自行繪製（手繪）肇事過程圖加以說明，以讓審閱者能清楚明白肇事過程，不再產生疑義或爭議。

五、綜上

由於閱讀鑑定報告書時，尚須對照司法卷宗內某頁所附之照片，尚未將原卷內之該些關鍵照片「完整呈現」於鑑定報告書中，故此階段筆者稱為「類肇事重建」階段。

參、「肇事重建」階段：2007年4月～2015年3月，14案

自2007年4月起，筆者於第45案：台東闖紅燈案、第46案：土城擦撞案中，即分別開始運用照片、影像、圖文等電腦軟體之處理技術，並於2011年8月起（第51案：鶯桃路案）逐漸引用google街景圖的資料，於撰寫鑑定報告書時，即直接將司法卷宗內原現場圖或原蒐證照片，或google街景圖中之關鍵跡證「完整呈現」。而且，該階段所撰寫鑑定報告書之內容均包含了案情摘要、鑑定過程、跡證解讀、肇事重建、肇因與責任分析、鑑定結果等單元。

這些技術或方法的加入，對於閱讀鑑定報告書者而言，不但增加了方便性，而且更增加了完整性與明白度。例如，於閱讀時無須再拿著原司法卷宗內之現場圖或照片或光碟內之影像，或開著google街景圖，做來來回回的比對，大大地增加了方便性。又由於撰寫鑑定報告書時，能對這些圖片、照片、影片等說明其來源，而且能對之加以裁剪、放大、排列、引註等編輯作為，故大大地增加了對跡證解讀、肇事過程重建之說明力，因此更能讓人信服。

由於此階段之鑑定報告書是圖文並茂、邏輯清晰、一般用語（非專業術語）、表達清楚，已能將跡證解讀、肇事過程重建，及分析過程、分析方法、分析結果等「完整的呈現」，故此階段筆者稱為「肇事重建」階段。

第四節　鑑定報告爲法院採用之情形：全部被採用

這58件之鑑定報告書，經上司法院網站查詢（司法院／查詢服務／裁判書查詢：http://jirs.judicial.gov.tw/FJUD/），查詢的結果，可「確認」或「判斷得知」均爲法院所採用。

壹、2005年以後之案件：「確認」全部爲法院所採用

經上司法院網站查詢，只能查到2005年以後的案件，而這些案件查詢的結果，「確認」均爲法院所採用。

貳、2005年以前之案件：「判斷得知」全部爲法院所採用

一、「判斷得知」的背景

2005年以前之案件，先以最後5件個案上網查詢，但都找不到裁判書，因而不想再繼續逐案往前查詢。而不想再繼續逐案查詢之背景有二：第一，早期法院之裁判書並沒有公告於司法院官網上，但自哪一年才開始公告，筆者並未確知。第二，依筆者以鑑定人身分提出書面說明或出庭說明之經驗而言，筆者認爲無繼續查詢之必要。因爲筆者自出具鑑定報告書以來，經通知出庭說明之案件僅有4件，而只有2件是屬於2005年以前之案件；又該2件依出庭所獲得之資訊，「判斷得知」已爲刑事庭裁判所採用。

二、「判斷得知」的理由

（一）鑑定報告書若存在疑點或爭點，鑑定人一定會接到法院的通知，要求提出書面說明或出庭說明；反之，若未接到提出說明之通知，則可「判斷得知」該鑑定書最終已爲法院所採用。

（二）2005年以前之案件，只有2件經通知出庭說明，從出庭說明所獲得之下列資訊，可「判斷得知」該2件已爲刑事庭裁判所採用。

1. 第1件（三重案）是屬「學術鑑定」階段之計算過程的補充說明，當時是筆者帶著書面說明，於民事庭開庭之前些時日，於民事庭法官接待室內面交給法官。該法官說「由於律師提出請求，所以只好麻煩您了！」可見本案之鑑定書已為刑事庭裁判所採用。

2. 第2件（第42案：胸破案）是屬「類肇事重建」階段之刮地痕方向性的出庭說明，該庭也是屬於民事庭。記得具結時，筆者提出身分由證人轉成鑑定人之申請，並獲得法官之同意。開始對本案刮地痕之方向性加以補充說明時，法官還臨時插問「何謂紐澤西護欄？」回答及補充說明結束之後，該法官並未再詢問有關鑑定結果的問題，可見本案之鑑定書亦已為刑事庭裁判所採用。

參、鑑定書猶如經過三位審查者「審查通過」之學術論文

綜上，筆者所出具之全部58件鑑定報告書，每一件都為定讞之最終法院所採用！值得一提者是，鑑定報告書是要先經過檢察官的審查，再經過各級法院刑事庭（含民事庭）律師的挑剔與攻堅，檢察官對之加以說明與防護，而由法官對雙方引用鑑定書之內容加以審理，法官認同鑑定書之意見者，法官於最終裁判時才會採用。曾有好幾件個案，其裁判書中皆有類似如下的紀載，被告律師舉出事由請求鑑定人（筆者）出庭說明，但法官都以「鑑定報告書於第○○頁已纂之甚詳，鑑定人無再出庭說明之必要」而回絕了律師之請求。因此，筆者之鑑定報告書可說是「明察秋毫，足堪驗證」者。若以審查學術論文的程序或機制而言，獲得法院採用之鑑定報告書是猶如經過多位審查者之嚴密審查，並獲得「審查通過」之學術論文[4]。

---

[4] 鑑定報告書若為地方法院刑事裁判所採用者，則至少經過檢察官、律師、法官等3名（學術或專業）審查者「審查通過」；若有上訴，又為高等法院裁判所採用者，則至少又增加1名審查者，而經過4名（學術或專業）審查者「審查通過」。

|第三章|
道路交通事故肇事重建之發現

　　本章主要以筆者這20多年來，所鑑定過之181件案件進行個案分析。這些案件即於第二章第一節所述及之司法鑑定案（58案）、委託研究案中之現場會勘案（38案）、協助民眾案（至少80案）、協助器官捐贈者案（5案）等案件，這些案件於本章中為方便故，統稱為「鑑定重建」案[1]。在這些鑑定重建案中，筆者運用個案分析法，分析其屬「冤案」、「懸案」、「假案」、「錯案」、「漏案」的情形與原因，並統計屬「蒐證完整」、「蒐證尚可」、「蒐證錯漏」者各有幾件，來描述實務上「蒐證錯漏」之嚴重程度、錯漏內容，及產生錯漏的重要原因。

第一節　發現五成之「冤、懸、假、錯、漏」案

壹、關於「冤、懸、假、錯、漏」案之定義

　　在這些「鑑定重建」案中，若屬冤案、懸案者，是依「鑑定重建結果」來分類；若屬假案、錯案、漏案者，是依「蒐證結果」來分類。

---

[1]　統稱為「鑑定重建」案的理由是，筆者過去關於司法鑑定案所出具之鑑定報告書，「所有案件均為最終法院所採用」，足見筆者一直具有肇事重建之智能。故筆者所司法鑑定或會勘或協助過之案件，於本章為方便述稱，乃統稱為「鑑定重建」案。

一、依「鑑定重建結果」分類：冤案、懸案、平反案

（一）冤案

　　一般指刑事判決結果與事實不吻合者之案件。由於筆者所學術鑑定（肇事重建）過之58件司法個案，所出具鑑定報告書之肇事重建結果，「每一案件均爲最終法院所採用」，故筆者對自己所做司法鑑定或會勘或協助過之個案，若「筆者之鑑定重建結果推翻了前面之行政鑑定結果或學術鑑定結果或起訴結果，甚或判決結果之案件」，則於本文中將其稱爲「冤案」。

（二）懸案

　　指現場蒐證人員因蒐證疏漏或錯誤之「蒐證錯漏」，雖經筆者盡力補蒐集證據，並極盡所能進行跡證解讀、肇事重建，但仍無法釐清肇事全般眞相或關鍵眞相之案件，或無法破案（例如肇逃案件無法破案）之案件者，本文則將其稱爲「懸案」。

（三）平反案

　　指死者或重傷者或被告，原被指稱須負擔肇事全部或部分責任，但經筆者鑑定重建釐清事故眞相後，發現其無過失、無須負擔肇事責任，還其清白之鑑定重建案件者，本文將其稱爲「平反案」。

二、依「蒐證結果」分類：假案、錯案、漏案

（一）假案

　　指現場是假的，是經過人爲變造的，並非事故發生後自然形成之現場；或指肇事者之說詞是假的，但蒐證人員或偵辦人員並沒有發現，因而疏漏蒐證或即時追查，導致混淆事故眞相，或喪失釐清事故眞相時機之蒐證案件，本文將其稱爲「假案」。

（二）錯案（誤案）

　　指現場蒐證人員因認知錯誤或判斷錯誤，或文件呈現時爲錯誤之表

示（或解釋），因而形成蒐證錯誤之情形，並導致誤認事故眞相，或混淆事故眞相，或喪失釐清事故眞相時機之蒐證案件，於本文中將其稱為「錯案」或「誤案」。

（三）漏案

指現場蒐證人員因認知不足或經驗不足或時間倉促，或文件疏漏呈現，因而於蒐證階段形成疏漏證據之情形，並導致誤認事故眞相，或混淆事故眞相，或喪失釐清事故眞相時機之蒐證案件，於本文中將其稱為「漏案」。

貳、「冤、懸、假、錯、漏」案之個案簡介

一、司法鑑定案件之58件個案

將筆者所鑑定重建過之58件司法個案加以逐案分析，挑出屬於冤案、懸案、假案、錯案、漏案者，將其案號、案情、蒐證錯漏程度與內容、鑑定覆議意見、囑託機關、產生之問題與原因等整理成表，以有系統彰顯各該案與蒐證錯漏的關係，如表3-1所述。

二、非司法鑑定案件之個案

在司法鑑定以外之其他案件中（至少有123件），受限於撰寫時間，並未進行逐案分析，於此僅提出最有印象的8件個案加以分析，以彰顯各該案與蒐證錯漏的特有關係，詳如表3-2所述。

表3-1 蒐證錯漏VS.「冤、懸、錯、假、漏」案關係表：司法鑑定

案序	案名	案號	案類	涉案車數 涉案車種 死傷人數	蒐證錯漏 程度錯漏與內容	鑑定覆議意見 囑託機關	產生之問題與原因 問題	產生之問題與原因 原因
1	中壢工業區案	83-0-0	冤案 假案 懸案 錯案 漏案	2（側撞）大貨車 機車1死	1.嚴重錯漏對應部位。2.忽略刮擦地痕、輪胎碰撞之意涵。	覆議未指出錯漏處 桃園地檢	1.假現場、謊言，警察均未發現。2.鑑定覆議亦未發現，地檢署未起訴。	1.警察對對應部位、肇事過程未反及時起疑與調查證。2.警察、覆議、地檢對力的作用缺乏認識。
2	北濱近滅門案	84-03	冤案 同可 平反	2（對撞）大貨車 自小客 3死1傷	尚可：但疏漏知地點、內外輪輪覓與間距。	意見相左（肇責相反）臺灣高院	大貨車然車痕未壓線 司機故堅稱未跨越雙黃線。	1.然車痕雖未越線，但時已越線。2.相關人員忽略了用路者之反應特性。
3	白河切腿案	84-04	冤案 假案 漏案 平反	2（對撞）A貨車 B機車 1死2傷	疏漏：1.對應部位。2.反應距離。	補跡證不足 台南地院	A謊稱有閃過未撞到 B、警察因缺乏認知而未針對對應部位加以查證。	1.A反應不及、B小腿切割傷，均是A閃未過之明證。忽略了反應特性。2.警察對現場定位之觀念欠熟悉。
4	三重角撞補量案	85-05-0 至 88-05-2*	冤案 漏案 平反	3（角撞＋追撞）2小貨車 1機車 1死	疏漏：1.車道寬。2.車長、車寬、車輛定位等資料。	補跡證不足 板橋地院 臺灣高院 左轉A小貨車與自行B小貨車（尾隨C機車）夾擊C機車	1.無法確定機車有無超速、未靠右行駛。2.本案函請補測量各道之寬度，但路面已重整、無法補測。	1.雖已無車痕，但經補充車長、車輛運用定位法等三角函數及向量學還能求解。2.警察對現場定位之觀念欠熟悉。

（接下頁）

案序	案名	案號	案類	涉案車數 涉案車種 死傷人數	蒐證錯漏程度與內容	鑑定覆議意見		產生之問題與原因	
						覆議意見	囑託機關	問題	原因
5	田中酒駕對撞案	90-13	冤案 漏案 平反	2（對撞）紅小客 白小客 1死	疏漏撞擊地點、刮擦地痕位置之拍照、測繪均欠清楚。	意見不一（肇責比例不同）	台中分院	不易確定撞擊地點位置，難以分辨何車跨越道路中心線，導致鑑定覆議意見不一。	1. 關鍵跡證（刮擦地痕）之拍照、測繪欠清楚。 2. 警察不認得該刮擦地痕之關鍵性。
6	大里對撞案	90-14-2	冤案 漏案 平反	2（對撞）小貨車 大貨車 1死	疏漏撞擊地點、刮擦地痕位置之漏測繪、照片之呈現分散於各卷宗。	意見不一（肇責比例不同）	台中地檢	現場圖疏漏關鍵跡證—刮擦地痕位置，難以確定何車跨越雙黃線。	1. 關鍵跡證（刮擦地痕）之蒐證照片，分散於同卷宗。 2. 警察不認得該刮擦地痕之關鍵性。 3. 覆議未發現該跡證。
7	蘇澳氣流案	91-21	冤案 漏案 平反	2（擦撞）聯結車 機車 1死	疏漏：疏漏對應部位、填表與殘證諸不同人。	意見相似（微調肇因說明）	臺灣高院更（一）審	騎士左顱部破個洞，難以確知是被聯結車之哪一部位撞到。	1. 騎士自撐不當造成該傷勢。 2. 警察、覆議不認得大型車氣流特性。
8	和美機車案	92-26	冤案 錯案 平反	4（角撞）A小貨 B小客 C機車 D機車 2死2傷	完整（但誤認：警察對誰是機車騎士之認知有錯誤。）	意見相左（肇責相反）	彰化地院	誰是C、D兩部機車之騎士與乘客無法分辨，導致肇事責及理賠有紛爭。	1. 警察主觀認定死者為騎D機車之騎士，但事實不然。 2. 警察、覆議不認得騎士乘客各自之跡證特徵。

（接下頁）

案序	案名	案號	案類	涉案車數 涉案車種 死傷人數	蒐證錯漏 程度與內容	鑑定覆議意見 囑託機關	產生之問題與原因 問題	原因
9	桃園三貼案	93-29	錯案 平反 漏案 懸案 肇逃	2（角撞）大貨車 機車 1死2傷 肇逃	嚴重錯漏：1. 疏漏號誌時相、肇逃影像。2. 現場圖輪痕標示錯誤。	覆議未指出漏誤處，桃園地檢	1. 雙方肇事責任無法釐清。2. 肇逃車輛未查獲。	1. 疏於蒐證號誌時相。2. 現場圖血跡、定位錯誤。3. 錄影之磁粉老舊，導致影像模糊。
10	國1連環撞案	93-33	冤案 錯案 平反	3（追撞）綠大貨 紅小客 藍小客 1死1傷	錯誤：現場圖、照片標示錯誤，筆錄用圈套式的是非法詢問。	覆議未指出錯誤處 桃園地檢	照片說明錯誤：右側護欄為藍小客所撞，混淆了藍小客之行車軌跡。	1. 未確實比對對應碰撞部位。2. 草圖轉換成現場圖時，疏忽錯將綠藍兩車之跡證對調。
11	新莊老人闖燈案	93-34	冤案 平反 漏案 懸案	2（角撞）小貨車 腳踏車 1死	疏漏：疏漏行人號誌、車道標線之蒐證。	意見相同，但均未發現漏誤之跡證。臺灣高院	1. 路口寬達40公尺，未調查當時是否設置行人專用號誌。2. 導致檢察官發動現場勘勘。	案發當時調查是否設置行人專用號誌、事後補調查時、時制已調整查無，仍無法釐清真相。
12	三峽胎痕對撞案	94-36	冤案 漏案 錯案 平反	2（對撞）聯結車 小客貨 1傷	錯漏：1. 疏漏雙黃線上關鍵然 車痕（行車軌跡）之清楚拍照。2. 現場圖有多處錯誤。	稱跡證不足，但表示意見，目兩單位之意見卻不一一。板橋地檢	1. 難以明確分辨可車跨越雙黃線。2. 導致鑑定覆議無法作成鑑定意見，但卻表示出不同之見解。	1. 警察不認得聯結車之跳斷然車痕。2. 現場圖多處錯誤：彎道劃成直道，與草草不同而不願於現場圖簽名，警察涉嫌逼迫其圖上簽名。

（接下頁）

案序	案名	案號	案類	涉案車數 涉案車種 死傷人數	鑑定覆議意見		產生之問題與原因	
					鬼證錯漏程度與內容	囑託機關	問題	原因
13	新莊廂型機車闖燈案	95-38	冤案 錯案 漏案 平反 補鬼證	2（角撞）廂型車 機型車 1死1傷	錯漏：1.誤認廂型車錯行車道。2.疏漏號誌時相等之調查。	稱跡證不足＋意見不一 板橋地檢	1.誰闖紅燈？無法釐清。2.誤認廂型車無肇因。	1.警察誤認肇因為廂型車錯行車道。2.對誰闖紅燈之跡證認識，缺乏認識。3.筆者補調查號誌時相與時相之設計。
14	台西雙人機車追撞案	95-41	冤案 漏案 平反	2（追撞）老人機車 少女機車 1死2傷	錯漏：1.疏漏對應部位、少女機車兩人之終止位置。2.現場圖中老人機車、刮地痕之位置錯置。	對跡證存疑＋意見不一 臺林地院	1.前行行車有無轉彎？誰是騎士？乘客？均無法釐清。2.導致法院補鬼證、警察出庭補作證。	1.忽略機車對應碰撞部位之細微跡證與重要性。2.對騎士乘客之跡證特徵缺乏認識。
15	國3胸破追撞案	95-42*	冤案 錯案 平反 尚漏	2（追撞）大容車 聯結車 1死	錯漏：1.肇事經過初判錯誤。2.撞擊地點兩處、內側護欄車漆等之對應車輛標之對應錯誤。3.疏忽真正肇因之查證。	1.現場警察初判與當事人意見相左。2.鑑定覆議意見相左。3.覆議對地檢署的具體詢問問難以自圓其說。 苗栗地檢	1.造成兩造爭論。2.導致鑑定覆議間意見相左。3.混淆了肇事原因與真相（疲勞駕駛超載導致煞車失靈？夫妻感情因素自殺？）。	1.鬼證員警主觀、現場缺乏客觀之比對。2.三位員警分別詢問筆錄、欠缺整合。3.疏漏針對對應與超之跡證時起疑與查證。4.疏漏針對肇事原因之時起疑與查證。

（接下頁）

案序	案名	案號	案類	涉案車數 涉案車種 死傷人數	蒐證錯漏 程度與內容	鑑定覆議意見 囑託機關	產生之問題與原因	
							問題	原因
16	貢寮擦撞案	96-44	冤案 平反 漏案	2(擦撞) 小客車 機車 1死	疏漏：1. 對應刮擦痕未明顯呈現。2. 機車右手把端、左手肘之蒐證照片。	意見相左 覆議稱「未便逕予覆議」 基隆地檢	1. 小客車是起駛或停車狀態中被撞？跡證不明！ 2. 地檢署不起訴、高檢署命令「續查」。	1. 散落物、小客車左側車體之刮擦痕與地面之刮擦痕位置均未明顯呈現。2. 導致當事人、鑑定會覆議會各說各話。
17	土城擦撞案	96-45	冤案 錯案 漏案 平反	2(擦撞) 小貨車 機車 1植物人	錯漏：車漆採證錯誤（未針對「對應部位」加以採證）。	稱跡證缺乏 *筆者運用車流分析法、影片格放放法破解 板橋地檢	1. 化驗結果、成分不相似、檢察官不起訴。2. 家屬不服、高檢署命令「續查」、再議」。	1. 採證車漆時、未針對應部位採證。2. 對對應部位之特徵的尋找與分辨、欠缺認識。
18	台東闖燈案	97-46	冤案 平反 漏案 補證	2(角撞) 小貨車 機車 1死	疏漏：1. 疏漏號誌時相等之調查。2. 疏漏撞擊地點與停止線間距離之調查。	稱跡證缺乏 台東地檢	1. 騎士已亡、貨車司機及所有乘客均稱自己是綠燈。2. 鑑定覆議稱「跡證缺乏、未便逕予覆議」。	1. 對誰闖紅燈之現場調查、缺乏認識。2. 筆者補調查：(1)號誌時相與周制之設計；(2)撞擊地點與停止線間之相關距離。
19	新莊壽山對撞案	97-48*	錯案 漏案 釐清 補照 片	3(對撞) A小客 B小貨 C小貨 2傷	錯漏：1. 將未詳查證據屬之煞車痕錯誤歸給A車、且拍照不清楚。	意見相左 （覆議理由欠明確、意見未為法院所接受） 臺灣高院	1. 鑑定被接受、地檢因而起訴A。2. A不服、覆議雖與鑑定相左、惟覆議理由欠明確、故法院仍判	1. 疏漏關鍵跡證（煞車痕）之查證與舉證。2. 現場跡證多處矛盾未被發現。3. 樹影干擾了照片內容之

（接下頁）

案序	案名	案號	案類	涉案車數 涉案車種 死傷人數	電詢錯漏 程度與內容	鑑定覆議意見 囑託機關	問題	原因
				（A、B車各1人）	2. 兩車煞車痕不可能交錯。		決A有過失。 3. A提出上述。	清晰度。 4. 疏漏彎道地形之描繪與攝影呈現。
20	鶯歌鶯桃擦撞案	99-51	冤案漏案平反 補照片*	3（擦撞） A聯結車 B廂型車 C機車 1死	疏漏： 1. 鑑識警察對應部位之照片未送出。 2. 地院離譜：在欠缺照片證據的情況下也仍冒判。	稱「跡證不全，未便遽予覆議」臺灣高院	1. C機車從A、B兩車中間穿縫而過，遭致A車睏眠斃。 2. B、C兩方各執一詞，無法釐清C機車有否與B車先發生擦撞	1. 鑑識警察雖有對「對應部位」拍照，卻未將照片隨案解送。 2. 經筆者向鑑警申請照片比對後，發現B、C兩車未先發生碰撞。
21	大里元堤擦撞案	99-52	冤案漏案平反	2（擦撞） 大貨車 機車（大學生） 1死	疏漏：首撞對應部位（大貨車車體VS.騎士左手肘）之損傷照片。	意見相左： 1. 對應部位不同。 2. 前後關係判台中分院更（一）	1. 兩車前後關係不明。 2. 兩車首撞之對應部位不明。 3. 機車刮痕地之成因？砂石或遭撞所導致？	1. 鑑定覆議對首撞對應部位之鑑定，不但相左而且均錯誤。 2. 警察疏漏首撞對應部位之蒐證。 3. 相關人員專業知識不足，導致漏誤。
22	貨車疑倒車殺人案	99-53	漏案懸案肇因釐清	2（擦撞） 聯結車 機車 1重傷	疏漏： 1. 近半年才對聯結車製作筆錄，雖獲攝不起	鑑定覆議：有倒車（原因不明）、完全肇因學術單位：關於	1. 長庚醫院：無法判斷有無倒車。 2. 法醫研究所：善意或意外倒車。	◎如「電詢錯漏」欄1~4之簡述：並導致下列結果。 1. 一審：倒車意見。

（接下頁）

案序	案名	案號	案類	涉案車數 涉案車種 死傷人數	蒐證錯漏程度與內容	鑑定覆議意見 囑託機關	產生之問題與原因（問題）	產生之問題與原因（原因）
			倒車原因不明11年後回現場重建		訴處分，仍遭記過處分。2.疏漏大貨車有無倒退後之胎痕、前行之胎痕、時機、輪跡、動機（有無下車查看）等勘證。3.撞擊地點究竟位於哪一車道？4.機車究係遭哪一軸推壓？	「有無倒車及原因」、肇因等名不相同。定意見如問題簡述如問題簡述監察院	3.交通大學：無倒車，有再往前：無肇因。4.達甲大學：倒退2.5 m（蓄意性不高），同為肇因。5.警察大學：倒退0.75 m（下車前疏未啟動手然車，再向前2.25 m（時機動機均不明）：完全為肇因。	2.二審：倒車殺人。3.三審：撤銷，發回高院（倒車？原因？均不明）。4.更一審：倒車殺人無罪（引用長庚、法醫、交大等意見）。5.更二審：（同更一審用交大函覆）。6.更三審：（同更一審用交大出庭）。7.更四審：（同更一審用達甲意見）。8.監察院：送警察大學鑑定（達甲設五元之8組腳立方程式求解）
23	桃園中正兩機車角撞案	100-54	冤案漏案釐清	2（角撞）A機車 B機車 2死（A車）1傷（B車）	疏漏：1.刮地痕未比對與完整拍攝、測繪。2.人員終止位置未調查標示。3.A車感知地點未查明。	鑑定覆議：A車無肇因 桃園地檢：1.已不起訴。2.家屬請筆者協助後，重新送鑑	1.兩機車所形成刮地痕之拍照未完整、清楚。2.當事人終止位置查無標示。3.A車感知地點：檢察官會勸補調查。	1.警察疏漏機車刮地痕完整清楚地拍照。2.覆議人員未運用地痕、動量等特性加以滅定求算車速、反應時間、反應特性等時間等特性加以鑑定。3.筆者設五元之方程式求解。

（接下頁）

案序	案名	案號	案類	涉案車數 涉案車種 死傷人數	蒐證錯漏 程度與內容	鑑定覆議意見 囑託機關	產生之問題與原因 問題	原因
24	台東南迴對向側撞案	101-55	錯案 尚漏	2（對向側撞）大貨車 大客車 3死7傷	錯漏： 1. 現場圖錯繪： (1)律師拿到肇者所繪與交警所繪二者不同。 (2)碎片位置、胎痕類別標示錯誤。 (3)原圖疏漏彎道、撞壁痕、輪脫痕、輪擦痕、方向等。 (4)經法官指正後補繪。 2. 疏漏「撞擊滑痕」之拍照。	鑑定覆議：意見相同（大貨車越線，為完全肇因） 花蓮分院	1. 現場圖有7處漏繪，疏漏「撞擊滑痕」特徵之拍照。 2. 花蓮分院詢問： (1)撞擊地點位於何處？為何大客車之散落物大量位於大貨車之車道上？ (2)大客車左後方之輪胎擦痕「撞擊滑痕」係何車所留？ (3)大客車是否亦為超速？是否是亦為肇因？	1. 前後出現不同且錯誤之警繪現場圖，而且交警繪製後補陳送檢查隊、地檢署。 2. 現場圖中關鍵跡證（碎片）不移存卻妄加位置標示錯誤（原因為位置標示錯誤）。 3. 警察不認得關鍵跡證「撞擊滑痕」（突然中斷又轉向），故未對之拍攝特徵。 4. 導致筆者耗費大量時間、重建兩車軌跡，之後方破案。
25	台南少女對撞案	101-56	冤案 漏案 平反 補蒐證	2（對向擦撞）機車 腳踏車 1重傷（機）	疏漏： 1. 刮地痕、血跡、機車、安全帽等軌跡證面未標繪與拍照。 2. 照片中無法辨識行車方向。	鑑定覆議：意見相同（跡證不全、無法研析） 台南分院	1. 現場有刮地痕、血跡、機車、安全帽等路面跡證，卻均未查明、測繪與拍照。 2. 少年法庭以請臺南分院補調查路面跡證（軌跡證）等終止位置。	1. 機車若已移動，警察通常只標註「機車已移動」，而未查明、測繪。 2. 筆者行文請臺南分院補調查路面跡證（軌跡證）等之終止位置。

（接下頁）

案序	案名	案號	案類	涉案車數 涉案車種 死傷人數	蒐證錯漏 程度錯漏與內容	鑑定囑託機關 覆議意見	產生之問題與原因	
							問題	原因
26	樹林擦撞案	101-57 ~ 104-57-7	冤案（同向擦撞）錯案漏案懸案平反現場重建補頭鞍之蒐證3次出庭	3（同向擦撞）輕機車 重貨車 大貨車 1死（重機）	錯漏：1.疏漏下列3項調查：(1)胎紙高度影響輕機案件？(2)橋面伸縮縫會形成頭鞍？(3)高度比對：輕機車牌VS.重機前輪弧。2.錯誤納入非本次刮地痕。	鑑定：跡證不明，無法鑑定覆議：重機疏未注意車前狀況交通大學：屬機車多次碰撞、無法研判板橋地檢	1.員警疏漏左列3項事證之關鍵跡證的調查。2.員警雖誤將非本次之刮地痕劃入本事故現場圖之中、混淆了機車倒地過程（但車牌好有拍照到（多比缺好）。	1.員警對於可能之肇事原因疏於起疑，並加以查證：專業度不足。2.覆議未積極求證，過於主觀。3.鑑定、交通大學對機車刮地痕、車損痕、輪胎痕等之意涵解讀，專業度尚不足。4.氣流之鬼證。

* 案序4：第85-05案（三車角撞補彙案），於臺灣高院刑事裁判之後，筆者曾於民事庭開庭前些時日，於民事法官接待室內面交計算過程的補充說明。

* 案序15：第95-42案（圖3胸案追撞案），於苗栗地院刑事裁判之後，筆者曾於民事庭改以鑑定人之身分，出庭對兩處刮擦地痕之方向性加以補充說明：法官還這時插問「何謂紐澤西護欄？」刃，死全配偶求助、無奈的眼神、令人鼻心。

* 案序19：第97-48案（新莊壽山對撞案），於臺灣高院刑事裁判之後的民事庭，筆者是受害者」的慰問的悲心、願意免費接受諮詢，在庭上烏渠說明所提問之問題：回答了3次，之後即化解了被告的憤恨之氣。

* 案序20：第99-51案（鶯歌膏桃擦撞案），筆者總共展延2次；第一次是想繼續完成影片分析法但沒成功，第二次是不想放案，因為若放案一定成為懸案。在第二次展延期限將屆前，開始閱覽全部卷宗，竟然發現「對應部位」拍照，卻未將照片隨案解送，而且日法官竟然也宣判」。由於向鑑識警察申請這些照片比對，因而破案。

表3-2 蒐證錯漏VS.「冤、懸、假、錯、漏」案關係表：非司法鑑定

案序	案名	案號	案類	涉案車數 涉案車種 死傷人數	蒐證錯漏 程度與內容	鑑定覆議意見 囑託機關	產生之問題與原因 問題	原因
27	中和貨車謀殺案	聽課(王)1*	假案 冤案 尚可 平反 補照片	2(追撞) 重機車 大貨車 1死(重機)	尚可，但瑕漏 1. 騎士體傷（背部）照。 2. 照片未全部沖洗。	鑑定：跡證不明，無法鑑定 地檢署鑑定	1. 照片未全部沖洗。 2. 機車之對應部位應包含車損、體傷。 3. 覆議（王）：列舉諸多疑點，請檢察官補調查。	1. 照片原因為沖洗經費不足之故。 2. 檢警對應機車對應部位中的體傷經常忽視，或欠缺認識。 3. 假車禍，真謀殺！
28	宜蘭開棺驗屍案	聽課(王)2*	冤案 懸案 假案 錯案 漏案	2(同向擦撞) 計程車 機車 1死	錯漏： 1. 警察疏漏騎士體傷（手肘）VS.對應鏡鏡（後視鏡鏡背）之起疑，拍照、採添。 2. 法醫將左手肘有傷錯誤登錄為右手肘有傷。	鑑定：跡證不明，無法鑑定 地檢署： 1. 請覆議會鑑定 2. 檢察官閱卷時，感覺有一股冤氣，生起必須仔細查證之念頭	1. 計程車種車是自行滑倒；但實際是被追撞撞而倒。 2. 王教授對機車是右滑左倒，理應是左手肘有傷，但法醫卻登錄右手肘有傷，甚為懷疑。出庭時，表示意見，檢察官因而開棺驗屍，結果是左手肘有傷。	1. 機車右滑左倒通常是遭追撞撞，右滑右倒（或左滑左倒）則通常是自摔；此知識許多檢警鑑人員都不知道，而疏漏了後續對應部位的追查。 2. 法醫或相關人員常常疏漏手肘之電證。 3. 常漏失手肘（或手把）VS.對應部位之電證。

（接下頁）

案序	案名	案號	案類	涉案車數 涉案車種 死傷人數	蒐證錯漏 程度與內容	鑑定覆議意見 囑託機關	產生之問題與原因	
							問題	原因
29	北市救人卻被誣指撞人案	94.11. 協助民眾	冤案 懸案 錯案 漏案	2 (同向撞？未撞？) 自小客 機車 1傷	錯漏：警察誤認自小客導致疏漏自小客前保險桿、後視鏡VS.對應部位之蒐證	鑑定覆議：於對應部位不斷為錯誤之鑑定 地院、高院、民事庭：兩年內、不斷傳喚，且為錯誤判決 自小客：經轉介之助於筆者	1. 警察於案發9天後詢問受傷者筆錄時，雖發現兩造說詞相反，卻未針對對應部位發動電證、採漆。 2. 各級鑑定、各級法院均不斷為錯誤之鑑定與判決。	1. 警察蒐證智能、電證制度均有欠缺。 2. 各級鑑定人員、各級司法人員均不用心，而且過於主觀（很簡單的高度比對也都沒有發現），傷害公平正義。
30	彰中女師助民眾案	95.03. 協助民眾	冤案 假案 錯案 尚漏 平反	2 (角撞？對撞？) 自小客 機車 1重傷	錯漏： 1. 自小客終止位置是假的，警察不但未發現，而且肇事之現經過為錯誤之摘述與筆錄。 2. 現場圖缺乏之基準點。	鑑定：自小客左轉（角撞） 女師：尋求筆者協助、提供意見、教其申請覆議 覆議：維持原鑑定結果 女師：申請警察大學鑑定（由他人獨立鑑定、筆者並未提供任何意見）	1. 警察只針對現場拍照、測繪，未反時造查疑點。 2. 警察先入為主：先聽自小客之說詞，導致重傷女師說之詞未被採用。 3. 鑑定覆議人員缺乏對疑點加以求證的能力。因警大他人獨立鑑定、筆者均未提供任何證與現場之發現與筆者相同：「現場是假的、兩車是對撞而非角撞」。	1. 兩車碰撞存在作用力、反作用力，及合力方向的原理，未經過訓練的員警幾乎不知道。但鑑定覆議人員不應該不知道。 2. 員警詢問筆錄時缺乏同理心。 3. 員警應加強[對應部位VS.作用力方向]認知的訓練、反現場測繪、筆錄製作的訓練。

（接下頁）

案序	案名	案號	案類	涉案車數 涉案車種 死傷人數	鑑定覆議意見 電證錯漏程度與內容	囑託機關	產生之問題與原因 問題	原因
31	中壢山東里車案	95.12. 研究案會勘	錯案 漏案 懸案 會勘	1（自撞？肇逃？）機車 1死	錯漏：1.疏漏【體傷VS.車速】是否吻合、老人反應能之電證。2.疏漏機架外緣細小痕跡之電證、採漆。3.將機車輪胎痕錯解為刮擦地痕。	1.研究案會勘案，故未進入鑑定之程序 2.會勘時，對現場員警、副分局長提出需進一步查證之意見，但部遭到拒絕 3.事後，教導死者兒子如何請檢察官繼續查證	1.警察只針對現場拍照、測繪，未反時逃查疑點。2.警察先入為主：(1)老先生有心血管疾病，即前往就醫，即主觀認為自撞、忽略了車速慢，但人速然何快之查證。(2)機車後置物架外緣有細小痕跡、有可能是遭撞之肇逃案，但缺乏電證。	1.104年上網查該案判決書，但查不到，顯然該案為懸案。2.員警欠缺下列知能：(1)力的三元素（位點、大小、方向）VS.跡證之關係。（自然法則）(2)反應行為（PIJR）特性VS.跡證之關係。（經驗法則）(3)機車對應部位VS.跡證之電證。
32	彰化福海宮案	96.10. 協助警察	冤案 錯案 漏案 懸案 會勘 發生	1（搶燈？設計不當？）腳踏車 1死 半年一隔	疏漏：1.「Y」字型路口、疏漏真正肇事原因之調查。	1.畢業學生擔任所長，因故請求協助 2.現場勘查後發現：「機慢車沒有可以回家的時	1.「Y」字型路口，機慢車需左轉才能回家，但仍缺乏左轉區之設置。2.缺乏左轉專用時相、待轉區設置。	1.半年後，左轉專用時相雖已設置，但仍缺乏待轉區之設置。2.半年後，新舊任所長交接當週，又發生2件事故，死3人。

（接下頁）

案序	案名	案號	案類	涉案車數 涉案車種 死傷人數	蒐證錯漏程度與內容	鑑定覆議意見 囑託機關	產生之問題與原因 問題	原因
			案		2. 疏漏號誌時相、機車待轉區之調查。	相，只有搶焙才能回家」	3. 待轉區之設置，必須發現到道路邊溝之轉區。	3. 必須結合民代、取得路邊溝之土地，用以設置待轉區，方足預防。
33	長庚器捐協助器捐案*	101.01.01	冤案、錯案、漏案、施工路段、會再發生案	1（自撞？）、顛簸？、機車、1死、98～100年：(1)路段：242～305件/年、(2)地點：1～3件/年	嚴重錯漏：1. 於捷運施工路段，疏漏顛簸因素之調查與蒐證。2. 每年發生242件以上（路段長僅約3.6公里），連會勘委員也疏於調查事故之原因。	1. 器捐者父親請求協助，並稱「我是為了真相！不是為了國賠，更是為了預防」2. 引導該父親如何對坑洞加以蒐證3. 該父親回傳一張有高低差之照片	1. 筆者駕車親至現場，發現該路高低差不至於形成顛簸。乃訪問附近之住戶，住戶稱「捷運施工初期、不常發生事故；末期，則時常發生，他們都不管！」3. 筆者乃至路邊發現，突然發現一部機車有顛簸的現象。	1. 筆者乃拿出車內之行車紀錄器對該處攝影，經分析後，1分內有9部機車會顛簸。2. 調查歷史肇事紀錄，路段、地點分別為：(1)98年：242件、1件。(2)99年：305件、2件。(3)100年：243件、3件。3. 該父親稱「我找到結果了！我提告認識的律師，不提告訴了！*」
34	新竹香山協助警察案	107.08.	漏案、會再發生案	1（自撞？）、顛簸？、機車、1死	嚴重疏漏：1. 機車左倒，但右側有多處車損痕跡卻疏漏蒐證。2. 機車右側車損。	1. 暑期督導學生實習時、舊識交通隊長的邀請而鑑定本案。2. 由於剛發生約7天，所以教導補	1. 看完現場照片後，請求看舊機車車損，發現左倒但右側卻有多處車損。2. 因而請求至事故現場履勘、發現機車	1. 經調集歷史肇事紀錄（107年至108.8.11）共有5件，其中1件為A1。2. 提供改善之方法：(1)增設交通警示設施：如防車導標、

（接下頁）

案序	案名	案號	案類	涉案車數 涉案車種 死傷人數	電證錯漏 程度錯漏與內容	鑑定覆議意見 囑託機關	產生之問題與原因	
							問題	原因
					之對應部位疏漏電證。 3. 疏於追查真正之肇因。	電證之內容。	左彎下坡超速、因而失控撞擊右側圍牆所致。 3. 於現場發現此處過去亦曾發生過事故。	速限標誌。 (2)增設測速照相機（可用偽裝者）。 (3)進入學校宣導該路段勿超速。 (4)增設公車入校園。

*聽課（王）：是指聽王文麟教授教講課或講述之案件；當時，王文麟教授任在臺灣省覆議會擔任覆議委員。

*案序33：長庚器捐案。路不平，未修補，任憑事故不斷發生，該3.6公里之捷運施工路段內，幾乎每天發生1件事故（0.66～0.83件／日）：每年內，每100公尺就有6～8件事故發生。於此視長期施工路段所衍生的公安問題，及其應有的預防措施（如交通維持計畫，要求把此路段之車流，加強其他保護措施等；而僅視樹立「前局易肇事地點」、「速限」標誌、碎石等的蒐證措施是不夠的！）至於發生之肇因（尤其機車涉入事故），警察機關更應加強其蒐證技能與訓練；(2)定期統計分析施工路段之事故，應及時發勤查會勘並要求改善；(4)若主管部門有怠惰，或精益施延改善，則可透過立法權（民意代表）遊說、司法權，或第四權（新聞媒體）督促其改善。

參、發現五成之「冤、懸、假、錯、漏」案

一、在司法鑑定案件中（共58件）

（一）「冤、懸、假、錯、漏」案之發生率為50%

經上述表3-1的整理，在58件的司法鑑定案件中，計有26件是屬於「冤案」或「懸案」或「假案」或「錯案」或「漏案」者，其總計之占有率為50%，該占有率也可稱為發生率。

（二）「冤、懸、假、錯、漏」各案之發生率以冤案之約近四成最高

從表3-1之58件司法鑑定案件中，經統計屬於「冤、懸、假、錯、漏」各案之總件數與占有率如下（詳參見表3-4）：

1. 冤案有22件，占37.9%。
2. 懸案有5件，占8.6%。
3. 假案有2件，占3.4%。
4. 錯案有11件，占19.0%。
5. 漏案有23件，占39.7%。

二、在非司法鑑定案之8件中

在表3-2之8件非司法鑑定案件中，由於是印象中特有所挑出者，擬藉以彰顯其蒐證錯漏特點用，故不做占有率（發生率）的分析。但經統計屬於「冤、懸、假、錯、漏」各案之件數則仍簡述如下（詳參見表3-4）：

1. 冤案有6件。
2. 懸案有4件。
3. 假案有3件。
4. 錯案有6件。
5. 漏案有7件。

第二節　「冤、懸、假」案皆導因於「蒐證錯漏」

在這181件鑑定重建案中，於第一節經運用個案分析之後，本節再統計其屬「蒐證完整」、「蒐證尚可」、「蒐證錯漏」者各有幾件，藉以描述實務上「蒐證錯漏」之嚴重程度。

壹、關於案件「蒐證完整程度」之定義

一、蒐證完整程度之基準

肇事重建主要是依據所蒐得的證據進行解讀、分析與重建，因此，蒐證是否完整可依所蒐得的證據「能否正確迅速地釐清肇事真相」而定。然而所蒐得的證據「能否正確迅速地釐清肇事真相」，則涉及下列三個面向：（一）蒐集跡證是否齊全或完備；（二）跡證呈現是否明確（清楚正確）；（三）肇事真相（含關鍵真相、全般真相）之釐清是否能快速又準確。

二、蒐證完整程度之分類

本文將蒐證完整程度依上述三個面向的考慮，將其分為「蒐證完整」、「蒐證尚可」、「蒐證錯漏」等三類，茲將其分類標準說明如下，並將之整理成如表3-3所示。

（一）蒐證完整：蒐證齊全、呈現明確，能快又準的釐清肇事真相者

案件中所蒐得之證據或跡證，若同時符合下列條件，則歸類為「蒐證完整」之案件：

1. 蒐證齊全：蒐證人員所蒐集到之證據或跡證齊全完備。
2. 呈現明確：證據或跡證透過文件表示時能明確（清楚正確）的呈現。
3. 行政鑑定正確：這些跡證經行政鑑定人員、司法官解讀之後，均能正確地用以釐清肇事真相（含關鍵真相、全般真相）。

4. 學術鑑定既快又準：若經學術鑑定或肇事重建，亦能快速又準確地釐清肇事眞相（含關鍵眞相、全般眞相）。

（二）蒐證尚可：蒐證或欠齊全，或呈現欠明確，尚能快準釐清關鍵眞相者

案件中所蒐得之證據或跡證，若同時符合下列條件，則歸類爲「蒐證尚可」之案件：

1. 蒐證齊全，但呈現欠明確（此情形稱爲尚明確）；或蒐證欠齊全，但所呈現者明確（清楚正確）（此情形稱爲尚齊全）。
2. 行政鑑定尚正確：這些跡證經行政鑑定人員、司法官解讀之後，尚能正確一致地用以釐清肇事關鍵眞相，但無法釐清全般眞相。
3. 學術鑑定尚快準：因爲第1點之尚明確或尚齊全的關係，於經學術鑑定或肇事重建時，會運用較多方法、需要較多時日，所以不能快速釐清肇事全般眞相，但尚能準確的釐清肇事關鍵眞相。

（三）蒐證錯漏：蒐證錯或漏，或呈現錯或漏，不能快速或無法釐清關鍵眞相者

案件中所蒐得之證據或跡證，若於下列前3點中至少有1點符合，又符合第4點者，則歸類爲「蒐證錯漏」之案件：

1. 蒐證錯或漏：蒐證人員所蒐集到之證據或跡證，經跡證解讀之後，發現所蒐集者有錯誤或有疏漏之情形。
2. 呈現錯或漏：證據或跡證透過文件呈現時，出現錯誤之表示，或疏漏了將跡證移送出去之情形。
3. 行政鑑定爲「跡證不足」或造成意見相左或錯誤之表示：這些跡證造成行政鑑定單位稱「跡證不足」者，或鑑定結果爲「意見相左」者，或鑑定結果爲「意見錯誤」者。
4. 學術鑑定不能快又準：因爲前述3點之任1點的關係，於經學術鑑定或肇事重建時，會運用更多方法（如多重比對、高階運算、複雜分析、補蒐證、現場重建等）、耗費許多時日，所以不能快速又準確的釐清肇事眞相，而且僅能準確的釐清關鍵眞相而已，甚或無法釐

清關鍵眞相者。

簡而言之，若對「關鍵證據」疏漏採證或採證錯誤，或於「呈現關鍵證據」時產生錯誤之表示或移送上之疏漏，將因而耽誤或無法釐清「關鍵眞相」之案件，這些案件稱爲「蒐證錯漏」之案件。

表3-3　「蒐證完整程度」分類與基準對照表

項目			蒐證完整	蒐證尚可		蒐證錯漏	
				欠明確	欠齊全	蒐集錯漏	呈現錯漏
證據蒐集 + 證據呈現	證據蒐集	齊全	V	V			
		尚可			V		V
		錯或漏				V	
	證據呈現	明確	V		V		
		尚可		V		V	
		錯或漏					V
釐清肇事真相	快速程度	快速	V				
		尚可		V	V		
		不快				V	V
	準確程度	能全般	V	或V	或V		
		能關鍵		V	V	V	V
		不能關鍵				或V	或V

貳、「冤、懸、假」案皆導因於「蒐證錯漏」

將表3-1之司法鑑定案件、表3-2之非司法鑑定案件繼續進行有關「冤、懸、假」案VS.「蒐證錯漏」案之關係分析，並將之整理成如表3-4。

表3-4 鑑定重建中「冤、懸、假」案VS.「蒐證錯漏」案統計表

鑑定重建案		案件種類						蒐證完整程度※		
		冤案	懸案	假案	錯案	漏案	錯漏	尚可	完整	合計
司法鑑定案件	案序	1, 2, 3, 4, 5, 6, 7, 8, 10, 11, 12, 13, 14, 15, 16, 17, 18, 20, 21, 23, 25, 26	1, 9, 11, 22, 26	1, 3	1, 8, 9, 10, 12, 13, 15, 17, 19, 24, 26	1, 3, 4, 5, 6, 7, 9, 11, 12, 13, 14, 15, 16, 17, 18, 19, 20, 21, 22, 23, 24, 25, 26	1, 3, 4, 5, 6, 7, 8, 9, 10, 11, 12, 13, 14, 15, 16, 17, 18, 19, 20, 21, 22, 23, 24, 25, 26	2	錯漏、尚可之外的案序，共32件。	
	小計(%)	22 (37.9)	5 (8.6)	2 (3.4)	11 (19.0)	23 (39.7)	25 (43.1)	1 (1.7)	32 (55.1)	58 (100)
非司法鑑定案件	案序	27, 28, 29, 30, 32, 33	28, 29, 31, 32	27, 28, 30	28, 29, 30, 31, 32, 33	28, 29, 31, 32, 33, 34	28, 29, 30, 31, 32, 33, 34	27		
	小計(%)	6	4	3	6	7	7 (5.7)	1	X	123* 只選8件
合計(%)		28	9	5	16	32	32 (17.1)	2 (1.1)	Y	181

※：在案類中若包含【「錯案或漏案」+尚可】者，即歸為錯漏案；若不包含錯案或漏案，而出現「尚可」者，則歸為「尚可」。

*：非司法鑑定案件數雖共有123件，但由於只從中挑選出比較有印象的8件個案加以分析，所以在該類案件中有關蒐證「尚可」、「完整」所佔之比率，在此不列入計算與分析。

一、在司法鑑定案件中

從表3-1中已發現「冤、懸、假、錯、漏」案之發生率爲50%，今從表3-4又發現了：

（一）「冤、懸、假」案共計高達四成以上

1. 冤案近四成、懸案近一成、假案占3.4%

在58件之司法鑑定案件中，肇事重建結果屬於「冤案」者高達22件（占37.9%），「懸案」者竟有5件（占8.6%），「假案」者亦有2件（占3.4%）。

2.「冤、懸、假」案共計高達四成以上

在「冤案」、「懸案」、「假案」所合計之29件中（22＋5＋2＝29），有5件重複計算了[2]，所以「冤案」、「懸案」、「假案」共計爲24件（占41.3%）。

（二）蒐證「錯、漏」案亦高達四成以上

在58件之司法鑑定案件中，若從「案件種類」之歸類來看，該案於蒐證階段（蒐集證據、呈現證據）產生錯誤情形之「錯案」者有11件（占19.0%），發生疏漏情形之「漏案」者則高達23件（占39.7%）；而在這34件的「錯案」或「漏案」當中，屬「蒐證暨錯又漏（蒐證錯漏）」者則有9件。

若從蒐證完整程度來看，屬「蒐證完整」者僅有32件（占55.1%），而「蒐證尚可」者也僅有1件（占1.7%），但蒐證階段產生錯誤或疏漏之「蒐證錯漏」者卻高達25件（占43.1%），而當中「蒐證暨錯又漏之（蒐證錯漏）」者則有9件（占15.5%）。

二、在非司法鑑定之案件中

在非司法鑑定之八個案件中，由於是印象中特有而挑出者，故其

---

[2] 重複計算之案序爲：懸案1、假案1、假案3、懸案11、懸案26。

屬於冤案（6件，占75%）、懸案（4件，占50%）、假案（3件，占37.5%）、錯案（6件，占75%）、漏案（7件，占87.5%）者會有如此高的占比。

三、在所有鑑定重建案中

在表3-4中，無論是司法鑑定案件或非司法鑑定案件，都有下列共同之發現：

（一）屬冤案、懸案、假案者，也都屬於「蒐證錯漏」案

在表3-4中，其案序若屬於「冤案」或「懸案」或「假案」者，其案序也都會出現於蒐證完整程度中之「錯漏」、「尚可」欄內。由於屬蒐證「尚可」者僅有案序2、27這2件，嚴格來說，這2件也可歸屬於蒐證「錯漏」之案件[3]。因此，可以說「屬冤案、懸案、假案者，也都屬於『蒐證錯漏』案」。

（二）冤案、懸案、假案的形成皆導因於蒐證錯漏

由於冤案、懸案、假案是鑑定重建後對案件分類結「果」之說明，而「蒐證錯漏」案是對蒐證過程中「因」產生錯誤或疏漏之說明；又由於「屬冤案、懸案、假案者，也都屬於『蒐證錯漏』案」，所以可以說「這些冤案、懸案、假案的形成皆導因於蒐證錯漏」，而「蒐證錯漏則包含蒐集證據錯誤或疏漏，或呈現證據錯誤或疏漏」。

四、綜上：「冤、懸、假」案之發生率大於四成，而且皆導因於蒐證錯漏

從上述分析中，也可以說從筆者鑑定重建的實務當中，除了發現「『冤、懸、假、錯、漏』案之發生率有五成（50%）」之外，更發現

---

[3] 在表3-4內，蒐證完整程度「尚可」之案件雖僅有案序2、27之2件，但這2件也是警察於蒐證過程中疏漏了內外輪輪寬與間距、疏漏了將底片沖洗後移送，幸好專業鑑定者（作者本人或王文麟教授）尚能順利補蒐證，之後再運用不複雜的專業知識分析，始幸運釐清肇事關鍵真相之案件。因此，這2件或這類案件也可稱為蒐證疏漏情形尚能接受之案件，嚴格來說，也可歸屬於蒐證錯漏之案件。

了「『冤、懸、假』案的發生率大於四成，而且皆導因於蒐證錯誤或疏漏」。這麼高比率的冤懸假案，而且都導因於蒐證錯誤或疏漏，實在令人感到無比驚訝！也難怪筆者一直以來都憂思於「如何改善警察蒐證錯漏」的相關問題上，這警察蒐證錯漏的問題，有司當局實應投注更多的重視與設法改善！

第三節　「蒐證錯漏」之內容與歸類

　　上節的分析發現了「『冤、懸、假』案的發生率大於四成，而且皆導因於蒐證錯誤或疏漏」，因令筆者感到驚訝，故本節再進一步分析蒐證錯漏的內容為哪些？這些錯漏的內容加有無共通的特點？希望能找到共通的特點，以方便進一步探討造成蒐證錯漏的原因，共謀改善之道。

壹、蒐證錯漏內容歸類過程之說明

一、錯漏內容歸類之過程

　　從表3-1（司法鑑定類）、表3-2（非司法鑑定類）的34案中，逐案分析並記錄其蒐證錯漏的詳細內容，之後分析該錯漏內容涉及哪些專業知識，進而從這些所涉及的專業知識中試圖尋找出其共通點，再依此共通點而加以分類。有關歸類過程如圖3-1所示。

二、錯漏內容歸類之依據

　　很幸運地，這些蒐證錯漏的內容與所涉之專業知識，若以肇事過程為主軸來分類，若再輔以彰顯易錯漏因素的考量，則可順利的分出五類。

（一）能依肇事過程歸為「碰撞之前」、「碰撞當時」、「碰撞之後」等三類

　　這些蒐證錯漏內容所涉之專業知識，若依肇事過程之「碰撞之

前」、「碰撞當時」、「碰撞之後」來加以歸類，則能彰顯所錯漏之專業知識。

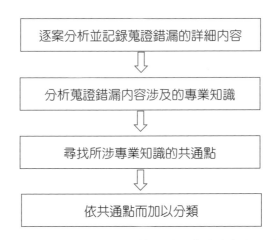

圖3-1　鑑定重建案例中蒐證錯漏內容之歸類過程

（二）為彰顯易錯漏者，可另歸出「肇因號誌」、「機車事故」兩類

　　若於歸入「碰撞之前」、「碰撞當時」、「碰撞之後」之類別時，無法完全凸顯其錯漏內容與所涉之專業知識時，則另歸為「肇因號誌」類。又若該案有機車涉入，而且錯漏的證據是機車才會造成者，則另歸為「機車事故」類。

貳、蒐證錯漏內容歸出之類別

　　蒐證錯漏內容經由上述過程、依據加以歸類，共可歸出「碰撞之前」、「碰撞當時」、「碰撞之後」、「肇因號誌」、「機車事故」等五類。有關這五類「錯漏類別」與所涉之專業「知識類別」，簡述如下：

一、碰撞之前：反應PIJR[4]、煞停軌跡

（一）「碰撞之前」屬「錯漏類別」之名稱。

（二）「反應PIJR」、「煞停軌跡」屬「知識類別」之名稱。

（三）「PIJR反應行為VS.交通環境」、「緊急反應時間」、「行駛跡線（含胎紋）」則屬錯漏內容所涉之專業知識。

二、碰撞當時：對應位點、碰撞力學

（一）「碰撞當時」屬「錯漏類別」之名稱。

（二）「對應位點」、「碰撞力學」屬「知識類別」之名稱。

（三）「對應部位（含人車物損傷之拍照、採證）」、「撞擊地點（含刮擦地痕、散落物、胎痕等）」則屬錯漏內容所涉之專業知識。

三、碰撞之後：終止位置、現場測繪

（一）「碰撞之後」屬「錯漏類別」之名稱。

（二）「終止位置」、「現場測繪」屬「知識類別」之名稱。

（三）「重要跡證與其之定位」、「路面車道寬等之距離」、「車體長寬高間距等」、「圖錯誤（假現場、標示錯、不同圖、非本次）」則屬錯漏內容所涉之專業知識。

四、肇因號誌：含筆錄等

（一）「肇因號誌」屬「錯漏類別」之名稱。

（二）「含筆錄等」屬「知識類別」之名稱。

（三）「關鍵肇因」、「號誌」、「筆錄」則屬錯漏內容所涉之專業知識。

4　一般反應過程必然經過：感知（Perception）→確認（Identification）→判斷（Judgement）→反應（Reaction）等過程，該過程簡稱為PIJR，亦有學者稱為PIEV。詳參見第十章第一節之說明。

五、機車事故：肉包鐵細小、倒向痕騎顛

（一）「機車事故」屬「錯漏類別」之名稱。

（二）「知識類別」之名稱：

1. 「肉包鐵細小」：指機車是肉包鐵、產生之痕跡很細小等兩項特性。

2. 「倒向痕騎顛」：「倒向痕」是指機車碰撞後通常會**倒地**，所以**倒地方向**及倒地後所形成之**刮擦地痕有無**的蒐證很重要。而「騎」則有兩層涵義，一是指如何分辨誰是**騎士**誰是乘客，二是指機車於**騎乘**時可能遇到**顛簸**或坑洞等路障之問題。

（三）「對應部位（肉包鐵，如手肘）（涉倒向）」、「刮擦地痕（含倒向）」、「細小顛簸（坑洞路障等、騎或乘）」則屬錯漏內容所涉之專業知識（共有七種特性）。

參、蒐證錯漏內容歸類之結果

一、整理成表3-5

從表3-1（司法鑑定類）、表3-2（非司法鑑定類）的34案中，每件個案於蒐證過程中所錯漏的內容，經由上述歸類過程、依據、錯漏類別等方法之歸類後，將歸類結果整理成表3-5「鑑定重建案中蒐證錯漏內容之歸類結果與原因初探表」。

二、蒐證錯漏內容以「機車事故」類最多，「碰撞當時」類次多

蒐證錯漏內容之歸類結果，若以發生案量的多寡而言，從表3-5中可以得知其高低順序為（總案量為58+8=66件）：

（一）最多者為「機車事故」類，25案（占37.9%）。

（二）第二多者為「碰撞當時」類，24案（占36.4%）。

（三）第三多者為「碰撞之前」類，18案（占27.3%）。

（四）第四多者為「碰撞之後」類，17案（占25.8%）。

（五）第五多者為「肇因號誌」類，16案（占24.2%）。

表3-5　鑑定重建案中蒐證錯漏內容之歸類結果與原因初探表

蒐證錯漏內容與數量（共34案）			錯漏內容之歸類		錯漏原因初判（含備註）
錯漏內容涉及之專業	案序	小計	內容歸類	案量	
PIJR反應行為 VS.交通環境	1, 2, 3, 10, 12, 22, 23, 26, 27, 30, 31, 33, 34	13	碰撞之前（反應PIJR）（煞停軌跡）	18	專業不足
緊急反應時間	1, 2, 3, 22, 23, 31, 33	7			專業不足
行駛跡線（含胎紋）	2, 12, 15, 16, 19, 22, 23, 24, 25, 26, 27, 30, 31, 34	14			專業不足
對應部位（含人車物損傷之拍照、採證）	1, 2, 3, 7, 10, 15, 17, 20, 21, 22, 27, 28, 29, 31	14	碰撞當時（對應位點）（碰撞力學）	24	主觀專業不足
撞擊地點（含刮擦地痕、散落物、胎痕等）	1, 2, 4, 5, 6, 12, 15, 16, 19, 22, 23, 24, 25, 30	14			主觀專業不足
重要跡證與其之定位	1, 4, 6, 12, 19, 23, 25, 30	8	碰撞之後（終止位置）（現場測繪）	17	專業不足
路面車道寬等距離	4, 18	2			
車體長寬高間距等	2, 4	2			
圖錯誤（假現場、標示錯、不同圖、非本次）	1, 9, 10, 12, 13, 14, 15, 19, 24, 26, 30	11			主觀專業不足
對應部位（肉包鐵，如手肘）（涉倒向）	1, 3, 7, 14, 16, 17, 20, 21, 26, 27, 28, 29, 31, 33, 34	15	機車事故*（肉包鐵細小）（倒向痕騎顢）	25	主觀涉氣流因素
細小顢簸（坑洞路障等、騎或乘）	4, 8, 9, 13, 14, 18, 22, 25, 26, 30, 32, 33	12			主觀專業不足涉肇逃？
刮擦地痕（含倒向）	1, 14, 23, 25, 28, 34	6			

（接下頁）

蒐證錯漏內容與數量（共34案）			錯漏內容之歸類		錯漏原因初判（含備註）
錯漏內容涉及之專業	案序	小計	內容歸類	案量	
關鍵肇因	15, 22, 25, 27, 28, 29, 30, 31, 32, 33, 34	11	肇因號誌（含筆錄等）	16	欠缺積極專業不足
號誌	9, 11, 13, 18, 32	5			與蒐證者不同人
筆錄	10, 12, 22	3			

*機車事故：本表內將蒐證錯漏涉及之內容歸類於「機車事故」者，須符合下列條件：1.案內有機車涉入者；2.蒐證內容有產生錯漏情形者；3.蒐證錯漏之內容（跡證）是與機車車體或騎乘者發生碰觸而形成者；4.蒐證錯漏之內容（跡證）是遺留在機車（車體或人體）或道路上者；5.蒐證錯漏之內容（跡證）若遺留在其他車輛（非機車之車輛）上，或屬於共通性之跡證（如反應行為PIJR、停車視距、路面車道之寬度、號誌等之跡證），則不歸入「機車事故類」，而歸入其他適當之類別。

第四節　「蒐證錯漏」之原因

　　在筆者司法鑑定的案類中，「『冤、懸、假』案的發生率大於四成，而且皆導因於蒐證錯誤或疏漏」，然而造成蒐證錯誤或疏漏的原因又是什麼呢？本節將再從筆者實際的體驗、實務的觀察兩個層面加以分析，祈願有志者、有權者、關心者能於技能上、體制上再增加一些瞭解與重視，以共同為改善蒐證體制及提升蒐證品質盡份心力。

壹、從實際的體驗中分析：關於蒐證之員警

　　從表3-5之司法鑑定案中，逐案分析蒐證錯漏之原因，並將之登錄於相對應之儲存格中，經整理後，造成蒐證錯漏最主要的原因為「專業不足」，其次為「過於主觀」，再其次則為「欠缺積極」、「人力不足」。而這四項可謂是存在於第一線蒐證人員身上之原因，茲將這四項原因再說明如下。

一、專業不足：各「蒐證錯漏」類別都存在此原因，此原因最多

在表3-5中，從「錯漏原因初判（含備註）」欄觀察，發現「專業不足」出現的次數最多，而且在每一「蒐證錯漏」類別中都出現。至於是哪些專業知識不足呢？經整理後，再依「蒐證錯漏」類別細說如下：

（一）碰撞之前：關於「反應PIJR」、「煞停軌跡」類的專業知識不足

駕駛人於執行閃避或煞車行為之前，必然先經過發現危險狀況之反應過程PIJR（或稱PIEV），該PIJR有一定的反應過程、所需要的反應時間，也涉及駕駛人內在之身心狀態、外在交通環境之繁簡程度。同時，當駕駛人採行煞車行為之後，也會有一定的煞車距離、煞車時間、煞車痕跡，及該煞車痕跡或輪胎痕跡所表達的涵義。假如蒐證人員對反應過程PIJR、煞停過程的原理原則不夠瞭解，或對輪胎痕跡的意義不夠清楚，則很容易產生蒐證錯漏的情形。茲再將鑑定過程中經常發現之蒐證錯漏的內容，整理說明如下：

1. 不知反應PIJR特性，導致縮小現場範圍，疏漏感知點跡證之蒐證

不知運用反應過程PIJR之特性，針對危險感知點之交通環境跡證加以調查與比對，因而縮小了現場範圍，使得無法或難以瞭解駕駛人是否有疏忽，或釐清肇事過程，或駕駛人是否為頂替者等。這些交通環境跡證如駕駛人看到危險時之景象（如路型、路況、設施、街景、對方等）與彼此間之關係位置，以及視野範圍內是否有遮蔽物、設施是否明確等。

2. 不知駕駛人有必須的反應時間[5]，因而疏於運用與調查反應機能

不知駕駛人所需要的反應時間在一般狀況下約為2.5～4秒、緊急狀況下約為0.5～0.75秒，因而疏於運用與調查比對，即因此而錯漏了感知地點、撞擊地點、對應部位之蒐證，甚至於錯漏了起訖行為之查證與比對，因而未能及時追查可能之懸疑案，或肇逃案，或假車禍案，而

---

[5] 影響反應時間的因素，及一般反應時間、緊急反應時間的長短等特性，詳參見第十章第一節之說明。

有可能形成冤案、懸案、假案。又，若駕駛人重傷或已死亡，也常常疏漏行車前駕駛人是否具備反應機能之調查（例如疲倦、吸毒、生病、吃藥、癲癇、重症肌無力、騎士彈跳能力等）。

3. 不知車輛煞車有其特性，因而錯漏胎痕歸屬、軌跡、涵義之蒐證

車輛於反應煞車後，輪胎是否有鎖死而產生滑行，及其滑行軌跡（煞車痕跡）留存位置的拍照是否完整（涉及行車跡線）、為直線型或為彎曲型（涉及輪胎有無鎖死）、連續不斷或有間斷（涉及有無煞車）、長度的長短（涉及車速）、顏色的濃淡（涉及行車方向）等，都有其不同之涵義。若不知輪胎痕之涵義，或對輪胎痕的蒐證發生錯漏之情形，都有可能導致難以釐清案情之情形，尤其是在對撞型態之事故中，若對輪胎痕的蒐證不完整，或對輪胎痕的歸屬（確認輪胎痕由哪一部車輛所留下，如於現場圖的標示）發生錯誤，都有可能形成冤案，蒐證人員不可不慎！

（二）碰撞當時：關於「對應位點」、「碰撞力學」類的專業知識不足

1. 對應位點

事故發生之當下，必然產生互相碰撞的「對應部位」（分別顯現於兩車體或物體上）、「撞擊地點」（顯現於路面上），這兩者合稱為「對應位點」。又由於碰撞當下是屬於作用力的現象，因此，作用力的原理必然產生於「對應部位」及「撞擊地點」當中。所以，從「對應部位」或「撞擊地點」的相關跡證中，即能發現符合作用力原理的現象或特徵。

2. 碰撞力學

作用力有基本的三元素與三定律，力三元素是指作用力的大小、方向、位點（位置），而力三定律是指慣性定律、作用力定律、反作用力定律。由於力三元素與力三定律的關係，所以從兩車或車人或車物互相碰撞的「對應部位」特徵中，可以瞭解碰撞力的大小、方向，進而能獲知「碰撞型態」；知道「碰撞型態」之後，更能瞭解「碰撞之前」

的行車軌跡、「碰撞之後」的滑行軌跡（含現場各跡證之終止位置、方向）。

3. 「對應位點」於實務蒐證上之關鍵性

由於力三元素與力三定律的關係，及從上述的說明中，可知道「對應部位」、「撞擊地點」之相關跡證的蒐證，於實務中之重要性。

例如在「同向擦撞」之事故型態的蒐證中，主要的關鍵在於能透過跡證分辨出兩車之「前後關係（誰在前？誰從後而來？）」，而能分辨兩車「前後關係」之最關鍵的證據則在於「對應部位」之跡證特徵。在實務的肇事重建經驗中，有因錯漏了「對應部位及其特徵」的蒐證，而無法釐清肇事關鍵真相的案例（例如案序17土城擦撞案、案序20鶯桃擦撞案、案序21大里元堤擦撞案等），幸好還能透過繁複的影像車流分析法或補送蒐證照片法而釐清關鍵真相，否則將成為真正的冤案或懸案。

又如在「對撞」或「對向擦撞」之事故型態的蒐證中，主要的關鍵在於能透過跡證分辨出「誰越線：誰跨越道路中心線？」，而能分辨出「誰越線」最關鍵的證據則在於「撞擊地點」之跡證特徵。在肇事重建的經驗中，有因錯漏了「撞擊地點跡證的蒐證或標示」，而形成爭議不斷或難以釐清肇事關鍵真相的案例（例如案序2北濱近滅門案、案序5田中酒駕對撞案、案序6大里對撞案、案序12三峽胎痕對撞案、案序19新莊壽山對撞案、案序24台東南迴對向側撞案、案序25台南少女對撞案等），幸好還有部分的「行車軌跡」跡證或補蒐證而加以運用，尚能透過繁複的運算分析過程而釐清肇事關鍵真相，否則亦將成為真正的冤案。

綜上，蒐證人員對「對應部位」、「撞擊地點」相關跡證的尋找與查證、涵義的瞭解、蒐證的方法等知識，若能加以充實並具備，則必能大大地提升蒐證品質。

（三）碰撞之後：關於「終止位置」、「現場測繪」類的專業知識不足

有關「終止位置」類不足的知識，是指事故現場中路面上的重要跡證（如人：人體或血跡；車：車輛；路：車道、標線等；物：散落物

等；痕：刮擦地痕、輪胎痕等）未標示於現場圖中，或雖有標示但卻缺乏定位；導致鑑定重建時必須進行補蒐證，或運用繁複的程序或運算方法方能釐清案情。

而「現場測繪」類不足的知識，是指：

1. 現場是假的，但員警卻未發現

現場是人工製造的，但蒐證員警卻未發現，被肇事者欺騙了而不自知，仍依假現場繪製現場圖，如案序1中壢工業區案、案序30彰中女師案。

2. 現場圖標示錯誤，誤導案情

如案序9三貼案（機車、血跡、鞋子之定位錯誤）、案序10國1連環撞案（錯將綠藍兩車之跡證對調）、案序12三峽胎痕對撞案（現場圖未劃彎道、強迫簽名）、案序13新莊廂機闖燈案（行駛車道標示錯誤）、案序14台西雙機追撞案（機車、刮地痕之位置標示錯置）、案序15國3胸破追撞案（刮擦地痕、內側護欄車漆等之對應車輛標示錯誤）、案序19新莊壽山對撞案（煞車痕歸屬標示錯誤）、案序24台東南迴對向側撞案（碎片位置、胎痕類別標示錯誤）。

3. 有不同之現場圖，令人有不公正之嫌

在案序24台東南迴對向側撞案中，律師拿到之現場圖（刑事警察移送）與交通警察移送者有不同，而且出現7處之漏誤，導致律師、法官對警察之公正性起疑，幸好處理員警回復「散落物位置標示錯誤了（標示成對方之車道），以現場照片為準」，並造成肇事重建者耗費大量時間，重建兩車軌跡，之後方完全釐清案情。

4. 將非本次之痕跡劃入現場圖中，誤導案情

如案序9三貼案（輪痕非本次）、案序10國1連環撞案（護欄痕非本次）、案序19新莊壽山對撞案（被歸為A車之煞車痕非本次）、案序26樹林案（伸縮縫前之刮地痕非本次）、案序31山東里案（騎士踏板痕非本次）。

(四) 機車事故：關於「肉包鐵細小」、「倒向痕騎顛」類的專業知識不足

1. 機車（涉入）事故是最常見的蒐證錯漏案件

在表3-5之鑑定重建案中，蒐證錯漏內容最多者是屬於「機車（涉入）事故」的案件（共25案），其次為「碰撞當時」的案件（共24案）。

2. 在機車蒐證錯漏案中，最常見的碰撞型態：同向事故、單車事故

(1) 同向事故VS.對應部位（肉包鐵細小）

同一行車方向之事故包含追撞事故、擦撞事故，無論是追撞事故、擦撞事故，最應優先釐清的案情是兩車之間的「前後關係」，亦即何車是屬於前車、何車是屬於後車，因為後車有注意前車的義務，前車原則上無注意後車的義務（除非變化方向）。而最能釐清兩車之「前後關係」的跡證則存在於「首次對應部位」，偏偏機車同向事故之「首次對應部位」往往又存在「肉包鐵」、「痕跡細小」之特性，故體傷之跡證（如手肘或衣袖、膝蓋或長褲、腳趾或鞋子）、對應車體細小之刮擦痕常常被忽略而漏未蒐證。

(2) 單一機車事故（單車事故）VS.倒向痕騎顛

單一機車事故是指現場只留有一部機車（含騎士或／及乘客）之事故，然而造成單一機車事故的原因可能有肇事逃逸、道路障礙（如坑洞或人孔蓋或電箱或路邊高低差等看得見之路障，或細石或油漬或水窪等不易看見之路障，或顛簸或橋面伸縮縫或路面高低差等看不見之路障）、閃避（含大型車之氣流或閃車或閃人或閃動物）、假車禍（含真謀殺）、自撞等，而且應當擔負肇事責任者也完全不同。在實際之鑑定重建案中，即有7件案子涉及單一機車事故，而且被誤認為自撞之冤案或懸案（如案序21大里元堤擦撞案、案序26樹林擦撞案、案序28宜蘭開棺驗屍案、案序29北市救人卻被誣指撞人案、案序31中壢山東里案、案序33長庚器捐案、案序34新竹香山案）。

蒐證人員不能因於現場機車車體上看不到明顯的被撞痕跡，即逕自

認定是自撞或自摔！必須仔細查證、蒐證並證實不是肇事逃逸、不是道路障礙、不是閃避、不是假車禍之後，才可以往自撞的方向來偵辦，否則往往會錯失破案（含捕獲肇逃者）之機會。因爲：

A.若屬肇事逃逸案，必有非現場人車路所形成之「對應部位」痕跡，這些痕跡通常很細小、不明顯。而且由於機車是肉包鐵之故，該對應痕不見得是留存於機車車體上，也可能留存於人體上（如手肘或衣袖、膝蓋或長褲、腳趾或鞋子等），蒐證人員不能不仔細查證。

B.若屬道路障礙案，由於肇事責任在公部門（或施工單位），因此證據力必須強而有力，否則難以證實。然而坑洞或路障的蒐證涉及駕駛人之反應特性，顛簸的蒐證涉及模擬錄影等特殊方法，這些都需受過特有的專業訓練，始可能完成完整的蒐證以證實之。

C.機車倒地後之刮擦地痕有其特性，除了能提供倒地前之行車位置、行向、車速等訊息之外，若再搭配機車之倒地方向，則更能研判是肇事逃逸或是自撞案。例如「右滑左倒是遭撞左前部，屬肇事逃逸案；右滑右倒原則上是自撞案」。因此，有關機車刮擦地痕的蒐證（丈量、拍照）、機車倒地方向的蒐證（查證、拍照）就顯得很關鍵。

（五）肇因號誌：關於「肇因號誌」、「含筆錄等」類的專業知識不足

1. 對於查明「關鍵肇因」的相關知識不足

(1) 在蒐證錯漏案件中，蒐證員警通常只是制式的拍照、測繪、製作筆錄即交差了事，而不會運用肇事型態、關鍵路權、關鍵跡證，解讀跡證的涵義，以進一步的查明肇事原因，故往往容易疏漏了案件肇因關鍵跡證的蒐集。

(2) 例如對於對撞事故，其關鍵路權爲「誰越線：跨越道路中心線？」，關鍵證據爲「撞擊地點在哪裡？」，而關鍵跡證則如「轉折痕（即）或刮擦地痕起點（近）或散落物（遠）等之終止位置」，但蒐證員警常會疏漏了撞擊地點跡證之蒐證。

(3) 又如在同向擦撞事故中，因爲後車有注意前車之義務，而前車除了

轉向之外，並沒有注意後車之義務，所以其關鍵路權為「誰前誰後」。而關鍵證據則在於「對應部位」，因為從對應部位之「跡證特徵（型態特徵）」可分辨出碰撞當下「何車在前，何車從後而來」。同樣地，蒐證員警也常會疏漏了對應部位跡證之蒐證。

2. 對於查明「誰闖紅燈」的相關知識不足

在5件涉及闖紅燈的個案中，每一件個案都漏失了對號誌相關資訊的調查，其中只有3件因尚能補調查而獲得所需要的資訊，因而釐清了案情；但其他的2件因時日已久，有關號誌設計的相關資訊已變更或已不存在，即造成無法釐清案情的後果。

號誌相關資訊的調查，除了應當場進行之外，至少也應該對下列資訊加以調查及蒐證：

(1) 關於號誌本身應蒐證之資訊

A.號誌設計

　(A)何種時相：二時相？三時相？早開或遲閉？

　(B)時制如何

　　a. 行車號誌時制：各行向之綠燈幾秒？紅燈幾秒？黃燈幾秒？全紅幾秒？

　　b. 行人號誌時制：在涉及行人事故之情境下，應調查行人號誌時制是屬於一般時制（同行車號誌之時制）或專用時制（如小綠人號誌，如綠燈較行車號誌提前熄滅）。

B.號誌運轉：正常運轉？有無不亮？有無被遮蔽？

C.詢問駕駛人看哪裡的號誌，並加以比對其所回話的正確性

　(A)例如問：看正前方的號誌？看左方鄰街或右方鄰街的號誌？並比對視線有無阻礙？

　(B)又再問：您看到的是幾個燈面？是圓綠或箭頭綠或秒綠？並將所回答看到號誌之情形與現場之設置實情加以比對，以分辨其所述之真偽。

(2) 應調查各車通過路口（停止線）到撞擊地點之時間

　(A) 應丈量（測繪）停止線到撞擊地點之距離

　(B) 與撞擊地點有關的跡證：如刮擦地痕、散落物、轉折痕、行人雨
　　　傘、車輛等之終止位置，及車損部位等。

　(C) 與車速有關的證據：如車隊中之順序（以瞭解其為等速或加速運
　　　動）、煞車痕長度、刮擦地痕長度、行車紀錄器、車損程度等。

　(D) 調查本項之目的，主要是在於擬瞭解各車通過停止線到撞擊地點
　　　之秒數，用以分析該車是於哪一時相、時制中之哪一時序通過停
　　　止線，以瞭解該車有無闖紅燈。

3. 對於「筆錄詢問」過於制式，不知依個案特點加以調查

(1) 不知依駕駛人「PIJR的反應特性」加以詢問調查，往往容易疏漏感
　　知地點之交通跡證或現場範圍內之環境跡證，或疏漏誰是駕駛人
　　之相關跡證，而使案件成為冤案或懸案。其餘的影響可參見本節
　　「（一）碰撞之前」的說明。

(2) 不知依「對應部位」之特徵，運用力三元素、三定律之知識而加以
　　詢問調查，往往疏漏了關鍵跡證，或未發現是假現場，或未發現是
　　假車禍（進而遺漏了凶器），而使案件成為冤案、懸案或假案。

(3) 不知依「肇事過程」之相關跡證來求證詢問，反而是主觀式的對當
　　事人或關係人描述肇事過程，使其以「是」或「不是」來回答詢
　　問，完全失去透過詢問藉以調查清楚之功用。

(4) 不知同理心：對重傷者詢問筆錄時，由於重傷者當時痛苦難當，很
　　可能答非所問，但所答內容卻是重傷者心中所亟欲表達者。因此，
　　詢問調查之員警，不但不可以因重傷者答非所問而未加以理會其回
　　答之內容，若未加以理會，該案即可能成為冤案、懸案或假案而不
　　自知。事後更不適合以「筆錄已朗讀給您聽，您媽媽已代為簽名」
　　為搪塞之詞，因為重傷者當時是「痛苦難當，根本不知道警察在講
　　什麼，只知道自己要表達什麼」。

(5) 不同人詢問，卻未整合。出現的情形，以下列兩種最為嚴重：

A.不知「兩造所言之間存有不同」，未進一步查證：不同位員警詢問不同名當事人，當兩名當事人所述者不同、出現落差時，若又發生詢問調查之員警未整合所有當事人所述之情形，則警察即無法發現該不同或落差，則警察也不會進一步展開調查，當然該案即可能成為冤案、懸案或假案。

B.不知「單造所言與現場跡證涵義不吻合」，未進一步查證：當詢問的員警不在現場，或對存在現場的跡證瞭解得不夠清楚時，若被詢問的當事者所回答內容與現場跡證（尤其是關鍵跡證）出現落差或不吻合時，則警察也無法發現該落差或不吻合，則警察也不會進一步展開調查，當然該案即可能成為冤案、懸案或假案。

二、過於主觀

在警察蒐證的過程中，若警察能以一般常識加以比對查證卻未加以比對查證，進而出現蒐證錯誤或標示錯誤之結果者，在本文中即認為警察「過於主觀」。這些因過於「過於主觀」而導致「蒐證錯誤」結果的情形，常發生於「對應部位」、「胎痕歸屬」、「單一機車事故」的蒐證過程中。

（一）對「對應部位」的蒐證過於主觀

1. 未比對外觀之特徵即逕自認定

例如，未以高度、顏色、左右關係等一般常識加以比對，而逕自認定為「對應部位」，而且認定錯誤者。

2. 損傷嚴重卻恆久遺漏了其之「對應部位」或「致命（傷）物」之查證

發生事故時，當事者受傷嚴重（例如於現場得知當事者頭破血流或血流如注），經以一般知識經驗判斷，當事者經送醫院治療後，很可能成為重傷者（例如某器官失能）或半個植物人者或死亡者，蒐證員警即應啟動調查造成致命（傷）物存在於哪裡的作為，並全程進行完整的蒐證。若無法把握已完整的蒐證，則可依法查扣兩造之車輛，於離開現

場之後，並立即請求支援（請求同事、長官、專業機關或專家學者的支援），展開進一步的調查蒐證作為。

在過去的懸案（尤其是肇逃案）或假案（尤其是假車禍真謀殺案）中，往往都因忽略了對「對應部位」或「致命（傷）物」之查證而使然。然而，「人命關天！」、「凶器在哪裡？」，這兩者一直是民眾或檢警人員於處理刑事案件時心目中的兩大準繩，既然當事者已受傷這麼嚴重，很可能變成死亡或殘廢，警察人員或警察機關怎可因其他因素而不重視或疏漏了「對應部位」或「致命（傷）物」之查證，而導致形成懸案或假案之後果。故這是警察人員或警察機關「過於主觀」造成的結果。

（二）對「胎痕歸屬」的蒐證過於主觀

在對撞型態之事故中，對於「誰越線：誰（哪一車輛）跨越道路中心線？」的釐清是非常重要且關鍵的！現場若留有車輛的輪胎痕，則能直接用以證明留下該輪胎痕的車輛有無跨越道路中心線。因此，對於該輪胎痕是由現場之哪一部車輛所留下的查證，則顯得至為重要且關鍵。於實務鑑定案中，即發生多起因蒐證員警疏於查證、主觀認定而導致的冤案案例，幸好後來遇上明察秋毫的肇事重建者或法官（指揮鑑識組現場重建，重新調查與蒐證），才得以為受冤者洗清冤情。因此，於對撞型態之事故中，蒐證人員對「胎痕歸屬」的查證、蒐證與確認（通常透過現場圖來標示）即不可不慎。

至於如何查證「輪胎痕之歸屬」，則請參見第十章第二節「貳、煞車距離與煞車滑痕」之二之（一）之「2.如何查證煞車滑痕之歸屬」的說明。

（三）對「單一機車事故」的蒐證過於主觀

在事故現場只有一部機車，而騎士已死亡或重傷不能講話的情況下，其肇事原因不見得只是單純的自摔（或自撞），也有可能是肇事逃逸案、道路障礙案（如顛簸、坑洞、孔蓋、細石、油漬、水漬、高低

差、箱桿等路障所引起而肇致者）、假車禍案（真謀殺）、閃避案（含大型車氣流推吸案或閃車、閃人或閃動物），故千萬不可未經仔細查證或知識經驗的不足，即主觀的認定為自摔（或自撞）案而朝該方向偵辦，否則該類型的案件即很可能成為冤案、懸案或假案，而讓真正的肇事者逍遙法外。故該類「機車單一事故」的蒐證，蒐證員警不可不慎！

有關在「單一機車事故」類型中，其蒐證可能「過於主觀」的分析，可參見本節「一、專業不足」到「（四）機車事故」單元之說明。

三、欠缺積極

表3-5中「欠缺積極」之所以是原因，主要是錯漏了「關鍵肇因」的蒐證。理論上，「關鍵肇因」的查證是需要具備專業智能始能勝任的；理想上，員警既然已負責事故蒐證的工作，即應具備該些專業智能。然而實務運作上，負責員警之該些專業智能未能發揮出來，導致對關鍵肇因之蒐證產生錯漏的結果者，其原因有專業訓練不足、勤務負擔過重（例如某事故已掛號排隊，等待前往處理）、多人處理未整合、個人欠缺積極（學習與任事），或綜合因素等。

雖然錯漏了關鍵肇因之蒐證的原因，有大部分是存在於蒐證體制上，不一定是存在於員警個人身上，但由於關鍵肇因的查證與蒐證，關係到該案責任的分野，事關民眾的權益、社會的正義，影響甚巨。因此，該蒐證即顯得極其重要與關鍵，負責蒐證的員警即有義務也有責任竭盡所能的加以查證，不宜以個人以外的因素為說詞或藉口，而錯漏了職責上關鍵肇因的蒐證。故筆者以為既然已錯漏了關鍵肇因之蒐證，則該員警或多或少存有不夠積極（學習或任事）的心態。

貳、從實務的觀察中分析：關於蒐證之體制

蒐證錯漏之原因，雖然有員警專業不足、過於主觀、欠缺積極等個人之因素，但這情形並不能完全歸責於員警個人，因為員警外部的環境（蒐證體制）也可能造成員警於蒐證時出現錯漏的情形。茲將員警外部環境影響的情形，簡略說明如下。

一、交通專業教育訓練不足

　　警察機關對於負責交通事故處理勤業務的員警，關於交通基本智能的教育訓練不足，尤其是在派出所、分局交通組任職的員警。正因這些交通專業教育訓練的不足，才導致擔服事故蒐證相關勤業務的員警，於工作上呈現出交通專業不足的現象。

二、事故現場，不如刑案現場能長時間封鎖

　　事故現場，必須盡速處理，以盡速恢復交通通行，無法比照刑案現場實施較長時間的封鎖。在必須盡速恢復交通通行的前提下，若又存在專業訓練不足、員警負荷過重、欠缺監督機制等因素，其造成蒐證錯漏、蒐證品質低落的情形則可想而知。

三、專責警力不足、負荷過重

　　當轄區發生事故量多，負責蒐證之專責員警不足以負荷時，目前警察機關的兩種勤務應變方式，都將導致降低了蒐證品質或造成蒐證錯漏的結果。

　　第一種勤務方式：事故發生時，為了顧及蒐證品質，所有的案件都由專責員警負責蒐證。但當眼前的案件尚未完成蒐證工作，而另一件事故已掛號時（已接到通知，有另一件事故在等待前往處理），這情形很可能導致該員警因匆忙完成眼前的案件，而容易造成蒐證錯漏的情形，反而影響了蒐證品質。

　　第二種勤務方式：事故發生時，為了不因等待專責員警所造成的問題，如當事人抱怨等待長久、因之所形成之交通阻塞的問題，故當轄區於勤務時段內發生第幾件的事故時，則改派派出所的員警負責蒐證。但由於派出所的員警大部分並未受過事故蒐證的專業訓練，因此更容易形成蒐證錯漏的情形，更容易降低了蒐證品質，影響了當事人之權益、交通社會正義。

四、教考訓用之組織人事制度設計不當，導致長期缺乏交通專業人力

　　警察機關內負責交通事故處理勤業務的員警，有隸屬在交通專責單位者——交通警察（大）隊及各分隊；有隸屬在一般警察分局者——派出所（不但要負責事故現場之交通管制，有時更需要負責獨立蒐證）、交通組（如肇因分析、安全改善）、偵查隊（如交通刑案之移送、肇逃案或假車禍真謀殺案之偵辦或協助偵辦）。依國家設官分職的道理，分派負責交通事故處理勤業務的員警，理論上應該已取得專業的學歷或經歷證照，或於期限內補訓以取得專業證照，但由於警察人事制度的運作上，一直沒有一套教考訓用合一的完整機制的設計，以適用於交通警察機關或單位。也因此，警政署即因交通事故處理品質、組織管理等問題，曾分別於民國91年、102年兩度受到監察院的糾正；並建議於警政署轄下比照刑事警察局設置交通警察局，以化解該蒐證品質不佳、交通安全改善的問題。

五、檢警文化，「重治安輕交通」之歷史迷失的痕跡仍存在

　　民國90年代以前之「破大案，抓要犯」之警政思維，形成了「重治安輕交通」的警政策略，雖然現在的警政思維已調整為「治安第一、交通優先、服務為重」，但「重治安輕交通」的歷史迷失，仍不難發現普遍存在於檢警文化當中。茲舉下列幾個面向來說明之。

（一）交通命案，幾乎欠缺整合、無人指揮偵辦

1. 滅門車禍VS.滅門血案

　　滅門血案，媒體、長官很重視；滅門車禍，媒體、長官不會等同重視，長官大部分只是依重大交通事故之通報程序，做形式上之處理。

　　筆者肇事重建過之案序2北濱海案即是近滅門車禍，它是屬於對撞案，對於有關「撞擊地點」跡證的蒐證，即顯得非常的關鍵。但該案中卻完全疏漏了散落物、小客車輪胎或車體之擦地痕，以及該處是彎道之蒐證。最後，筆者雖然能以「行車軌跡」之相關跡證（在本案中是大貨

車左後輪之煞車痕跡）而破案，但該案已到了臺灣高等法院，而且鑑定意見與覆議意見完全相反。筆者從該案肇事重建之鑑定卷宗內，並未發現有任何長官[6]對該案進行指揮偵辦的相關資訊。之後，所鑑定過的其他交通命案，也幾乎未發現有任何的長官來指揮偵辦。

滅門車禍或近滅門車禍，在筆者見聞過程中，至少還見聞過3件個案：臺北講堂案、慈善救濟案、馬偕醫師案，其中馬偕醫師案雖從媒體中得知，但也未見媒體有後續的追蹤報導或評析。

2. 假車禍眞謀殺案未能及時偵破

假車禍眞謀殺案的偵破，事實上並不困難，因爲這類事故的現場跡證一定會存在不合乎自然法則的現象，而且謀殺者通常與死者之間有金錢或感情的關係。但實務上，筆者即發現至少有6件以上未及時偵破的假車禍眞謀殺案，而這些案件都是當時承辦的員警未及時發現疑點並追查，或無人指揮偵辦，或缺乏偵辦的團隊，因而錯漏了關鍵跡證所導致之結果。

在上述6件未及時偵破的假車禍眞謀殺案當中，有因王文麟教授於覆議過程中提出眾多疑點，並請檢察官重新偵辦而破案者，例如南寮漁港案、王田交流道案、中和貨車案；也有因謀殺者再殺了2人後被捕時自己說「第4案是假車禍」者（陳瑞欽殺人魔案）；更有因檢警疏漏了關鍵證據的解釋[7]，導致法官錯認關鍵證據的冤案或懸案（例如鳳山輾斃情敵案）；其他如疏漏了底盤刮地痕vs.岸邊擦撞痕之蒐證的興達港案。

6　這些長官在當時如派出所所長、分局刑事組或行政組人員，甚至於是分局長；而現在則如交通分隊長、分局偵查隊及交通組人員，甚至是分局長（或代表人員）或警察局交通警察（大）隊（大）隊長（或代表人員）。

7　關鍵證據已有蒐證到，依筆者對跡證解讀後之分析，肇事車輛撞擊跌倒後爬起正在行走之騎士的行爲是故意之行爲，但極有可能警察於移送時並未將該些關鍵跡證的涵義解釋出來，導致法官並未對肇事者以故意來論處，而僅以疏忽肇事來判決。

3. 肇逃案未破案率高達20%，研判與偵辦模式之設計有關

(1) 交通刑案由哪一單位負責偵辦

交通刑案或稱交通犯罪，包含致死傷之交通事故案、肇事逃逸案、公共危險罪（如酒駕或毒駕案、致生往來危險案等）、汽機車竊盜案等。實務上，有關交通刑案負責偵辦的權責單位，各警察局的規定有所不同，其產生的優缺點也各有不同，當然也影響著交通事故致死傷案，尤其是肇事逃逸案之破案率。

A.一案到底

(A)定義

由事故蒐證專責單位（交通分隊）負責蒐證及偵辦到底，分局之偵查隊不負責偵辦只負責移送（書）。

(B)優缺點分析

其優點是蒐證與偵辦有連結，可能整合，也可能有比較高的破案機會，但由於蒐證單位現有之專責警力已不足，很難再運用或編排勤務時間繼續偵辦肇逃案，對那些於勤務時間內尚未破獲的肇逃案，若沒有其他單位的支援，要專責單位的員警利用自己之勤餘時間繼續偵辦，則將大大地降低了肇逃案破案的機會。

B.非一案到底

(A)定義

事故現場蒐證由專責單位（交通分隊）負責，後續的偵辦、移送則轉由派出所及偵查隊負責。

(B)優缺點分析

其優點是有派出所、偵查隊的警力進來支援後續的偵辦與移送的工作，但由於下列兩種因素，也很可能大大地降低了肇逃案破案的機會。

第一，派出所、偵查隊的警力並不在現場，並未看到現場有關人車路環境等的相關跡證，若只有透過現場圖、現場照片或影片、談話紀錄等資訊繼續偵辦，很可能產生蒐證與偵辦之間缺乏連結、整合之情形，也容易產生未能破案之結果。

　　第二，交通分隊轉移至派出所、偵查隊偵辦之時間有間隔，並非立即轉移，若屬肇事逃逸案，在該段轉移的時間間隔內，肇逃者很有機會將肇事的相關跡證破壞或毀滅，而讓負責偵辦的警察人員找不到肇事跡證，來幫助自己逍遙法外。

C.警察機關對事故偵辦模式實施之情形：各機關自訂

　　上述「非一案到底」之偵辦模式，是長期以來大部分之警察機關所採用的偵辦模式。由於該偵辦模式之缺點比較多，而交通專責警力也自民國91年後才逐步建置，因此各警察機關要採用何種偵辦模式，警政署則交由各警察機關依交通專責警力配置的情形來自選。約到了民國100年左右，筆者得知已有高雄縣、彰化縣、新北市等五個分局已實施「一案到底」模式。但現在無論有多少個縣市已實施「一案到底」的模式，或同一個縣市是否都已實施「一案到底」的模式，由於「一案到底」模式的缺點是專責警力不足所造成的，因此在現有專責警力不足的情況下，肇逃案未破案率高應該是可以預料得到的。

(2) 肇事逃逸（致死傷）案未破案率高達20%，其來有自

　　在民國100～104年，有關肇事逃逸致死傷案之破獲件數（起訴件數）、未破獲件數等說明如下：

A.肇逃破獲起訴之年平均件數為4,416件

　　依賴威宇（臺灣高等法院檢察署統計室書記官）《法務部統計分析，肇事致死傷逃逸及未逃逸案件之差異分析》（民國105年5月）之專題分析，及由於肇逃案對總起訴案之平均占有率為26.3%，故本文推估100～104年「肇逃破獲起訴」之年平均件數為4,416件。

B.肇逃未破獲之年平均件數為1,119件（即「無法查究」者）

　　本文為瞭解肇逃未破獲之件數，乃前往特別補償基金之開放資料查詢，經電話詢問與查詢相關法規後，發現申請特別補償案件中之「無法查究」者，即係屬「肇逃未破獲」之案件。然而，「無法查究」之件數卻只公布了101～103年，而在這3年當中，「無法查究」件數約占申請

特別補償總案件[8]之36.7%，因此，100年、104年之「無法查究」件數，即依36.7%分別推估為1,113件、1,155件。故自100～104年「肇逃未破獲」（即「無法查究」者）之年平均件數為1,119件。

C.肇事逃逸（致死傷）未破率高達20%

綜上，100～104年之年平均肇事逃逸件數

＝肇逃破獲起訴之件數＋肇逃未破獲件數（即「無法查究」者）

＝4,416件＋1,119件＝5,535件

故肇事逃逸未破率＝肇事逃逸未破獲案件數／肇事逃逸總案件數

＝1,119/5,535＝20.2%

4. 交通命案不如刑事命案之有長官整合、指揮偵辦

其他如交通事故傷亡案，同樣欠缺整合，而且大都缺乏實質審核、指揮偵辦。

（二）交通犯罪占總起訴比率高達30%，檢警負擔過重

交通犯罪（不含汽機車竊盜案）每年約達30萬件以上，對總起訴之占有率已高達30%；雖然其發生起訴率僅為6.7%，但仍顯見檢警負擔之重，尤其交通專責蒐證員警更是！此問題實不宜輕忽！

1. 交通犯罪，對總起訴之占有率已高達為30%，顯見檢警負擔之重

依據法務部之檢察統計資料，在民國95～104年間，每年在各類之所有起訴案件中，交通案件之占有率介於23.6～39.6%之間，年平均占有率為29.9%，顯見交通犯罪於檢警負擔之重。

2. 交通犯罪其發生起訴率雖僅為6.7%，但不能因此而忽視交通專責蒐證員警負擔之重

道路交通事故肇致死傷案件，在95～104年間，每年發生16～30萬

8　申請特別補償之案件有四種，及101～103年所占之比率如下：1.未投保車61.1%；2.無法查究者（例如肇逃未破者）36.7%；3.未經被保險人同意使用或管理者（如失竊車）0.4%；4.無須訂立強制險之契約者（如拼裝車）1.8%。

件以上[9]，其中遭起訴及緩起訴者每年約有1.2～1.8萬人，其起訴率平均雖僅爲6.7%，但不能因此而忽視交通專責蒐證員警對於那些未起訴案件的負擔，更何況未起訴案件之比率高達93.3%。所以，組織體制應提供相對應之人力資源以因應該問題，否則影響的還是人民的權益、交通的正義，終究非社會國家之福。

---

9 警政署自民國87年開始登錄A2類之案件，當年A1、A2類合計之死傷件數爲3萬434件，88年爲3萬2,134件，依次則逐年竄升爲5萬2,952件（89年）、6萬4,264件（90年）、16萬807件（95年）、23萬5,776件（100年），到了103年更高達30萬7,842件（104年爲30萬5,413件）。

第二篇

冤懸假案例分析

第四章

冤懸案：國道逆向案（追撞）──慎防主觀

　　本案所有的人均指稱死者所駕駛的自小客車是於國道逆向行駛，尤其警察將該自小客車後右車尾的一道車損痕標示為「擦撞護欄情形」，更因此而誤導了車鑑會、覆議會的鑑定。筆者差點也受了誤導，幸好有「起疑求證」的科學精神而釐清此案。原來後右車尾的該道車損痕是遭受大貨車追撞所形成者，之後，大貨車肇事後逃逸，所以本案是冤案。又由於案發當時並未對該車損部位進行採車漆之蒐證，而且歷經3年多才被筆者發現是肇事逃逸案，故肇逃者也已找不到了，因此本案也是懸案。

第一節　案情摘要：撞護欄？抑或遭追撞？

壹、案發情形

一、肇事時地

（一）肇事時間：87年12月○日02時許。

（二）肇事地點：福爾摩沙高速公路（國道3號）87.3公里南向車道，當地交流道里程數為90.3公里。

二、當事車輛

（一）毛車：毛○○駕駛半聯結車由北向南行駛，原行駛於外側車道

（二）張車：張○○駕駛自小客車由北向南行駛，原行駛於中線車道
（三）林車：林○○駕駛自小客車，被指稱逆向行駛，肇事後死亡。

三、案發過程

　　毛○○半聯結車行駛於外側車道，欲超越前行之不明聯結車；當變換至中線車道時，突然發現前方有林○○車逆向而來，乃緊急煞車，因煞車不及而與林○○車對撞。在毛○○半聯結車後行之張○○車，發現毛○○車緊急煞車，乃向左閃躲並緊急煞車，雖然避免了追撞毛車，但仍與林車發生對向擦撞。林○○於事故發生後2小時20分死亡。

貳、警鑑檢單位之意見

一、警察

（一）處理員警、拖吊車司機於卷內均指稱「香腸族通知有車逆向行駛」。
（二）照片痕跡標示：(1)將死者林○車後右車尾的一道車損痕標示為「擦撞護欄情形」；(2)依內側護欄上殘留之車漆片，標示為「顯示林○○車甩尾方向係與行車方向相反」。
（三）林○○酒後駕駛（血液中酒精濃度288.8 mg/dL，相當於呼氣酒精濃度1.44 mg/L）。

二、行政鑑定

（一）地區鑑定會（車鑑會）

　　依林○○酒後駕駛、內側護欄上林○○車油漆片之擦痕走向，研判認定「林○○駕駛自小客車逆向行駛為肇事原因」。

（二）省覆議會

　　「無明確跡證可證明林車逆向行駛，且林君已死亡，行向不明，本會未便據以覆議，惟林○○酒後駕車，應可認定」。

三、地檢署

檢察官初步認定「車禍發生應係林○○於飲酒後駕車逆向行駛，致因順向行車之毛車、張車閃避不及而與之正面撞擊所致」。

參、本案爭點

一、死者林○○家屬不服

家屬不服，自行比對護欄高度，依護欄高度及相關車體痕跡，而堅稱「林○○是順向行駛，不是逆向行駛」。

二、地檢署請求鑑定事項

地檢署認為事實不明，乃請求學術鑑定；並特別指明針對下列兩事項加以鑑定：

（一）請鑑定林○○車禍死亡之發生經過是否有如告訴人蘇○○所言（不是逆向行駛，而是順向行駛）之可能？

（二）並請斟酌家屬意見及鑑定委員意見是否可採？

第二節　跡證解讀：關鍵的後車尾痕VS.護欄遭撞痕

本案囑託機關：臺灣新竹地方法院檢察署；送鑑函文：臺灣新竹地方法院檢察署函（91.02.20竹檢崇樸字第03589號），並檢附卷宗四件（相驗卷宗一卷、偵查卷宗三卷）。以下為所回覆鑑定報告書之重要內容。

壹、案情摘要與資料蒐集整理

一、當事人

（一）林○○：男、50年生、自小客車、有駕照但酒後駕車（血液中酒

精濃度288.8mg/dL，相當於呼氣酒精濃度1.44mg/L）。

（二）毛○○：男、41年生、半聯結車、有駕照。

（三）張○○：男、48年生、自小客車、有駕照。

二、天候：陰天、夜間。

三、道路狀況

高速公路、有中央分向島、單向三車道、有路肩、限速100公里、距離當地交流道（里程數為90K+300M）3公里。

四、傷亡情形

（一）林○○：頭胸部鈍力損傷、身體多處骨折；事故發生後2小時20分死亡，死於醫院。

（二）毛○○：未受傷。

（三）張○○：車上二人均未受傷。

五、車損情形：如照片4-1、照片4-2、照片4-3

（一）林○○自小客車（以下簡稱林車）

左右車頭部位全毀、車頂上凸、二側車身亦有毀損（尤以左側車身前面部位毀損較嚴重，左後車燈燈座脫離；後右車尾保險桿部位有凹裂痕），但右側前後門無其他擦撞痕跡。

（二）毛○○半聯結車（以下簡稱毛車）

左前車角部位（含左前保險桿、左前輪、左前門）有撞損之痕跡，其餘部位完好。

（三）張○○自小客車（以下簡稱張車）

右前部位（含右前保險桿、葉子板、車門）有撞擊凹痕（參閱卷一照片）；左前葉子板及左輪弧凹損、左側車身從前門至後門處有一長條之刮痕（參閱卷一第19頁照片）。

照片4-1　三部車撞後之終止情形

照片4-2　林車車損狀況

照片4-3　林車後右車尾撞擊情形

六、現場狀況

　　內側護欄凹損並有車體刮擦痕、路面有輪胎刮地痕、煞車痕、散落物等，詳如圖4-1警繪現場圖，及參閱照片4-4～4-6。

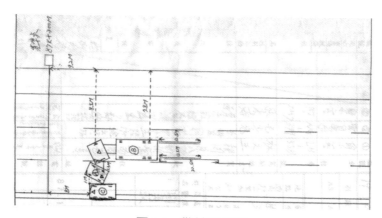

圖4-1　警繪現場圖

貳、肇事重建

一、內側護欄受撞擊方向之鑑定

　　內側護欄受撞擊之方向是由北向南，而不是由南向北。理由：

（一）由照片4-5中發現：在護欄受撞擊範圍內，北端之護欄支柱與地面之間有裂開之痕跡，而南端之護欄支柱與地面之間並沒有裂開之痕跡；同時該裂開痕方向是朝南，可見北端護欄受力較大，所以，內側護欄受撞擊之方向是由北向南。

（二）由照片4-6發現：最左邊螺絲鈕與其右邊之刮擦痕有些許之距離，並非完全緊密在一起，故知車輛刮擦護欄之方向是由北向南；因為若車輛刮擦護欄之方向是由南向北，則該刮擦痕會與該螺絲鈕完全緊密在一起，而不會出現些許之距離。

照片4-4　事故現場全景

照片4-5　內側護欄擦撞情形

照片4-6　內側護欄留有車漆

（三）但是，若從紅色油漆片插入護欄之方向觀之，車輛刮擦護欄之方向似乎是由南向北；不過，油漆片插入護欄之證據力比前二項低，因為：

1. 前二項所留下之痕跡，必然是撞擊過程中所留下者。

2. 而油漆片並無法確定是屬於張車車體或林車車體所有（本鑑定推定是張車車體所有，理由參見下面二、林○○自小客車有無撞及內側護欄之鑑定）；又油漆片若是屬於張車車體所有，則有可能是肇事後，拖吊車為拖離張車時所留下（因為該痕跡位於護欄受撞處之末端，而拖吊方向極可能是由南向北）。

3. 由於1、2項之因素，所以不能僅從油漆片插入護欄之方向而論斷車輛撞擊護欄之方向是由南向北。

二、林○○自小客車有無撞及內側護欄之鑑定

林○○自小客車並無撞及內側護欄。理由：

（一）林車後右保險桿部位之凹裂痕（如照片4-3所示）並非撞擊護欄所留下之痕跡。因為：

1. 其受撞之方向是由林車之左後往右前方，而不是由右前往左後方。因為：

(1) 後右保險桿之裂痕開口方向是由左往右，而不是由右往左，顯然其受撞之方向是由左後往右前方。

(2) 後右車尾三片車燈蓋當中，是最左邊之車燈蓋破裂，而右邊兩個則完好，顯然其受撞之方向是由左後往右前方，而不是由右前往左後方，否則最右邊之車燈蓋（位於車角處）應該會破裂。

2. 「其後右受撞之範圍（痕跡並未超出右車尾最右邊車燈蓋前方之範圍），完全集中於後右『車尾』，而不是右後『車角』，更不是右後『車側』」。假如，林車有以後右部位撞及內側護欄，則：

(1) 當林車係逆向撞上內側護欄時，則其受損範圍與受撞方向無法完全吻合事實，故林車並非逆向撞上護欄。茲再詳細說明如下：

A. 當林車右側後車身與內側護欄之夾角不大於45度時，則必然以右

後「車角」撞及護欄，則其車損情況會集中於右後「車角」處，並於右後「車尾」及「車側」亦均會留下（擠壓）痕跡；但事實上，其車損情況卻集中於後右「車尾」，而右後「車角」及「車側」卻未留下車損痕跡。

B. 當林車右側後車身與內側護欄之夾角大於45度時，則可能於後右「車尾」留下擦撞痕跡，但由於下述兩項原因，事實上也非如此。

(A) 在此種情況下，當林車逆向，右側後車身與內側護欄之夾角大於45度撞上護欄時，其受擦撞方向是由林車之右往左，但是，此受擦撞方向與第1項鑑定結果「其受撞之方向是由林車之左後往右前方」相違。

(B) 在此種情況下，當林車逆向撞上護欄後，其右側後車身與內側護欄仍有相當大之夾角，在其被張車撞上時，必然會於右側車身留下擦撞痕跡，尤其是於右後側留下明顯之痕跡，但林車於行李箱右側、右後車門等處之板金均無留下刮擦或撞擊之痕跡，而僅於前車門留下一條細長之刮痕，如照片4-2；此亦與事實相違。

(2) 當林車係順向行駛撞上內側護欄時，則林車應終止於受撞護欄處之南方相當長之距離，但事實上，林車之終止位置卻是位於受撞護欄處之同等距離，此亦與事實不吻合【林車是否順向撞上內側護欄之分析，另參見下面（二）】。

3. 由於林車後右保險桿部位之凹裂痕（如照片4-3），既非逆向撞上內側護欄所致，亦非順向撞上內側護欄所致，故該部位之凹裂痕並非撞擊內側護欄所留下之痕跡。

（二）在本案中，林車無論是在順向行駛或逆向行駛之情況下，均不可能撞上內側護欄。因為：

1. 車輛在高速公路上行駛，當擦撞上護欄時，其前車角與後車角必然會在瞬間分別與護欄發生擦撞，而在前後車角處分別留下擦撞痕。在本案中，林車右後車角並未留下擦撞痕【參見（一）之2.之(1)之說明】，故林車不可能是在逆向行駛的情況下擦撞上內側護欄；而林

車左後車角亦只有方向燈座脫離之現象，方向燈蓋並未破裂，也沒有任何刮擦痕，故林車也不可能是在順向行駛的情況下擦撞上內側護欄。

2. 林車若在逆向行駛的情況下擦撞上內側護欄，即使不是以前後車角處擦撞上，則必然以右側車身擦撞上，但林車右側車身並無任何刮擦護欄之痕跡（參見照片4-2）。

3. 林車若在順向行駛的情況下擦撞上內側護欄，則不但林車左後車角之車損情況與事實不吻合，而且林車之終止位置亦與事實不吻合（林車之終止位置應距離護欄受撞處之南方有一段距離，但事實上卻是位於同一距離處）。

（三）紅色油漆片並無法確定是屬於林車車體所有或張車車體所有，但本鑑定推定「內側護欄上之紅色油漆片是屬於張車車體所有，內側護欄是由張車所撞上，林車並沒有撞上內側護欄。」因為：

1. 由卷一第47頁兩張照片中，發現護欄上油漆片之顏色並非完全一致；在第21張照片中其顏色較接近於鮮紅色，而在第22張照片中其顏色則較接近於暗紅色；又將此兩張照片中油漆片之顏色與第18頁照片中林車、張車車身顏色加以比較，發現：油漆片之顏色不但與林車車身顏色不完全一致，而且與張車車身顏色（非鮮紅色）比較接近。

2. 前已分析：林車無論是在順向行駛或逆向行駛之情況下，均不可能撞上內側護欄；然而，張車卻有擦撞上內側護欄之證據（參見卷一第11～14頁之照片），同時，撞上內側護欄之行向是由北往南，此亦與第1項之鑑定結果「內側護欄受撞擊之方向是由北向南」相符。

3. 故本鑑定推定：「內側護欄上之紅色油漆片是屬於張車車體所有，內側護欄是由張車所撞上，林車並沒有撞上內側護欄。」

三、林○○自小客車行車方向之鑑定

缺乏逆向行駛之證據，本鑑定推定為「順向（由北往南）行駛」。理由：

（一）於貳之「二、林○○自小客車有無撞及內側護欄之鑑定」中之肇
事重建得知「林車並無撞及內側護欄」：

1. 林車後右保險桿部位之凹裂痕（如照片4-3）並非逆向撞擊護欄所留
下之痕跡。

2. 林車若在逆向行駛之情況下，不可能撞上內側護欄。

（二）原卷內無非以林車後右保險桿部位之凹裂痕係撞及內側護欄所
致，而認定林車是逆向行駛；但今已得知：林車該部位之痕跡並
非撞及內側護欄所致，而且林車亦不可能在逆向行駛的情況下而
撞及內側護欄。因此，林車缺乏逆向行駛之證據。

（三）香腸族說「有車逆向行駛」之內容不可靠。因為：

1. 毛車、張車於警方筆錄中均未述及「香腸族說有車逆向行駛之相關
內容」，但是於檢方之筆錄中（卷一第25頁），張車才稱「香腸族
說有一部車逆向行車」，說不定這是毛、張二車套好的說詞。

2. 雖然處理警員林○○於卷一第26頁稱「香腸族通知有車逆向行
駛」，而且張車於卷一第79頁背面稱「在事故前30秒，我即聞香腸
族無線電中稱有一車逆向行駛……」，但是仍有下列不確定情節：

(1) 是警員先聽到香腸族之通知才發生車禍？還是先發生車禍才聽到
香腸族之通知？有無可能是後者？

(2) 「有車逆向行駛」之話語是哪一位香腸族所言呢？是毛車前方之
不明聯結車所言？抑或是該不明聯結車前方之車輛所言呢？有無
可能是毛車前方之不明聯結車追撞上林車[1]之後所發出之假消息
呢？

(3) 警車上配有收聽香腸族之通訊設備嗎？否則怎會收到香腸族之通
知。

3. 警員林○○於卷二第15頁背面稱「無線電說在86K有車逆向行駛」是
矛盾之語，因為車禍是發生在南下87.3K處。若是真有車逆向行駛，
應該是於87.3K以南（大於87.3K）逆向行駛，而不是於87.3K以北

---

[1] 毛車前方之不明聯結車追撞上林車之分析，請參見第95頁（四）。

（小於87.3K）逆向行駛。

4. 當地竹林交流道（里程數為90.3 K）距離案發地點（南下87.3K）有3公里，林車若逆向北上行駛，則其逆向行駛距離必定大於3公里（因為包含匝道之距離）；在高速公路之車流量及林車酒醉駕駛的情況下，林車若逆向北上行駛，很有可能於匝道處（單車道）或其附近即已發生對撞；雖然案發時是在凌晨，車流量可能比較少，但在高速公路逆向行駛了3公里多才發生對撞，這是比較不可能的情節。

5. 卷一第25頁最後一行，張車稱「香腸族說有一部車逆向行車，而且有救護車跟著那一部逆向行駛之車上來」；在高速公路上逆向行駛之車輛當然極易發生車禍，難道跟著其逆向而行之救護車就安全嗎？有為了救人或搶生意而不顧自身安全，仍甘願冒著極易被撞而失去生意與喪失生命危險的救護車司機嗎？因此，「香腸族說有一部車逆向行車，而且有救護車跟著那一部逆向行駛之車上來」之內容是不可靠的。

（四）由於以上種種原因，本鑑定確定「林車缺乏逆向行駛之證據」。
　　　同時推定「林車是在順向行駛的情況下，被外線車道毛車前方之不明車輛所追撞而肇致事故」。因為：

1. 前已鑑定出「林車後右保險桿部位之凹裂痕（如照片4-3）之受撞方向是由林車之左後往右前方」；「而且其受撞範圍完全集中於後右『車尾』」。由此種受撞跡證之特性顯示：「林車可能是遭其他車輛撞到（追撞）其右後車尾而造成」。

2. 林車是被毛車或張車由其後右追撞嗎？均不是。因為林車若是被毛車由其後右追撞，則林車不至於再與毛車對撞；而林車若是被張車由其後右追撞，則林車不應以其右前車角與毛車之右前車角再對撞；又，林車是在逆向行駛之情況下，被同樣逆行在後之救護車追撞嗎？若是，則林車應會由東往西方向（由內側往外側車道）偏離，而且該救護車應該也會被撞得無法駛離現場，但是事實均不然；故林車不但不是被毛車或張車追撞，而且也不是被逆向隨行其後之救護車追撞。

3. 林車究竟被何車所追撞？

　　被毛車前方之「不明車輛」（非一般聯結車）所追撞。因為：

(1) 依據卷一第8頁（警察偵詢筆錄）第6行毛車稱：「肇事前我行駛外線車道，行至北二高87公里南下時，我欲超越前方之拖車[2]，變換車道至中線時，我便發現前方有部自小客逆向行駛，我便踩煞車」；可見當毛車還行駛於外線車道時，毛車前方有一部「不明聯結車」；而且該「不明聯結車」於下坡處[3]有不尋常之煞車動作[4]。因此，本鑑定懷疑林車係被當時行駛在外側車道毛車前方之「不明聯結車」所追撞。

(2) 但是，毛車前方之「不明聯結車」，真的是聯結車嗎？本鑑定持保留之態度，認為「可能不是聯結車，除非該『不明聯結車』左前車角保險桿下方裝置有硬質之設備」。因為若是一般之聯結車（或大貨車），則其曳引車頭（或大貨車車頭）保險桿之高度必定高於林車後保險桿，不至於僅僅撞及林車之後右保險桿部位，而未撞及後行李箱部位。因此，本鑑定推定「毛車前方之不明聯結車，不一定是一般聯結車，有可能是其左前車角保險桿下方裝置有硬質設備之特殊聯結車或大貨車，或一般小貨車，或比一般小貨車還大型之貨車」。但無論是何種車輛，本鑑定暫時稱該車輛為「不明車輛」。

(3) 林車若果真是於外側車道行駛時被該「不明車輛」所追撞，則當其後右車尾受撞後，林車必然會因撞擊力量未通過其質心，而產生向逆時針方向旋轉及行進之現象，進而發生如毛車所言「突然發現林車燈光及逆向行駛」[5]之情形。

2　應該稱為聯結車，而不是稱為拖車，以下將毛車所指稱其前方之拖車稱為「不明聯結車」。

3　參見卷一第24頁（檢察官詢問筆錄）第6行毛車所言「現場有下坡」。

4　參見卷一第8頁背面第9行毛車稱「當我行駛外線跟在該聯結車後面時，該聯結車有刹車。」及卷一第24頁（檢察官詢問筆錄）第7行毛車稱「我跟在一部聯結車之後面，現場有下坡，他速度（前面車）慢下來……」。

5　卷一第24頁第8行毛車稱「我變換車道，我超過來時，並沒有看到車子，起先沒有看到燈

(4) 林車有留下被追撞後因逆時針旋轉而與毛車對撞之跡證，而未留下逆向行進與毛車對撞之跡證。因為：

A. 林車左側車頭與車尾受損程度不同：林車若是被追撞後因逆時針旋轉滑行中與毛車發生對撞，則林車左側車頭會比左側車尾受損還嚴重。今觀之卷一第15、16、17頁之照片得知「林車左側車頭比左側車尾受損還嚴重」，因此林車是被追撞後因逆時針旋轉滑行時與毛車發生對撞，而不是逆向行進中與毛車發生對撞。

B. 路面上留有林車被追撞後逆時針旋轉之輪胎（右後車輪）擦地痕：該擦地痕請參見卷一第13、72頁之照片；尤其從第72頁之照片得知「該輪胎擦地痕至少有1公尺以上，因此，是林車右後車輪所留下，而不是左後車輪所留下」，更進而得知「林車是被追撞後逆時針旋轉滑行中與毛車發生對撞」；因此，林車是被追撞後因逆時針旋轉滑行中與毛車對撞，而不是逆向行進中與毛車對撞。

(5) 綜合上述理由，本鑑定推定「林車係被當時行駛在外線車道毛車前方之『不明車輛』所追撞」。

4. 綜合上述，本鑑定推定「林車是在順向行駛的情況下，被當時行駛在外側車道毛車前方之『不明車輛』所追撞，而肇致本次事故」。

四、林○○自小客車行車車道之鑑定

由林車後右車尾被撞部位之跡證特性、撞後林車逆時針旋轉滑行情形、最後終止位置、林車其他車損情形及追撞之不明車輛能逃離現場等特性分析，得知「林車被追撞時，可能是正行駛於外側車道偏左，或正由外側車道變換至中線車道，或跨越外側車道與中線車道之車道線上行駛；並缺乏證據以認定林車是由中線車道變換至外側車道」。

光，發現有燈光，我踩刹車，已經來不及了。」卷一第8頁第7行毛車稱：「肇事前……我欲超越前方之拖車，變換車道至中線時，我便發現前方有部自小客逆向行駛，我便踩煞車，但因……一時無法閃避，便與該自小客對撞……」。

五、毛○○半聯結車行車車速、行駛車道之鑑定

（一）毛車車速鑑定：至少為68公里／小時，沒有發現超速之證據。因為：

1. 由煞車痕推算車速（最少車速）之公式為：

$$S = \sqrt{254Df}$$

其中

S：煞車前之車速（KPH，公里／小時）

D：煞車距離（公尺）

f：車輪和路面間之摩擦係數

2. 由圖4-1警繪現場圖及第44頁照片得知：現場最長煞車痕是由毛車左後輪所留下，所以毛車之煞車距離（D）最長者為24公尺（22.5 + 1.5 = 24，其中1.5公尺推定為後懸之長度）。

3. 車輪和路面間之摩擦係數（f）約為0.75。因為依中央（交通部）道路交通安全會報61.5.5交督字第0444號函送交通處之「汽車煞車距離、行車速度及道路摩擦係數對照表」得知，在瀝青路面且乾燥的情況下，其摩擦係數分別為：新築路面0.85，1～3年路面0.75，3年以上路面0.70。

4. 將上述D = 24公尺、f = 0.75帶入公式，求得毛車煞車前之車速（S）至少為68公里／小時。

5. 求得之最少車速（68公里／小時）比毛○○於警詢筆錄中（參閱卷一第8頁）自承「約80公里左右」之車速還少，因此毛○○於筆錄中自承之車速（約80公里左右）應可相信。

6. 當地速限為100公里／小時，故未發現毛車有超速。

（二）行駛車道之鑑定：正行駛於中線車道。因為：

1. 由警繪現場圖及第44、45頁照片（如照片4-4）得知：毛車之煞車痕筆直位於中線車道上，因此可確定「毛車煞車前筆直行駛於中線車道上」。

2. 至於毛車是因超越前方不明車輛（由外側車道變換至中線車道）而
正處於中線車道超越中，抑或已於中線車道行駛有一段距離（違規
行駛中線車道），本鑑定則無法確定。惟依毛車於卷內陳述當時之
肇事過程分析，毛車比較像正處於超越行駛中之行為。

3. 雖然無法確定毛車究係因超越行為或違規行為而行駛中線車道，但
並不影響本案肇事原因之分析。

參、鑑定結果

一、事故發生過程：經由上述「貳、肇事重建」後發現

（一）撞擊前各車之行車動向

　　林車順向行駛於外側車道（或中外車道之間），「不明車輛」緊跟
其後，在該「不明車輛」後方之毛車正在超越該「不明車輛」，毛車正
超越行駛於中線車道（或違規行駛於中線車道），張車則行駛於毛車後
方之中線車道上。

（二）林車本次事故發生過程可分為三次撞擊

1. 第一次撞擊：林車順向行駛於外側車道（或中外車道之間）被不明車輛追撞

　　當林車順向行駛於外側車道（或中外車道之間），行經肇事地點
時，被當時行駛於其後方之不明車輛追撞；因為被追撞之部位為其後右
車尾，所以被追撞後，林車向逆時針方向旋轉而逆向轉入中線車道，而
該不明車輛則逃離現場。

2. 第二次撞擊：林車與毛車斜角對撞於中線、內側車道之間

　　當林車被追撞後因旋轉而逆向轉入中線車道之瞬間，毛車不巧正在
超越該不明車輛而正行駛於中線車道上（或違規行駛於中線車道上），
毛車於發現逆向滑行中之林車燈光後，雖然立即緊急煞車，但仍然以左
車頭與林車之車頭左側發生斜角對撞，對撞地點則位於中線車道與內側
車道之間。

3. 第三次撞擊：林車與張車斜角對撞於內側車道上

當張車發現前方之毛車緊急煞車後，張車立即向左閃避，於閃過毛車之後，又突然發現被撞後之林車斜停於內側車道、中線車道之上，張車反應不及，於焉以右車頭斜角對撞上林車之右車頭，並以左側車身擦撞上內側護欄，而各車最後則終止於如警繪現場圖之位置。

二、肇事原因分析

（一）林車駕駛人血液中酒精濃度已達288.8mg/dL（相當於吐氣酒精濃度1.44 mg/L），已超過法定標準值[6]許多，雖然已觸犯了道路交通管理處罰條例第35條酒醉駕駛及刑法第185條之3公共危險罪，並極有可能產生危險駕駛之嫌，但當時林車係順向行駛於外側車道（或中外車道之間），而被緊跟其後之不明車輛所追撞而釀成本事故，並未發現林車有從中線車道任意變換至外側車道而肇致本次事故之證據。因此，林車雖然酒醉駕駛，但該行為並不是本次事故之肇事原因，林車不必負肇事責任；而本次事故之肇事原因則是「不明車輛」未保持行車安全距離追撞林車所致。

（二）毛車於發現逆向之林車燈光後，已立即緊急煞車，雖然於未完全煞停之前與林車發生對撞，但發生對撞之原因，並非毛車未保持行車安全距離，或毛車違規超越前車，而是林車被追撞後突然向逆時針方向旋轉而逆向滑進毛車所行駛之車道，因此毛車不是本次事故之肇事原因，無肇事責任。

（三）張車於發現毛車緊急煞車後，乃立即向左閃躲，而且已安全閃過毛車進入內側車道，張車並未追撞毛車，所以張車並沒有「未保持行車安全距離」之問題；當張車閃入內側車道時，由於林車突然逆向出現於張車車道上，張車雖然繼續往內側路肩閃躲並緊急

6　道路交通安全規則第114條規定「吐氣酒精濃度超過0.25 mg/L者不得駕車」；刑法第185條之3規定：「服用……酒類……，不能安全駕駛動力交通工具而駕駛者，處……徒刑、拘役或……罰金。」法務部則以函說明：「酒精濃度呼氣已達0.55 mg/L，肇事率為一般正常人之十倍，認為已達『不能安全駕駛』之標準。」

煞車，但仍然無法避免撞上林車，因此張車亦不是本事故之肇事原因，亦無肇事責任。

（四）本次事故之肇事原因，依現有之證據分析得知，完全是行駛於毛車前方之「不明車輛」未保持行車安全距離而追撞林車所致，所以該「不明車輛」爲完全肇事原因，應負完全肇事責任。而林車、毛車及張車均無肇事因素，無肇事責任。但林車確定已觸犯了道路交通管理處罰條例第35條酒醉駕駛及刑法第185條之3公共危險罪。

第三節　鑑後結語：對應部位的蒐證至爲關鍵

　　鑑定完本案後，提出以下四個觀點，以期能避免於蒐證上或鑑定上形成錯漏的情形，冀望能因此而減少發生冤案，甚至不再發生冤案的結果；並期能及時偵破肇事逃逸案，捕獲肇事逃逸者，以維護交通社會之公平正義。

　　這四個觀點分別爲：一、蒐證或鑑定時，應慎防主觀；二、證據會說話，蒐證者應學習聽得懂證據所講的話；三、對應部位的蒐證至爲重要且關鍵，不能疏漏；四、肇逃案件，應及時追查、以物（痕）追車，方不至於成爲懸案。

壹、蒐證或鑑定時，應慎防主觀

　　本案負責蒐證之警察，可能受了毛車說「突然看到逆向的車燈」、香腸族說「有一部車逆向行車」等話語的影響，而產生先入爲主的看法，在未經查證、比對的情況下，即逕自認定死者林車爲逆向行駛，並於所搜得的現場照片中：(1)逕自將死者林車後右車尾的一道車損痕標示爲「擦撞護欄情形」；(2)逕自依內側護欄上殘留之車漆片，標示爲「顯示林車甩尾方向係與行車方向相反」。因而失去了及時追查

肇事逃逸車輛的機會，喪失了警察是正義的化身的機能。

　　車鑑會也受了警察對現場照片為錯誤標示的影響，也在未經查證、比對的情況下，也先入為主的隨著警察認定「林○○駕駛自小客車逆向行駛為肇事原因」。問題是：連死者家屬等一般人都知道要以護欄的位置、高度來比對車損的「對應部位」是否吻合，為什麼吾等專業人士（如警察、鑑定人員、檢察官等）不知道要查證、比對高度、左右位置，這實在有失常理！實在說不過去！

　　於偵辦案件過程中，這種未依客觀事實而解釋的主觀見解，稍不留意就會產生，一旦產生了，則幾乎無法釐清事實，是以吾等應小心謹慎預防之！而預防之道，筆者以為有二：一為「具有足夠的專業知識」，二為「具有起疑求證的科學精神」。

貳、證據會說話，蒐證者應學習聽得懂證據所講的話

　　「凡撞過，必留下痕跡」。因此，現場這些痕跡，就是客觀事實，就是證據，這些跡證都有它代表的涵義，若看懂這些跡證的涵義，就是聽得懂它所講的話，就具有了這方面的專業知識。以本案為例，若看得懂撞擊死者車輛後右車尾之車損部位的「撞力方向」，也看得懂撞擊該車損部位的「對應物體」是什麼車，更看得懂兩個車（物）體於撞擊之後「旋轉的方向」、「滑行的距離」，即能知道兩個車（物）體撞擊之後的「滑行軌跡」、「終止位置與方向」，則對於整個肇事過程幾乎就掌握了，此外更能進一步知道相關的跡證可能留存在哪裡，而繼續往留存處去蒐證。例如，知道及時去追查逮捕肇事逃逸的車輛與駕駛人。若對辦案所應具備的知識很充足，就是「具有足夠的專業知識」。

　　而「起疑求證的科學精神」，不但能幫助我們獲得新知、發揮知識的力量，更是科學辦案的基礎、釐清真相的源頭。而它的核心精神就在於「及時起疑，小心求證，積極蒐證」；而核心要領則在於對「對應部位」、「肇事過程」要及時起疑並求證。

參、對應部位的蒐證至為重要且關鍵，不能疏漏

由於車輛碰撞時會有碰撞到的部位，及碰撞力的方向與大小，而這碰撞力作用的部位、方向、大小是作用力的三個元素，所以當兩個車（物）體互相碰撞後，能從其互相碰撞的「對應部位」得知「撞力方向」、「撞力大小」。例如本案中，從後右車尾之車損部位可以獲知撞力方向是由左後往右前，並略知撞力的大小。因此，有關「如何辨識對應部位」、「如何辨識對應部位撞力方向」，尤其「對應部位如何蒐證」等的課題與智能，於現場蒐證時就顯得極其重要且關鍵。有關這些課題，請參閱第十章第三節。

肆、肇逃案件，應及時追查、以物（痕）追車，方不至於成為懸案

本案於案發當時，由於負責處理的警察因主觀或專業知識不足的因素，導致不知道本案是肇事逃逸案，而喪失了追查肇事逃逸者的機會。為了預防肇事逃逸案未破案的情形，今提出「及時追查、以物（痕）追車」這兩個觀念來偵辦，茲簡要說明如下：

一、及時追查

（一）積極尋找「對應部位」，檢查現場有無外來物（痕）

於現場必須提起車損、體傷或掉落物的「對應部位」在哪裡的想法，並積極地尋找與比對。若發現「對應物體」不在現場，則有肇事車輛已逃離現場了！

（二）若有外來物（痕），則應及時發動追查

1. 盡速追查，愈快愈好，7天內仍有機會破案

肇事逃逸的車輛若有車損，通常會去修理；人若有受傷，通常也會去治療，這些都是證據，若不盡速往保養廠或醫療處所取得這些證據，一旦這些證據消失或遭受破壞時，則將難以證明其為肇事逃逸車輛。

依有實務經驗人士言，若超過一週（7天）還未破案，則很可能成爲懸案；而愈快速追查則愈容易破案。

2. 及時對「對應部位」採集外來痕

　　若像本案之情形，則最好能於7天內請鑑識警察對「對應部位」採集外來痕。因爲若未及時對「對應部位」採集外來痕，即使未來找到了肇事逃逸的涉嫌車輛，當涉嫌車輛的駕駛人提出「我沒有經過那裡」，或「我沒有撞到對方」，或「這車損痕不是我撞的」等主張時，警察很可能會缺乏直接證據，用以證明哪一部車輛才是眞正的肇事逃逸車輛。

　　爲了能證明肇逃涉嫌車輛所言之眞僞，很關鍵的做法就是「案發後，要及時對留於現場之當事車輛的被撞部位採集外來痕」，「之後進入實驗室分析這外來痕之物質的成分內容」；之後，當找到涉嫌重大的肇逃車輛時，即可再對該涉嫌車輛的對應部位採集原始物（漆），並進行成分分析。若該原始物（漆）的成分內容與遭撞車輛上之外來痕的成分內容是相同時，則該涉嫌車輛就可以確定是肇事逃逸車輛了。

　　爲了日後可以確認肇事逃逸之車輛，或能更積極地尋獲肇事逃逸車輛，所以於案發後，就應及時對遭撞車輛的被撞部位採集外來痕（漆）。例如，本案應及時對死者車後右車尾之車損部位採集外來痕（漆），並進入實驗室分析其成分，以備日後之需。

二、以物（痕）追車

　　以物（痕）追車有三個步驟：以物（痕）追車→以車追人→以車對物（痕）。

（一）以物（痕）追車

　　以留於現場之外來物（如掉落物、碎片等）或外來痕（如車損痕、體傷痕等）來追查肇逃之車輛。以本案爲例：

1. 從「對應部位」追車

　　死者車後右車尾之車損痕爲外來痕，從該外來痕可以知道來撞的車輛爲大型車（撞擊力道大，毛車所言可信），其左前車頭（角）有對應

痕（正車頭、右車角不可能撞到）、左前車頭（角）的顏色可能為紅色或白色系列。

2. 從「車流影像」追車

從附近的監視器（如現在國道上的ETC影像、匝道進出口附近平面道路上之監視器）、當事車輛的行車紀錄器，甚至是經過車輛的行車紀錄器（從當事車輛中得知）中，找出在這段時程中經過的大型車。

3. 從「拼湊車牌」追車

設法從車流影像中拼湊出車牌，能拼湊出完整的車牌號碼則最好，若無法拼湊出完整者亦無妨。

4. 從「車籍資料」追車

有了完整或不完整的車牌號碼後，再透過監理站的車籍資料，就可以加以比對而找到涉嫌的大型車。

（二）以車追人

1. 主動到「車籍地」查車

透過監理站的車籍資料，可得知涉嫌大型車的設籍地址，主動前往該地址查看車輛；若該大型車之左前車頭（角）處有痕跡，則該車輛涉嫌重大，可依法立即查扣。

2. 查出當時之駕駛人

透過車主、排班表、拖車交換地之進出時間表等，查出當時之駕駛人，並依法加以逮捕。

（三）以車對物（痕）

查扣涉嫌之肇逃車輛後，應進一步比對、採證其車損痕是否與遭撞車輛之外來痕吻合。

以本案之類型為例，應請刑事鑑識人員對涉嫌車輛左前車頭（角）之原始漆進行採漆，並進行成分分析與比對，若成分與死者車輛後右車尾車損部位當初之外來痕成分相同，則可以證明該涉嫌車輛確定就是肇事逃逸車輛了，就可依法對該涉嫌車輛移送法辦了！

第五章

冤案：土城案（擦撞）
──積極求證

　　在本案中，機車與小貨車於路段中發生同向擦撞，擦撞後，機車駕駛人變成植物人，小貨車駕駛堅稱「機車由我右後方追擦撞我車」。同向擦撞，蒐證或鑑定的關鍵跡證在於「對應部位」，因為「對應部位」可以分辨出「誰是前車，誰是後車」。

　　但在本案中有兩個特點：第一，現場處理警察不認得「對應部位」的重要與涵義，雖有拍到3處（三個部位）的車損照片，但完全不知道何處是「對應部位」；又加上鑑識警察也未針對「對應部位」採車漆，導致檢察官對小貨車不起訴。第二，筆者從社區監視器影像實施分析時，由於機車的影像特徵並不明顯，當陷入膠著後，遂決定採用最笨但也是最根本的方法嘗試看看，乃將監視器影片以「畫面格放法」及「車流重建法」，進行逐一記錄、比對、確認車流中每一部車輛，及其行駛位置、順序等之繁瑣且複雜的工作，並進行肇事前、肇事後之車流順序、行駛位置之「肇事前後比對分析」，終於發現了事實。

第一節　案情摘要：誰是前車？對應部位在哪？

壹、案發情形

一、肇事時地

（一）肇事時間：民國94年7月〇日10時許。

（二）肇事地點：台北縣○○市○○路○段○巷口。

（三）道路概況：市區道路、速限50公里、直路、雙向二車道、有路肩4.2公尺、路面乾燥無缺陷、無障礙、視距良好；中央分隔島為寬式（50公分以上），車道寬為3.5公尺，未繪設快慢車道分隔線。

二、當事車輛

（一）小貨車：22歲，無酒駕。自稱「當時……由北（第一車道）往南直行。我車速為30～40公里」，但「不知道當地速限」。肇事後終止位置：已移動現場。

（二）重機車：56歲，無照駕駛，有酒精反應。由北向南行駛，行駛車道、車速均不詳（警察未調查）。肇事後終止位置：已移動現場。

三、案發過程

　　兩車同向行駛發生擦撞，擦撞後，機車駕駛人變成植物人（不能講話），小貨車駕駛堅稱「機車由我右後方追擦撞我車」。

四、現場狀況

（一）車損情形

1. 小貨車

(1) 正前側、正後側、左側均未發現有可疑新痕或跡證。

(2) 右側車損：

A.右前車角保險桿（勘察報告編號A4，高度49公分）有刮擦痕。

B.右前門由上而下分別有三處刮擦痕（勘察報告編號分別為A1、A2、A3，高度分別為89公分、82～84公分、56～61公分），如照片5-1～5-3。

照片5-1　肇事小貨右前車門三處刮擦痕（A1～A3）

照片5-2　肇事小貨右前車門前上方刮擦痕（A1，高89～87公分）

照片5-3　肇事小貨右前車門中央處刮擦痕（A2，高83～81公分）

C.右側中段車體工具箱上有三處擦撞痕（勘察報告編號分別為A5、A6、A9，高度分別為52～48.5公分、50.5～46公分、38～36公分），如照片5-4、5-5。在照片5-4中，左下角之A9處為織物痕。

照片5-4、5-5　肇事小貨右中側工具箱上有三處擦撞痕（A5、A6、A9，高36～52公分）

D.肇事小貨右後車角有三處擦撞痕，如照片5-6～5-9。

照片5-6、5-7　肇事小貨右後車角有三處擦撞痕、A7擦撞痕（高度為69～71公分）

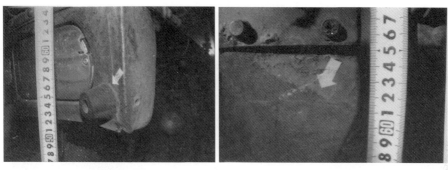

照片5-8、5-9　肇事小貨後右車角A8、A10擦撞痕（高度分別為52～56公分、59～63公分）

2. 重機車

(1) 正前車頭、右側未發現可疑新痕。

(2) 車尾：後側扶手處發現藍色油漆轉移痕（勘察報告編號為B10，高度為74～75公分），如照片5-10、5-11。

照片5-10、5-11　扶手處B10撞擊痕（高74～75公分）、車尾除B10外無其他新痕

(3) 機車左側車身

A.前輪周圍有三處擦地痕：前輪左側之塑鋼片、阻風板最左側塑鋼片、左腳踏墊前方之塑鋼片均有倒地後之摩擦痕（B1、B2、B5，痕高24～32、43～48公分）。

B.後輪周圍有二處擦地痕：後座左腳踏墊前方塑鋼片、後輪附近之引

擎蓋鋼片有倒地後之摩擦痕，防撞護條脫落但無擦撞痕（B6、B7、B8，痕高24～43.5公分）。

C.左手把附近有擦撞地痕：左煞車器與方向燈間之塑鋼片有擦撞痕及裂痕，左手把之煞車器端點處有倒地後之摩擦痕（B3、B4，痕高88～95公分）。

D.後扶手處前端：鋼條有凹陷之擦撞痕（B9，痕高68公分）。

（二）傷亡情形

1. 小貨車：駕駛、乘客均無受傷。

2. 重機車：駕駛脾臟破裂、腹腔內出血、雙側血胸，頭部外傷併腦出血、深度昏迷並需使用呼吸器，日常生活需全由他人照顧，直至94年11月9日（3個月後）仍住院治療中，即俗稱之植物人。

（三）現場刮地痕跡

參見警繪現場圖（如附圖5-1）、現場照片，發現有一條刮擦地痕；如照片5-12、5-13：

1. 外側車道（比較靠近內外車道分道線）有一條長約10.3公尺之刮擦地痕。

2. 該條刮擦地痕起點距離外側車道線2.8公尺，終點距離外側車道線2.6公尺。起點後之刮擦地痕前小段先向右偏向外側車道線，後又微向左偏回內外車道分道線。

（四）現場散落物與血跡

1. 現場散落物：未發現散落物。

2. 血跡：距離刮擦地痕終點0.6公尺處有一血跡，如照片5-13所示。

（五）現場輪胎痕跡：未發現輪胎痕。

照片5-12　擦地痕起點　　　　照片5-13　擦地痕終點與血跡處

貳、警鑑檢單位之意見

一、現場處理警察蒐證：無法查明兩車之先後順序

（一）現場處理警察註記之意見：由於現場處理員警未詳細查證與確認
　　　兩車互相碰撞之部位，因而無法查明兩車之先後順序，並於現場
　　　圖中誤植為「機車行向不明」（註：應該是行駛車道不明）。

（二）訪查多名目擊者，均稱「未看到兩車之先後順序」。

（三）有蒐集到肇事地點之社區監視器（路外）。

二、行政鑑定

　　檢察官將警察所蒐集到之社區監視器，連同全案送地區鑑定會
（車鑑會）、省覆議會鑑定，車鑑會與覆議會均以「無法看清兩車碰撞
情形，跡證資料缺乏，未便據以明確（鑑定）覆議」為由回函地檢署。

三、檢察官指揮鑑識警察採車漆，分析結果爲不相似，乃不起訴小貨車

檢察官爲查明兩車互相碰撞之對應部位，乃指揮警察局鑑識組採集兩車車損處之車漆送驗，但鑑識組只採集小貨車右前車門、右側中段工具箱之標準漆（遺漏了碰撞部位右後車角之標準漆），及機車左後扶手處撞擊痕油漆送驗。

同時刑事警察局驗析人員，又主觀的僅挑選小貨車右前車門處原漆（此部位並未與機車發生接觸）加以驗析，難怪其驗析結果爲「機車左後扶手處之轉移痕漆（B10）與小貨車右前車門處原漆（A11）成分不相似」、檢察官以「小貨車未撞及機車」爲由，對小貨車爲「不起訴」處分。

參、本案爭點

機車家屬認爲自小貨右側中段工具箱也可能撞及機車，刑事警察局何以未驗析該兩處之車漆成分，因此向高檢署申請再議；高檢署以「機車倒地過程可能撞及自小貨右側中段工具箱而留下織物痕」爲由，命令地檢署「續查，再議」。地檢署乃將全案囑託本校鑑定。

第二節 肇事重建：影像車流重建、兩車先後順序重建

壹、影像車流重建

一、現場比例圖

依據警繪現場圖，如圖5-1。

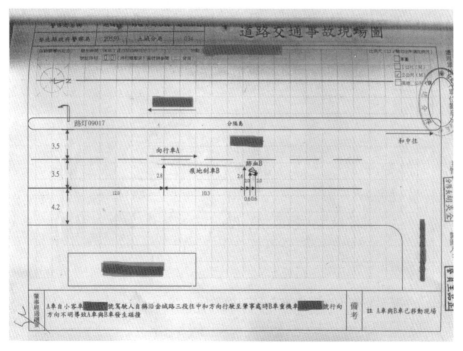

圖5-1 事故現場圖

二、監視器影片內容之重建

（一）光碟來源：共有三片，分別記錄「肇事前」、「肇事後」之車流過程

1. 光碟片有三片：第一片是記錄「肇事後」車流過程的影片；第二片與第三片內容完全相同，是記錄「肇事前」車流過程的影片。

2. 錄影監視器特性：監視器來源為○○大樓之社區監視器，監視器主機為KA-120系統，此款主機可裝設16支監視器，現該主機計裝設15支。它是以每秒120張之圖片記憶於電腦，平均每支監視器每秒約可攝錄8張，惟該型主機保持5～7張圖片是為最佳狀態。

（二）播放軟體說明

選取「肇事前」、「肇事後」之光碟片加以詳細分析。為求能詳細格放影片並加以記錄，所以「肇事後」之光碟片以「友立8」軟體（Ulead VideoStudio 8）加以播放分析，其中每秒可分為30個畫格，約12個畫格（約0.4秒）換一個畫面。

而「肇事前」之光碟片由於無法以「友立8」加以格放分析，所以改以「Windows Media Player」播放，並快速控制暫停鍵以比照格放分析，控制暫停鍵後，發現每一秒內約有三個畫面（即約0.4秒換一個畫面）。因此，兩個軟體對於光碟片中畫面轉換的時間間隔均是約0.4秒換一個畫面。

（三）兩片光碟片所顯示時間之比對結果：幾乎完全一致

秒差約0.1～0.2秒，最多不會超過0.3秒。

1. 兩片光碟片有共同拍攝到兒童進入社區之畫面（在0分28秒～30秒時），以兒童在同一位置、同一姿態（如擺頭方向、手腳動作等）加以比對。

2. 在影像5-1與影像5-2中，兒童之位置與動作完全相同，但影像5-1是「肇事前影片」中第28秒第一個畫面，而影像5-2則為「肇事後影片」中第27秒第29格（第28秒00前一格）之畫面。可見：「兩片光碟片所顯示之時間幾乎完全一致」。

影像5-1 「肇事前影片」中第 　影像5-2 「肇事後影片」中第27秒第29
28秒第1畫面 　　　　　　　格（28秒00前一格）局部畫面

（四）畫面中出現機車倒地之起始時間為1分03秒29格

幾乎等於1分04秒00格，參見影像5-3。倒地後之時間與畫面則參見影像5-4～5-6。

小貨車車頭

倒地機車

影像5-3 1分03秒29格～04秒10格看到機車倒地，倒地機車左側有小貨車車頭

（五）影像中車流重建

比對兩片光碟片中各車輛之車流順序、行駛車道、關係位置，以瞭解肇事機車與肇事小貨車之前後關係。

1. 選擇比對時區：選擇兩光碟片中重要片段加以比對

(1) 自「肇事後光碟片」中

從「肇事機車倒地前15秒」到「肇事機車倒地後8秒」之期間內（0分50秒～1分12秒，機車倒地時間為1分04秒），分析相關車輛之車流順序與行駛位置。其文字說明如表5-1所示，而影像說明則選擇重要者如影像5-3～5-6所示。

(2) 自「肇事前光碟片」中

從0分43秒～1分07秒之期間內，分析相關車輛之車流順序與行駛位置。其文字說明如表5-1所示，而影像說明則選擇重要者如影像5-7～5-9所示。

2. 車流順序、行駛車道比對結果

(1) 小型車

在肇事小貨車行經前後1秒之間有明顯變化，行經前之其餘時間完全相同，行經後因事故已發生，故亦有些微變化。

(2) 機車

機車車身之特徵並不明顯，因此關於機車別之比對是困難的。不過若從機車經過時間、車流順序、行駛車道位置（靠內側或靠中間或靠外側）、駕駛人上衣顏色等特徵加以比對，仍可判定出機車別。因此，本鑑定確定在表5-1內之機車別仍約有90%以上的判中率。

表5-1　機車倒地前後相關車輛之車流順序與行駛位置比對表

肇事前攝錄

時間 分	秒	畫面序	內車道	外車道 內側	外車道 外側	備註
0	43	3	1綠小箱			
	44	1	1綠小箱			
		2				
		3				
	45	1				
		2				
		3	2白中巴（跨線）			
	46	1	2白中巴			
		2	2白中巴	Q機		
		3		Q機		
	47	1			P機	
		2				
		3	3白休旅			
	48	1	3白休旅			
		2	3白休旅		R機	
		3				

肇事後攝錄

時間 分	秒	畫格數	內車道	外車道 內側	外車道 外側	汽車經AB兩點間隔時間
0	50	01～12	1綠小箱			5秒1
		13～24	1綠小箱			
		25～30				
	51	01～06	2白中巴	（跨線）		4秒1
		07～18	2白中巴			
		19～30			P機	
	52	01～12		Q機		
		13～24			R機	
		25～30			R機	
	53	01～06				
		07～18	3白休旅		R機	4秒8
		19～30				
	54	01～12			S機	
		13～24	4藍小貨	T機	S機	5秒2
		25～30	4藍小貨			
	55	01～06			U機	

（接下頁）

（接下頁）

肇事前攝錄

分	秒	畫面字	內車道	外車道 內側	外車道 外側	備註
	49	1	3白休旅			
	49	2		T機		
	49	3			S機	
0	50	1		V機		
	50	2			U機	
	50	3	4藍小貨			
	51	1				
	51	2				
	51	3				
	52	1	5計程車			
	52	2	5計程車			
	52	3	5計程車		W機	
	53	1	6白小客			
	53	2	6白小客			
	53	3				
	54	1				

肇事後攝錄

分	秒	畫格數	內車道	外車道 內側	外車道 外側	汽車經AB兩點間隔時間
		07~18	4藍小貨		U機	
		19~30	4藍小貨		U機	
	56	01~12		V機		4秒4
0	56	13~24	5計程車			
		25~30	5計程車		W機	
	57	01~06				
		07~18				
		19~30	6白小客			4秒2
	58	01~12	6白小客			
		13~25			X機	
		26~30				
	59	01~06				
		07~18				
		19~02				
		03~14				
1	00	15~26	7藍小貨	載白色物		4秒8

肇事前攝錄

時間（分）	秒	畫面序	內車道	外車道內側	外車道外側	備註
		2			X機	
		3				
	55	1				
		2				
		3	7藍小貨			（像載白色物）
	56	1	7藍小貨	Y機		
		2			Y機	
		3			Z機	
	57	1	8黑小客	A機		
		2			B機	
		3		C機		
	58	1		D機		
		2			E機	
		3				

肇事後攝錄

時間（分）	秒	畫格數	內車道	外車道內側	外車道外側	汽車經AB兩點間隔時間
	01	27~30	7藍小貨			
		01~08				
		09~20		Y機		
		21~02	8黑小客		Z機	4秒7
	02	03~14	8黑小客	A機		
		15~26				C機超過B機
		27~30		C機		
	03	01~04				
		05~15		D機	B機	兩機平行
		16~28			E機	
	04	29~10	9肇小貨 F肇機			4秒2
		11~22	9肇小貨 F肇機			看到9肇小貨之車頭，F肇機倒地於靠近車尾處
		23~30	9肇小貨 F肇機			
	05	01~04				

（接下頁）

肇事前攝錄

時間 分	秒	畫面序	內車道	外車道 內側	外車道 外側	備註
0	59	1	8-1咖小貨	F機		
		2				
		3	10白小客	9肇小貨		
1	00	1		9肇小貨		
		2				
		3			G機	
	01	1	11計程車	H機		位計右前
		2	11計程車	I機		位計右中
		3				
	02	1				
		2	12黑小客	J機	K機	
		3	12黑小客		L機	
	03	1				
		2				
		3				
	04	1				

肇事後攝錄

時間 分	秒	畫格數	內車道	外車道 內側	外車道 外側	汽車經AB兩點間隔時間
1	05	05~16	8-1咖小貨幾乎被9肇小貨完全遮住		G機	（9肇小貨左後車燈左側仍有車體
		17~28			G機	
		29~30				
	06	01~10				
		11~22		H機		
		23~30	10白小客	H機		6秒9
	07	01~04	10白小客			
		05~16	I機		J機	
		17~28	I機		K機	
	08	29~30	I機			
		01~10	（年青人）			
		11~22	L機			
	09	23~30	L機			
		01~04				
		05~16	L機			
		17~28				

（接下頁）

肇事前攝錄

時間		畫面序	內車道	外車道		備註
分	秒			內側	外側	
		2				
		3				
	05	1			M機	
		2				
		3				
	06	1				
		2				
		3	13白小貨		N機	
	07	1				

肇事後攝錄

時間			內車道	外車道		汽車經AB兩點間 隔時間
分	秒	畫格數		內側	外側	
		29～30	11計程車			8秒9
	10	01～10	11計程車			
		11～22	11計程車			
		23～30	11計程車			
	11	01～04	11計程車			
		05～16	11計程車	M機		
		17～28	11計程車		N機	
		29～30	11計程車			
	12	01～10	11計程車			

註：「汽車經AB兩點間隔時間」，其中A地點是指「位於肇事前監視器所拍攝到畫面右上角車道分道線附近處」，也是鑑定書中提到「機車倒地地點」前方之關鍵地點（簡稱「關鍵地點A」）。而B地點是指「位於肇事後監視器所拍攝到畫面最先出現機車倒地位置處（或最先出現該當車輛位置處，約位於畫面左上角位置處）。

肇事小
貨車

倒地機車

影像5-4　1分04秒11～22格F肇機車倒地、9肇小貨車超越之畫面

8-1綠帆布
小貨車

肇事小
貨車

倒地機車

影像5-5　1分04秒23格～05秒04格9肇小貨車左側研判有8-1綠帆布小貨車
　　　　（因為9肇小貨左後方向燈左側仍有車體，而且在這種拍攝角度之
　　　　下，8-1綠帆布小貨車大部分車體正好會被9肇小貨遮住）

黃線

影像5-6　1分05秒05～16格證實9肇小貨車行駛在外車道（若於9肇小貨車最右側車體經過之位置，於電腦銀幕上黏貼一條黃線，則發現「行駛於內側車道車輛之最右側車體，都不會壓到該條黃線」）

影像5-7　0分59秒第1畫面：出現8-1綠帆布小貨車，其中右側之機車研判為被撞之F肇機車；該8-1綠帆布小貨車於肇事後之監視器畫面中幾乎不見了（因為被9肇小貨車於超車時遮住了）

影像5-8　0分59秒第3畫面：9肇小貨車正在超越10白小客車

影像5-9　1分00秒第1畫面：9肇小貨車右側面之狀況

（六）影像車流重建後重要發現

兩片光碟影像比對後，關於肇事機車與肇事小貨車前後關係、行駛車道之重要發現，整理如下：

1. F肇事機車倒地之起始時間為1分03秒29格（幾乎等於1分04秒00格），參見影像5-3。

2. 9肇小貨車於肇事前（行經拍攝畫面中A地點時）是跟隨於F肇事機車後方約0.7～1.0秒之車頭間距處。

3. 9肇小貨車於肇事前及肇事時之間隔時間內（約4～5秒），都是跨越內外車道行駛（比較偏向外車道），因為該段時間內9肇小貨車正在連續超越一部白色小客車與一部綠帆布小貨車。

4. F肇事機車倒地時，正好緊鄰於9肇小貨車右後側位置：當光碟片影像第一次出現機車倒地時，也同時出現9肇小貨車之車頭，如影像5-3，故有此得知。

貳、兩車行駛先後順序之鑑定

無論從光碟片中之車流順序分析，或從兩車車損痕跡、駕駛行為分析，均發現「機車不是從後方追擦撞小貨車，而是小貨車從後方追擦撞機車」，因此本鑑定確定「是小貨車從後方追擦撞機車」。茲再分析如下：

一、從光碟片中之車流順序分析

在上述（六）之2.分析中，本鑑定推定「9肇小貨車於肇事前（行經拍攝畫面中A地點時）是跟隨於F肇事機車後方約0.7～1.0秒之車頭間距處」。

二、從車損痕跡分析

小貨車是從後方追擦撞機車，其理由分析如下：

（一）若機車從後方追擦撞小貨車，則車損痕跡不吻合

1. 當機車追擦撞小貨車右後車角時

　　則機車左側車頭附近處必然會撞上小貨車右後車角附近處，並分別於兩車相對應部位留下有接觸到之追擦撞痕跡，但從車損照片中，發現並沒有吻合這種撞擊型態的毀損痕跡。

2. 當機車追擦撞小貨車右側中段車體時

　　則機車左側車頭附近處必然會撞上小貨車中段車體附近處，並分別於兩車相對應部位留下有撞及（接觸）之痕跡，但從肇事機車、肇事小貨車之車損特徵中，發現並不是機車追擦撞小貨車之撞擊型態，因為：

(1) 小貨車右側工具箱擦撞痕之撞擊力的方向是由前往後，而不是由後往前。

(2) 小貨車右側工具箱之擦撞痕是被「凹狀高硬度物體」擦撞所致。

(3) 機車車體中沒有「凹狀高硬度物體」。

3. 當機車追擦撞小貨車右前車門時

　　雖然小貨車右前車門似乎有相對應之車損痕跡，但是兩車撞擊後再接觸之相對應部位卻不吻合，因此並不是此種撞擊型態。理由說明如下：

(1) 小貨車右前車門疑似留有被機車左手把追擦撞之痕跡。

(2) 當機車追擦撞小貨車右前車門後，機車尾端會再擦撞到小貨車中段車體前方之部位，然而該區段車體卻未發現該種擦撞痕跡。

4. 綜合上述兩車車損痕跡分析

　　發現機車既不是從小貨車後方追擦撞小貨車右後車角，也不是追擦撞小貨車右側中段車體工具箱處，當然也不是追擦撞小貨車右前車門處，因此本鑑定確定機車不是從後方追擦撞小貨車。

（二）若小貨車從後方追擦撞機車，則車損痕跡吻合

1. 小貨車右前車門疑似留有與機車左手把擦撞之痕跡，但無法確定。

2. 小貨車右後車角留有從後方追擦撞機車左車尾扶手處之痕跡。

　　由肇事後光碟片影像中（如影像5-4～5-6）發現機車是左倒，而且車尾向順時針方向甩出約90度，因此機車於向左倒地之前，機車必然會以左車尾撞上小貨車右側車體。

　　在照片5-10中，機車左車尾扶手處鋼條上發現有藍色油漆轉移痕（勘察報告編號為B10）；而在小貨車右後車角處，也發現有兩處撞擊痕跡：直立桿前方有凹痕（如照片5-6、照片5-7中A7處所示）、直立桿下方之三角鐵有「前高後低」之刮擦痕（如照片5-6、照片5-9中A10處所示），該些撞擊痕跡之特徵顯示了：

(1) 機車左車尾扶手處鋼條（編號B10處）可能與小貨車右後車角之直立桿、其下方之三角鐵等兩處部位發生撞擊，因為當機車有人坐上下壓且左傾時渠等高度相當。

(2) 當機車車尾是向順時針方向甩出時，兩車才可能以該些部位發生撞擊，這種狀況與光碟片影像中機車倒地後之方向一致。

(3) 小貨車是由後方追擦撞機車。因為：

　A. 小貨車右後車角之直立桿的前方有凹痕，如照片5-7中A7處所示，故可得知擦撞力的方向是由前往後。

　B. 小貨車直立桿下方之三角鐵有「前高後低」之刮擦痕，如照片5-6、照片5-9中A10處所示；機車擦撞後通常會倒地，倒地時是由高處往低處傾倒，故從這「前高後低」刮擦痕的形狀特徵，可以得知擦撞當時機車是在小貨車之前面。

(4) 機車是剛開始向左傾倒時，即與小貨車右後車角發生擦撞。從照片5-6可以得知，機車左後扶手處的高度，略高或等高於小貨車右後車角直立桿前方凹痕處的高度，同時小貨車直立桿下方三角鐵之「前高後低」刮擦痕立即出現（如照片5-9中A10處所示），故可證明機車是正在此刻開始向左傾倒。

(5) 機車左車尾扶手處鋼條上之藍色油漆，極可能自小貨車右後車角該兩處部位之間轉移而來，因為小貨車右後車角該兩處部位之間有藍色車漆，請參見照片5-6、5-7、5-9。

(6) 綜上，本鑑定推定「小貨車右後車角有與機車左車尾扶手處發生撞擊，而且是小貨車從後方追擦撞機車」。

3. 綜合上述車損痕跡分析，不但兩車車損相對應之高度、前後關係吻合，而且痕跡特徵也吻合。因此，本鑑定推定小貨車從後方追擦撞機車。

三、從駕駛行為分析

小貨車從後方追擦撞機車，因為：

（一）小貨車之車速不可能慢

從本節壹之二之（六）光碟片影像車流重建中得知，小貨車是正在連續超越一部白色小客車與一部帆布箱型小貨車之過程中，因此小貨車之車速不可能慢。

（二）機車之車速不會比小貨車快

機車駕駛人年齡已達56歲，即將進入老年，而且由刮地痕長10.3公尺推算，其發生事故後之車速僅約為40公里／小時，因此機車之車速不會比小貨車快。

（三）小貨車之車速應該會比機車快

綜上，從駕駛行為分析，小貨車之車速應該會比機車快，因此是小貨車從後方追擦撞機車。

四、綜上分析

無論從光碟片中之車流順序分析，或從兩車車損痕跡、駕駛行為分析，均發現「機車不是從後方追擦撞小貨車，而是小貨車從後方追擦撞機車」。因此，本鑑定確定「是小貨車從後方追擦撞機車」，而且推定「小貨車有以右後車角追擦撞到機車左車尾扶手處」。

參、兩車擦撞「對應部位」重建之結果

一、從車損照片說明

（一）「對應部位」：小貨車右後車角直立桿處vs.機車左車尾扶手處

小貨車右後車角直立桿前方有凹痕、其下方之三角鐵有「前高後低」之刮擦痕，證明該兩部位確實有與機車左車尾扶手處發生擦撞，詳細理由請參見本節貳之二之（二）之說明。

（二）「可疑對應部位」：小貨車右前車門處vs.機車左手把處

小貨車右前車門疑似留有與機車左手把擦撞之痕跡，但本鑑定無法確定小貨車右前車門有無擦撞到機車左手把。不過，本鑑定推定其有撞及到之可能性頗高，詳細理由請參見本節貳之二之（二）之說明。若欲確實求證，則可再前往勘查機車左手把端點處之塑鋼有無擦撞或摩擦之痕跡。

二、刑事警察局車漆鑑定結果不能據以證明「兩車未發生接觸」之說明

（一）採標準漆之部位不是「對應部位」

刑事警察局以小貨車右前車門處之車漆為標準漆（編號A11），以機車左車尾扶手處之轉移痕為轉移痕漆（編號B10），將兩者之車漆成分加以分析比對，比對結果為兩者成分不相似。

由前述「對應部位」重建結果得知：「機車左車尾扶手處（編號B10）是與小貨車右後車角直立桿處、三角鐵處（編號A7、A10）發生撞擊，而不是與小貨車右前車門（編號A1、A2，或A11）發生撞擊」，因此不能以小貨車右前車門處之車漆當作標準漆。又小貨車右前車門之標準漆與右後車角之標準漆不見得相同，所以不能以小貨車右前車門處之車漆作為標準漆，而應以小貨車右後車角撞擊處附近之車漆為標準漆。

（二）「對應部位」之標準漆未被採樣、分析比鑑

由於刑事警察局於小貨車比鑑用之標準漆取樣部位，不是與機車左車尾扶手處發生撞擊附近處之部位，因此雖然機車左車尾扶手處之轉移痕漆（B10）與標準漆（肇事小貨車右前車門處，A11）成分不相似，但這「只能證明機車左車尾扶手處沒有與小貨車右前車門發生撞擊，並不能證明機車左車尾扶手處沒有與小貨車右後車角發生撞擊；當然更不能證明兩車沒有發生接觸」。

肆、兩車撞擊地點之鑑定

兩車撞擊地點位於外車道，距離內外車道分道線約0.7公尺。因為：

一、兩車撞擊地點約位於肇事機車擦地痕起點附近處。

二、由警繪現場圖（如圖5-1）及現場照片計算得知，肇事機車擦地痕起點之位置，由警繪現場圖（如圖5-1）及現場照片（如照片5-12、5-13），發現機車擦地痕起點位於外車道，而且距離內外車道分道線約0.7公尺（3.5 – 2.8 = 0.7）。

伍、肇事重建結果

一、肇事過程

小貨車於肇事前約4～5秒時是正在超越一部白色小客車，因而行駛於外車道，同時小貨車也行駛於外車道機車之後方，而且距離機車僅有約0.7～1.0秒之車頭間距。小貨車於撞擊到機車前一刹那，仍然利用距離內外車道分道線僅有約0.7公尺之狹小空間，勉強連續超越左側之帆布小貨車、右側之機車，因而導致從後方追擦撞機車。

二、肇事原因

（一）小貨車有完全之肇事原因

無論小貨車右前車門有沒有與機車左手把發生擦撞，但是小貨車右後車角有撞擊到機車左車尾扶手處鋼條，而且本案因為：1.小貨車與前行機車未保持行車安全距離；2.小貨車於超越前行機車時，不但未注意車前狀況，而且未與機車保持行車安全間隔；3.小貨車連續超越前行小型車等三個因素而肇致事故，因此小貨車有完全之肇事原因。

（二）機車沒有肇事原因

機車正常依規定行駛於外車道，並未發現有製造任何危險之行為（即使2小時後其血液中之酒精濃度值為2.0 mg/dL，2小時前約相當於呼氣濃度值0.18 mg/L，也仍未超過道路交通安全規則第114條規定不得駕駛之標準值0.25 mg/L），因此機車沒有肇事原因。

第三節　鑑後結語：同向擦撞的關鍵蒐證與鑑定

本案屬於同向擦撞之肇事型態，從本案之鑑定過程中可發現，「影像車流重建法」突破了本案鑑定時之膠著狀態，也發現了現場處理警察、鑑識警察、行政鑑定等人員都不認得「對應部位」，及該「對應部位」於同向擦撞型態中的關鍵性。因為從該「對應部位」的痕跡特徵能證實兩車於擦撞時「誰是前車，誰是後車」，所以在同向擦撞之事故中，「對應部位」能釐清兩車發生事故前之行車順序，它將決定著事實的重建與法院的判決，因此筆者於此再提出「擦撞對應部位」之幾點意見，以供蒐證、鑑定、司法人員之參考。

壹、同向擦撞的關鍵證據：影像、對應部位，否則將成為懸案

兩車同向行駛，前車若無變換車道，或無轉彎（向）之行為，前車並沒有注意後車之義務，但後車有注意前車之義務。因此，當發生同向擦撞事故時，首應釐清者是兩車路權中之「前後關係」，亦即「誰是前車，誰是後車」。

而能釐清「誰是前車，誰是後車」的關鍵證據則有二：一、相當於目擊者的（監視器或行車紀錄器）錄影影像，因為影像可以看得出兩車之先後順序；二、兩車發生擦撞時車體互相碰撞的「對應部位」，因為從「對應部位」可以獲知車損部位之擦撞力的方向，進而知道兩車之前後關係。亦即前車（被超車者）擦撞力方向是由後往前，而後車（超車者）擦撞力方向是由前往後。

因此，在同向擦撞事故型態中，蒐證者應積極尋找並採證「（監視器或行車紀錄器）影像」及兩車之「對應部位」。「（監視器或行車紀錄器）影像」不見得找得到，但千萬不要因為找不到「（監視器或行車紀錄器）影像」，而放棄了尋找及確認兩車互相擦撞的「對應部位」，因為該「對應部位」一定存在現場事故車輛之車體上，或對應到其他物體上。所以，請務必要找到兩車之「對應部位」並對之加以蒐證，以利於後續之鑑定與司法判決。

在同向擦撞事故型態中，假如沒有蒐證到「錄影影像」或「對應部位」，則該案極有可能成為懸案。

貳、機車涉入事故，影像車流重建法仍有助於釐清事實

在本案中，筆者從社區監視器影像實施車流重建時，擬透過行經車流找出兩車之行車順序，但由於機車的影像特徵並不明顯，很難對行經之機車加以分辨！於陷入膠著後，遂決定用最笨但也是最根本的方法嘗試看看，乃將監視器影片以「畫面格放法」及「車流重建法」，透過每一畫面中、每一部車輛之形狀顏色、行駛位置、先後順序等特徵，進行

逐一編號、記錄、比對、分辨、確認等繁瑣而複雜的工作，並進行肇事前、肇事後之車流順序、行駛位置的「肇事前後比對分析」，終於發現了事實。

參、於現場如何尋找及確認「對應部位」

一般而言，能依據下列三種特徵尋找，並加以比對而確認之。這三種特徵為：外觀特徵、物理特徵、生化特徵。以本案有機車涉入之同向擦撞事故為例：

一、外觀特徵：肉眼可以看得到的特徵

（一）機車特有：細小肉包鐵

在機車涉入的同向擦撞事故型態中，由於「機車一擦撞就會傾倒」及「肉包鐵」的兩項特性，所以其對應部位於外觀上有一「細小肉包鐵」的特徵，蒐證人員必須仔細勘查，鑑定人員必須仔細尋找，以免疏漏。茲簡要說明如下。

1. 痕跡細小：勘查時很容易疏漏，必須仔細尋找

機車一擦撞就會傾倒，所以兩車「首次對應部位」之車損或體傷，並不會如兩部四輪汽車擦撞時那麼明顯，它的痕跡會顯得比較細小，蒐證人員必須仔細勘查與蒐證。如本案中之「對應部位」——「小貨車右後車角直立桿凹痕、其下方三角鐵刮擦痕VS.機車左後扶手藍色漆處」之痕跡都很細小（參見照片5-9～5-11），該「對應部位」不到4公分，即為現場蒐證人員所遺漏，亦為鑑識人員所忽視。

2. 痕跡肉包鐵：不能只尋找「車損痕」，也應尋找「體傷痕」

由於機車是肉包鐵，機車車身若沒有擦撞到，也可能擦撞到騎士或乘客的身體，所以「不能認為機車車身沒有車損痕，就表示機車沒有和他車發生接觸；務必要再尋找有無體傷痕，尤其是手肘（長袖）、膝蓋外側（長褲）、腳趾小拇指（鞋子）等處有無擦撞痕，之後才能確定有無與他車發生接觸」。

（二）痕跡新舊

可依是否生鏽、有無灰塵、光亮程度等而加以分辨。因此，小貨車前保險桿、右前門車牌號碼處是舊痕（參見照片5-1）。而小貨車右後車角處之痕跡是新痕（參見照片5-6、5-7、5-9），機車左後扶手處之痕跡也是新痕（參見照片5-10、5-11）。

（三）空間關係

可依高低、左右、凹凸、前後、內外、夾角等空間關係加以比對。例如，小貨車右前門標示「33」處、「22」處之痕跡不會是同時與機車擦撞所形成者（參見照片5-1～5-3）；小貨車右後車角處與機車左後扶手處的空間關係吻合嗎？很吻合！

（四）顏色軟硬

可依顏色、物料、軟硬、凹損、刮抹等外觀情形加以比對。例如，小貨車右中側工具箱上之痕跡能與機車手把端（參見照片5-4、5-5）之材質、軟硬、凹損、刮抹等吻合嗎？似乎不吻合。又如小貨車右後車角處與機車左後扶手處的顏色、物料、軟硬、凹損、刮擦等有吻合嗎？有吻合！

（五）外觀特徵綜合比對結果

1. 「對應部位」：以「小貨車右後車角處VS.機車左後扶手處」最為吻合。
2. 「可疑對應部位」：「小貨車右前門標示『33』處或『22』處VS.機車左手把」、「小貨車右中側工具箱VS.機車左手把」。

二、物理特徵

（一）型態特徵

1. 以「痕線所組合出來的形狀」加以比對

例如，以痕線的「線型（直線？曲線？）」、「數量」、「寬

窄」、「間距」、「長短」、「深淺」、「顏色」等加以比對，可以發現小貨車右中側工具箱上之痕跡與機車手把端（參見照片5-4、5-5）之材質、軟硬、凹損、刮擦痕等無法吻合或相應。因此，可以確認「小貨車右中側工具箱」不是與「機車手把端」之「對應部位」。

2. 機車特有的「前高後低」或「後高前低」刮擦痕

由於機車擦撞後通常會倒地，而倒地時是由高處往低處傾倒，所以當對方車體之對應痕若是「前高後低」之刮擦痕的形狀特徵時，則可以得知擦撞當時機車是在對方車之前面，對方車從機車後面而來；反之，若是「後高前低」之形狀特徵，則是機車從對方車之後面而來。

3. 小貨車「立桿前側有凹痕」

小貨車右後車角處之「立桿前側有凹痕」、「三角鐵有『前高後低』刮擦痕」，這與機車在前、機車發生擦撞後會倒地的痕跡相吻合。

（二）軌跡特徵：再經軌跡特徵比對後，其結果如下

1. 小貨車右後車角處撞到機車左後扶手處時，機車會有順時針旋轉之現象，吻合機車之終止位置、方向，故該兩處為「對應部位」。
2. 小貨車右前門標示「33」處或「22」處追擦撞到機車左手把後，會造成機車「右滑左倒」，吻合機車倒地後滑行軌跡、倒地方向。該兩處仍為「可疑對應部位」。

肆、車漆採樣時，應針對「對應部位」、「可疑對應部位」採樣

一、車漆採樣時，若未針對「對應部位」採樣

以本案為例，檢察官為查明兩車互相碰撞之對應部位，乃指揮警察局鑑識組採集兩車車損處之車漆送驗，鑑識組採集了小貨車右前車門、右側中段工具箱之車漆為標準漆，及機車左後扶手處撞擊痕為轉移痕漆送驗。但由於遺漏了小貨車「對應部位」右後車角之標準漆的採集，導致於實驗室比鑑分析的結果為，兩車「碰撞部位車漆成分不相似」，誤

導了檢察官，而被檢察官錯誤解讀為「兩車未接觸或未撞及」，或「缺乏證據」，而對小貨車為「不起訴」之處分。

二、車漆採樣時，務必先確認「對應部位」，並針對該兩「對應部位」加以採樣

1. 車漆採樣時，務必先確認「對應部位」之理由

車漆採樣、分析、比對的目的，並不是要確認「對應部位」，而是要確認該兩部位「是否發生接觸」。

例如，本案於車漆採樣時，因未針對「對應部位」採樣，導致其比鑑結果「只能證明機車左車尾扶手處沒有與小貨車右前車門發生碰撞，並不能證明機車左車尾扶手處沒有與小貨車右後車角發生碰撞；當然更不能證明兩車沒有發生接觸」。

車漆採樣分析比鑑的結果既然只能確認該兩部位「是否發生接觸」，因此若為了以化學成分的證據來證明該兩部位確實是「對應部位」，則於車漆採樣時，就務必先確認「對應部位」的確實位置，並針對該兩「對應部位」加以採樣，以免徒勞無功。

2. 車漆採樣人員、現場蒐證人員宜合作尋找確認「對應部位」

鑑識警察對於如何採取車漆樣本的技術是比現場蒐證人員嫻熟，但對於「對應部位」位於何處不見得比現場蒐證警察來得清楚，故建議：於有車漆採樣之必要時，若該兩人員能合作共同尋找以確認「對應部位」，則是比較好的方式。

三、採樣前，若無法確認「對應部位」時，則有以下之建議

1. 建議「可疑對應部位」全都採樣

採樣前，務必經過外觀特徵的比對，並盡力地採用物理特徵，尤其是當中的型態特徵加以比對，若經盡力比對而仍無法確認「對應部位」是位於何處時，則建議「可疑對應部位」的樣本也都應要採樣，以預防遺漏了真正對應部位的樣本，以避免造成無法補採樣本的遺憾。

2. 建議對「可疑對應部位」標示優先順序，依順序再進行驗析

(1) 實驗室內，每一個檢體所需的驗析時日很長，不可能全部驗析

由於實驗室內對所送「一個檢體」的分析比鑑，受到所送檢體複雜度等諸多因素的影響，其完成驗析所耗費的工作時日很長，少者1～2天，多者達7天以上，甚至更長。若以刑事警察局目前完成「一個案子」的時間而言，從受理案子開始到完成驗析將結果回覆送驗單位為止，所需之日曆時間約為2～3個月[1]。因此，實驗室內不可能對全部之「可疑對應部位」的樣本全都進行驗析。

(2) 可以避免實驗室內驗析人員之主觀的挑選樣本分析

以本案為例，不但警察局鑑識組車漆採樣人員疏漏了小貨車「對應部位」右後車角處之標準漆的採集，而且刑事警察局實驗室內之分析比鑑人員，也主觀的針對送驗的兩處標準漆只選擇了一處加以化驗比對。

「可疑對應部位」全部採集後，可於送進實驗室之前，將其標示優先順序，請實驗室驗析人員先驗析第一優先者；若第一優先者不相同時，再驗析第二優先者，逐次進行分析以避免實驗室驗析人員因對現場狀況的不瞭解，而主觀的選擇了送驗之樣本。

(3) 可以和實驗室內驗析人員進行討論

實驗室驗析人員若對所送樣本之優先順序有疑問或不同看法時，也可以和採樣人員進行討論，以免在驗析耗費時日的情況下，又做了事倍功半的事。

---

[1] 一個案件驗析完成時間約為日曆時間2～3個月，是依刑事警察局鑑識科對外之一般說法而言。

第六章

冤案：少女案（對撞）
——再補蒐證

　　本案由臺灣高等法院臺南分院囑託，是屬對撞型態的事故；蒐證警察所畫的現場圖可謂是「美觀，但空白無用」的現場圖，而且地院在缺乏「兩車撞擊地點」或「何車未靠右行駛」的證據下，卻僅依據「腳踏車未裝設頭燈，很難為對方所發現」的論點，即因而認定腳踏車未積極預防或有疏忽，裁定腳踏車之少女「應予訓誡」。

　　筆者受理本案後，透過「行函補蒐證」的方式，再經以肇事重建「行車軌跡」後，因而釐清了案發過程。於鑑定後，本章於此提出「對撞型態，如何蒐集關鍵跡證」的觀點以供參用。

第一節　案情摘要：誰跨越道路中心線？

壹、案發情形

（一）肇事時間：99年12月○○日約18時。

（二）肇事地點：○○市○○區○○路○○段○○巷旁未命名道路。

（三）當事車輛與行為：少女○○○騎腳踏車，×××騎重機車，兩車對向行駛，於上述時間、地點旁未命名道路發生對向擦撞，導致重機車騎士×××腦內出血、不能言語。

貳、鑑定判決過程

一、警察蒐證

（一）天候：晴，夜間無照明。

（二）道路狀況：市區之產業道路、速限40公里、直路、水泥路面、路面乾燥、路面有缺陷（路面有砂石、路面突出不平）、路肩上無障礙物、視距不良、道路無任何中央分向設施、路面未繪設任何車道線。

（三）現場狀況：

1. 警繪現場圖：如圖6-1所示。

(1) 肇事經過摘要：警方依當事人之陳述研判「腳踏車與重機車兩車對向行駛，行駛至事故地點發生碰撞而肇事；重機車車身倒地擦損，腳踏車前輪右側擦痕。重機車騎士×××顱內出血（未附診斷書），少女右手受傷（未附診斷書）」。

(2) 在圖6-1中，於路面之跡證幾乎是「空白」，而且僅註記「肇事車輛均未保持肇事後現場」，並未進一步調查車輛之終止位置。

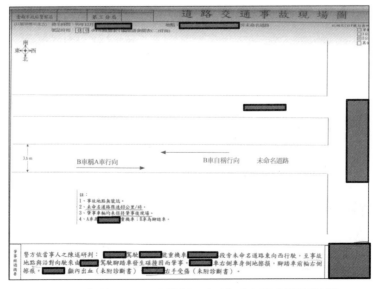

圖6-1　警繪現場圖：美觀，但缺乏有用之路面跡證

2. 機車騎士：40歲，無駕照，無酒精反應，有戴安全帽。

(1) 人：安全帽脫落，頭部外傷送醫。之後：

A. 醫院診斷紀錄「頭部外傷併左側腦內出血，腦室出血，蜘蛛膜下腔出血，水腦症，低血鈉，肺炎，甲狀腺機能抗進，重症肌無力。……接受腦室腹膜腔引流手術，加護病房……」。

B. 臺南分院於101年5月22日之訊問筆錄記載（最後一次得知），「法官問：目前機車騎士的病情如何？被害人監護人答：目前沒辦法講話、行動，意識清楚，身體右半部沒有辦法行動，左半部可以，因為他傷到左腦」。

(2) 機車：未保持現場，車身右側有三處刮擦地痕，餘無車損，如照片6-1～6-3所示。

照片6-1　重機車正前、左側、正後均無車損

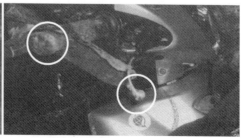

照片6-2、6-3　重機車右側有擦撞痕：右側腳踏板下方飾板、坐墊右後側、右手把端有擦撞痕

3. 腳踏車少女：未滿18歲，沒有倒地，右手被機車擦撞傷。

(1) 人：於警察之調查筆錄中稱「我駕駛腳踏車西向東行駛，當時我
往前直行，我發現對方時，對方從對向一直朝我駛來，我以爲對
方應該會閃過，結果對方沒有做閃避動作，直接擦撞到我右手，
之後對方人車倒地，我沒有倒地。……我右手被機車擦撞到有受
傷」。

(2) 腳踏車：未保持現場，右手把端有倒地車損、前輪右側有擦痕，
餘無車損，如照片6-4～6-6。

照片6-4　腳踏車正前方概況，
幾乎無車損

照片6-5　腳踏車右手把端有擦
撞痕

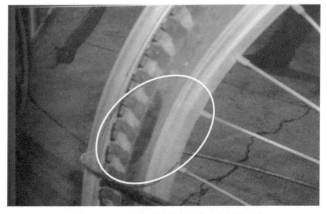

照片6-6　腳踏車前輪右側有擦撞痕

二、警察初判

（一）本案雙方涉嫌未注意車前狀況，未靠右側行駛。

（二）機車騎士未考領駕駛執照駕車。

三、行政鑑定（車鑑會與覆議會之意見幾乎相同）

（一）車鑑會：卷附資料現場圖無現場狀況，二車撞擊位置不明，無法
　　　研析何車未靠右行駛，且無當事人機車騎士陳述肇事經過，案情
　　　尚待釐清未便鑑定。

（二）覆議會：本案因肇事後現場已移動，且當事人機車騎士無筆錄，
　　　依卷附相關跡證資料，二車撞擊位置不明，無法研析何車未靠右
　　　行駛，故跡證不全，肇事實情不明，未便遽予覆議。

四、地院少年法庭裁定：少年「應予訓誡」

（一）重機車家屬繪製詳細現場圖：兩車確實是對向行駛

　　依據刑事陳述意見狀記載，「三、再者，經被害人家屬再往現
場，並繪製詳細現場圖[1]，經查，被害人×××剛離開工廠，速度自然
不快，少女○○○則即將到家，速度衡情亦應不快，則豈有可能造成目
前如此大之傷勢？」由圖6-2得知「兩車確實是對向行駛」。

---

[1]　「證3：現場圖」，如圖6-2所示。從圖6-2中，本鑑定發現「重機車×××於離開工廠
　　後，左轉進入肇事之道路；依其行駛方向而言，重機車右側路邊種植玉米，其左側路邊家
　　屬自行標示為『擦撞地點』，而『擦撞地點』位於『碎石空地』內」。

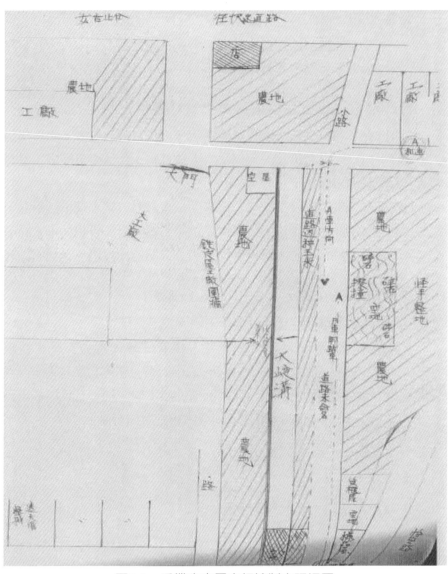

圖6-2　重機車家屬自行繪製之現場圖

（二）腳踏車少年自述肇事過程

1. 依據卷一頁60臺南地院少年訊問筆錄，腳踏車騎士少女○○○稱：
「當時對方有開車燈，道路是直的，距離大約法官的位置到外面第

二個大門的遠，我的腳踏車沒有車燈及鈴鐺[2]，我看得到被害人，但是被害人看不到我，當時已經天黑了，我看到被害人時，他車速約40-50公里左右，但是我沒有騎機車的經驗，車速是我猜的，看到被害人的時候，我也不知道爲什麼被害人爲何會來撞我的手把，我有閃被害人，我猜被害人可能嚇到，但是我沒有做任何的手勢，也沒有按鈴鐺警示。」

2. 依據卷一頁154臺南地院少年訊問筆錄，腳踏車騎士少女○○○稱：「當時看到被害人機車的位置大約有法官到法庭最外大門面大約十五公尺左右，我繼續騎車，被害人在距離我約二公尺的時候，被害人看到我好像嚇一跳，因爲當時沒有路燈，我的腳踏車也沒有燈，我煞車煞住，但對方沒有煞住，又側倒在地，被拖行一段時間，我就趕快打電話給家人，家人就去報警。」

（三）法官之裁定與理由

依據「腳踏車未裝設頭燈或鈴鐺，行駛在路寬僅爲3.6公尺之無名道路，……很難爲對方所發現」，因而認定「（腳踏車）少年未積極預防或採取任何應變措施，迄被害人在近距離內發現少年時，不及反應，……少年之過失行爲與被害人之重傷害結果間，顯有相當因果關係」，故裁定腳踏車少年「應予訓誡」。

參、本案爭點

一、腳踏車少年家屬不服，提起抗告；主理由：
（一）車損、行向、撞擊地點等均不明，有疑點。
（二）腳踏車之頭燈與鈴鐺固然是違規，然與肇事原因不必然有因果關係。
二、臺灣高等法院臺南分院來函本校：請鑑定本案肇事責任歸屬。
　　本案由筆者接案，接案評估後，先做下列兩件事：

2　參見照片6-4。

（一）思考腳踏車若有靠右行駛，即使未依規定裝設頭燈，仍與肇事之間缺乏相當因果關係。那這兩車，「誰未靠右呢？」

（二）發文請臺南分院指揮警察補蒐證，以查明「誰未靠右」。

第二節　肇事重建：含補蒐證之內容

壹、函文請法院補蒐證

一、函文請法院補蒐證事項

由於肇事後重機車終止位置不明確，無法完整重建肇事過程，故擬文函請原囑託機關臺灣高等法院臺南分院，請警察機關應再補蒐集（或調查）下列跡證：

（一）調查兩車行車方向、機車原始終止地點、機車騎士人體終止地點、血跡終止地點、腳踏車煞車後站立地點及其他事證，註明於所附之現場照片中（如附件1中之照片6-7），及請重新繪製於現場圖中，以利瞭解肇事真相。

（二）上述應補蒐證之詳細說明，如本節之附件1。

二、法院回覆補蒐證內容

原囑託機關臺灣高等法院臺南分院，將警察再補蒐集（或調查）之「補繪現場圖」1張、「補拍現場照片」10幀，再補送本校。

貳、跡證鑑識

一、關於「肇事後重機車終止位置」之鑑識

從警察補蒐集之跡證中，發現重機車終止位置約位於：

（一）自己行車方向之「對向（左側）泥土空地上）」

請參見圖6-3（警察補繪之現場圖）、照片6-8（警察補註之現場照

片），及警察補拍、補註照片。

（二）現場照片中「重機車站立之位置」

因為重機車倒地後是原地扶起，其說明亦請參見圖6-3、照片6-8（警察補註之現場照片），及警察補拍、補註照片。

附件1：擬請臺灣高等法院臺南分院補蒐證及調查事項

一、腳踏車騎士（少女）疑似被冤枉，但仍須補充下列事證，才能釐清真相。

二、請務必或儘可能查明下列跡證，並請於照片6-7中分別註明之；同時請重新繪製現場圖，並於重繪之現場圖中加註說明之。

（一）機車（A車）、腳踏車（B車）之行車方向。

（二）機車原始終止地點A1（機車倒地滑行停止後，未移動前之終止地點）、機車騎士人體終止地點A2、血跡終止地點A3。以上之終止地點可詢問目擊者，如腳踏車騎士或救護車人員或處理員警。

（三）腳踏車煞車後站立之原始終止地點B1。該終止地點可詢問腳踏車騎士。

照片6-7　現場概況（來源：地院卷頁16下）

三、請儘可能查明下列跡證：

（一）現場機車倒地滑行，造成騎士頭部外傷及左側腦內出血，所以機車滑行時必然有速度，倒地滑行後必然會於現場產生刮擦地痕。因此，請查明：該道機車刮擦地痕位於何處？（可詢問處理員警或腳踏車騎士或其家長或相關人員）

（二）在照片6-7中粗框區域內，有一道刮擦地痕，請查明該道刮擦地痕是否為A機車所留下？若是，是A機車何部位所留下？

（三）請向腳踏車騎士查明：

1.右手何處受傷（手指、小手臂、手肘附近，或其他部位，請以照片說明之）？傷勢如何（瘀血、擦傷、撞傷、撕裂傷）？

2.腳踏車於發現危險後，煞車停下來之前，採取何種緊急反應行為（左閃、右閃、直行）？

（四）腳踏車前輪右側有擦撞痕，請查明該痕與機車之何部位發生擦撞？

四、請向奇美醫院查明「機車騎士×××（病歷號碼：×××××××）之血液檢驗結果，乙醇值為0 mg/dL（無酒精反應，詳見地院卷頁7），但於急診病例中卻註記『不知名男性喝酒後機車自撞』（詳見地院卷頁113）？」其原因為何？

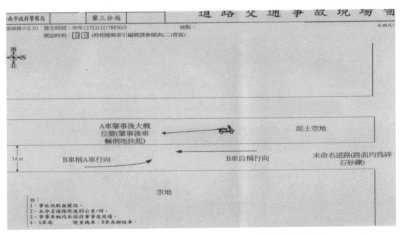

圖6-3　警察承臺灣高等法院臺南分院之命補繪之現場圖

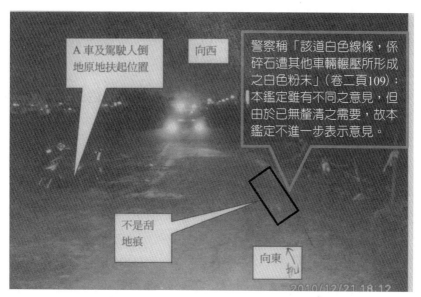

照片6-8　警察補調查後，補充說明之現場照片（卷二頁116、頁109～117）

筆者註明：1.機車站立處即機車倒地後之終止位置（原地扶起）。

　　　　　2.機車行向由東往西（亦即由照片中之下方往上方行駛）。

二、關於「重機車騎士×××是否酒後駕車」之鑑識

（一）由於重機車騎士×××是否酒後駕車亦不明確，無法明確分析肇事原因，因此亦擬文函請原囑託機關臺灣高等法院臺南分院，請奇美醫院應再查明「機車騎士×××（病歷號碼：×××××××××）之血液檢驗結果，乙醇值為0 mg/dL（無酒精反應，詳見地院卷頁7），但於急診病例中卻註記『不知名男性喝酒後機車自撞』（詳見地院卷頁113）？」其原因為何？

（二）奇美醫院查明後，向臺灣高等法院臺南分院回函稱：「依據病歷及救護紀錄表記載，病人為車禍患者，疑似機車自摔，送至本院時意識不清併有嘔吐。無法得知病人是否確切有喝酒，之後仍需以抽血報告乙醇濃度為0 mg/dL為依歸。」

（三）綜上，本鑑定確定「重機車騎士×××無酒後駕車之情形」。

三、關於「重機車騎士×××視力、操作體力」之鑑識

　　×××為「重症肌無力」患者，有「視力模糊、易疲倦」之症狀，到下午、晚上則顯得疲倦無力。相關情形說明如下：

（一）機車騎士×××為「重症肌無力」患者。

1. 行政院衛生署臺南醫院於卷二頁71稱（民國101年4月20日）：「一、個案×××於民國91年○○月○○日至本院初診，……，診斷為重症肌無力症，疑甲狀腺功能障礙及精神官能症，該個案持續於精神科持續追蹤並以藥物治療（91年○○月○○日至99年○○月○○日）……。」共約為9年（註：案發日為99年12月21日）。

2. 柳營奇美醫院於卷一頁8診斷證明書記錄（民國100年1月19日，約事故發生後1個月）：「頭部外傷併左側腦內出血，腦室出血，蜘蛛膜下腔出血，水腦症，低血鈉，肺炎，甲狀腺機能抗進，重症肌無力。……當日接受開顱手術移除血塊，民國99年12月○○日接受腦室腹膜腔引流手術，加護病房：……。」

3. 少女○○○之選任輔佐人於卷二頁47背面稱（民國101年3月27日，臺南分院刑事庭）：「根據奇美醫院的病歷資料記載，被害人已經有20年的重症肌無力病史……。」奇美醫院的病歷資料記載，則參見卷二頁57。

（二）「重症肌無力」患者有「視力模糊、易疲倦」之症狀，尤其運動後更甚，到夜晚則症狀較為嚴重。

　　行政院衛生署臺南醫院於卷二頁71稱（民國101年4月20日）：「三、一般重症肌無力患者（Myasthenia Gravis）的症狀：

1. 初期症狀為眼皮下垂、複視、視力模糊、……，晚期嚴重時可能影響四肢肌力無力麻痺。

2. 平常如醫療不佳，肌肉易疲勞無力，尤其在運動後更甚，因此患者常晨起時狀況較佳，而因工作壓力等，到夜晚則症狀較為嚴重，須短暫休息，使症狀較緩解。」

（三）臺南醫院稱「×××於治療期間」亦有上述症狀，而且「到下

午、晚上則顯得疲勞無力，須短暫休息」。

行政院衛生署臺南醫院於卷二頁71稱（民國101年4月20日）：「二、在治療期間，症狀時好時壞，如有感冒、疲勞或壓力等情況，則症狀較為嚴重，且早上身體狀況較佳，到下午、晚上則顯得疲勞無力，須短暫休息。」

四、關於重機車「左滑右倒」涵義之鑑識

「行進中，重機車手把有突然左轉之現象。而重機車手把突然左轉之原因，是駕駛人『重症肌無力症』之『視力模糊、疲倦無力』所致，因此造成機車突然左轉『操控失當』之行為」。因為：

（一）在本案中，重機車是由右方滑向左方，而且車體右側有倒地滑行之擦痕，這是典型之「左滑右倒」所產生的現象。

（二）「左滑右倒」與「左滑左倒」之涵義不同：

1. 機車若是「自摔」或於摔倒之前無突然轉向之動作，則機車摔倒後滑行，幾乎是呈現「左滑左倒」或「右滑右倒」之現象。

2. 機車倒地滑行後，若出現「左滑右倒」或「右滑左倒」之現象，其行為原因是來自於機車倒地前瞬間手把有突然大角度的轉向所致。而原理是因為機車在向左（或向右）轉向前瞬間，機車質心是朝慣性方向往正前方運動；而於向左（或向右）轉向後瞬間，機車車體則朝前輪方向往左（或往右）運動所致。由於車體向左（或向右）前行，所以倒地後之刮擦地痕是向左（或向右）滑行；又由於車體向左（或向右）前行，而機車質心是朝往正前方前行，所以機車會向右（或向左）倒地。

3. 至於機車倒地前瞬間，手把突然大角度轉向的原因有二：一為他力所致，如被他車（人）撞到前輪或手把或手肘或後視鏡等；二為自力所致，如自己緊急閃避或操控失當等。

4. 綜上，本鑑定推定「重機車於左偏後，未倒地之前，以前輪右側撞到腳踏車之前輪右側，因而導致機車右倒之情形」。

（三）在本案中，本鑑定推定「重機車手把突然左轉之原因，是駕駛人

　　『重症肌無力症』之『視力模糊、疲倦無力』所致，因此造成機
　　車突然左轉『操控失當』之行為」。因為：

1. 重機車於失控「左滑右倒」之前，其右手把並沒有遭受到「由後往
　 前」之撞擊力（他力）。
2. 重機車騎士×××為「重症肌無力」患者，有「視力模糊、易疲
　 倦」之症狀，到下午、晚上顯得疲倦無力；因此在傍晚、天色昏暗
　 的情境下，×××駕駛機車時，是容易產生操控失當的情形。
3. 重機車缺乏緊急閃避之情境，因為未發現腳踏車有行經重機車車道
　 之情形。本項理由，請參見下述「參、肇事重建」之一之（二）之
　 說明。

參、肇事重建

一、兩車對向擦撞地點與行車軌跡之鑑定

　　兩車對向擦撞地點位於重機車行車方向之對向（左方）車道上，亦
即位於腳踏車之行車車道上。同時，未發現腳踏車有行經對方車道之情
形，因此本鑑定推定「腳踏車始終靠右行駛，行駛於自己之車道上」。
因為：

（一）重機車有行經或滑過對方車道之情形。因為：

1. 從警察補蒐集之相關證據中（參見圖6-3、照片6-8），得知「重機車
　 行車方向為由東向西，肇事後機車終止位置位於道路南側之路旁空
　 地上；亦即重機車終止於對向（左方）之路旁空地上」。
2. 從重機車騎士家屬自繪之現場圖中（詳參見圖6-2），得知「『擦撞
　 地點』位於重機車行駛方向左側路邊『碎石空地』內；亦即重機車
　 有駛入或滑過對向車道之情形」。
3. 綜上，警察與重機車騎士家屬對於重機車之行車方向、終止位置或
　 擦撞地點之舉證，完全一致，故本鑑定推定「重機車有行經或滑過
　 對方車道之情形」。

（二）未發現腳踏車有行經對方車道之情形，反而分析出「腳踏車極可

能是合乎規定的靠右行駛情形」。因爲：

1. 警察、腳踏車騎士與重機車騎士家屬對於腳踏車之行車方向並無爭議，咸認「腳踏車行車方向由西往東」。

2. 腳踏車於發現危險時，即已煞住站立，於事故發生後也未倒地。

   (1) 依據卷一頁3背面警察之調查筆錄，對方（腳踏車騎士○○○）稱「我駕駛腳踏車沿○○路○○段○○巷旁未命名道路西向東行駛，當時我往前直行，我發現對方時，對方從對向一直朝我駛來，我以爲對方應該會閃過，結果對方沒有做閃避動作，直接擦撞到我右手，之後對方人車倒地，我沒有倒地。……我右手受傷」。

   (2) 依據卷一頁154臺南地院少年訊問筆錄，腳踏車騎士少女○○○稱「當時看到被害人機車的位置大約有法官到法庭最外大門面大約十五公尺左右，我繼續騎車，被害人在距離我約二公尺的時候，被害人看到我好像嚇一跳，因爲當時沒有路燈，我也腳踏車也沒有燈，我煞車煞住，但對方沒有煞住，又側倒在地，被拖行一段時間，我就趕快打電話給家人，家人就去報警。」

3. 腳踏車雖然有「向左偏向」之跡證，但因已「煞車煞住」，故本鑑定「未發現腳踏車有向左偏行，行經對方車道之情形；反而分析出腳踏車極可能是合乎規定的靠右行駛情形」。因爲：

   (1) 腳踏車前輪右側有擦撞痕（參見照片6-6）、騎士右手小指有擦撞之小傷（參見卷一頁3背面倒數第7行、卷二頁109倒數第7行及頁115照片）、腳踏車右手把端有擦撞痕（參見照片6-5）等，這些跡證都顯示「腳踏車擦撞時，其手把有向左偏向之情形」。

   (2) 由於腳踏車於擦撞時「已煞車煞住」，而且「前輪有向左偏向」之情形。因此：

   A. 若腳踏車有向左侵入對方車道，則當發現危險時，駕駛人下意識反應應該是向右閃避；若是向右閃避之情形，則腳踏車前輪右側、右手把端不會被機車擦撞到；但事實上，腳踏車前輪右側、右手把端均有擦撞痕。因此，腳踏車不是向左侵入對方車道之情形。

B. 若腳踏車靠右行駛，則當發現危險時，駕駛人下意識反應應該是向左閃避；若是向左閃避之情形，則腳踏車前輪右側、右手把端可能會被機車擦撞到，則與本案之擦損情節互相吻合。因此，本案腳踏車極可能是在靠右行駛之情形下，與重機車發生對向擦撞。

（三）綜上，本鑑定推定「兩車擦撞地點位於重機車對向之車道上，亦即位於腳踏車之行車車道上」。同時，未發現腳踏車有行經對方車道之情形，因此本鑑定進而推定「腳踏車始終靠右行駛，行駛於自己之車道上」。

二、兩車擦撞過程之重建

重機車與腳踏車兩車對向行駛，行駛於路寬約3.6公尺、未劃設道路中心線之產業道路上（水泥路面、路面有砂石、路面不平），當時天已黑，視線不良。

兩車於相距約15公尺時，腳踏車即已發現重機車，並繼續往前靠右騎乘。但重機車騎士不但因「重症肌無力症」視力模糊之故，未及時發現腳踏車；而且也因「重症肌無力症」易疲勞之故，突然「操控失當」而向左侵入腳踏車之行車車道。

當腳踏車發現重機車偏左侵入自己車道時，立即煞車停住，手把並略微向左閃避，而分別以前輪右側、右手把端及右手小指與重機車之右側相對應部位發生擦撞。

擦撞後，腳踏車並未倒地，僅右手小指輕微受傷。但重機車向右側倒地、向左滑行，導致重機車滑行終止於對向（左側）路旁之碎石空地上；重機車倒地滑行過程中，因騎士安全帽已脫落，因騎士落地時頭部撞擊到路面，故導致重機車騎士腦內出血、一直無法言語。

三、兩車擦撞原因之分析

重機車騎士×××因「重症肌無力症」視力模糊、易疲勞之故，重

機車突然「操控失當」而左偏，而侵入對向車道肇致事故，是為肇事原因，而且重機車騎士×××無駕駛執照。

　　腳踏車始終靠右行駛，行駛於自己之車道上；腳踏車雖未裝設燈光、反光與鈴鐺等安全設施，但與本事故之肇事原因無關，故腳踏車無肇事原因。

（一）道路交通安全規則第95條規定「汽車……應靠右行駛」

　　「汽車除行駛於單行道或指定行駛於左側車道外，在未劃分向線或分向限制線之道路，應靠右行駛。但遇有特殊情況必須行駛左側道路時，除應減速慢行外，並注意前方來車及行人」。

（二）少女之腳踏車始終靠右行駛，行駛於自己之車道上

　　從本節「參、肇事重建」之「一、兩車對向擦撞地點與行車軌跡之鑑定」中，得知「少女之腳踏車始終靠右行駛，行駛於自己之車道上」。

（三）腳踏車未裝設燈光、反光與鈴鐺等安全設施之行為，與本事故之肇事原因無關

　　該道路路寬3.6公尺，當腳踏車與機車兩車交會通行時，路寬仍顯得很充足，因此若兩車均靠右行駛，則該事故必然不會發生。即使在天色昏暗的情況下，腳踏車未裝設燈光之照明設施、反光與鈴鐺之警示設施，若兩車均靠右行駛，則該事故仍然不會發生。故腳踏車未裝設燈光、反光與鈴鐺等安全設施，對於該事故之發生，並非屬於促成之要件。所以，腳踏車未裝設燈光、反光與鈴鐺等安全設施之行為，與本事故之肇事原因無關。

（四）本事故是重機車突然左偏侵入對向車道所致，故肇事原因是重機車未靠右行駛；而且重機車騎士×××無駕駛執照

　　從本節貳之「三、關於『重機車騎士×××視力、操作體力』之鑑識」、「四、關於重機車『左滑右倒』涵義之鑑識」中，得知「行進中，重機車手把有突然左轉之現象。而重機車手把突然左轉之原因，是

駕駛人『重症肌無力症』之『視力模糊、疲倦無力』所致，因而造成機車突然左轉『操控失當』之行為」。故肇事原因是重機車未靠右行駛，而且重機車騎士×××無駕駛執照。

肆、肇事重建結果

在傍晚，天色昏暗，視線不良的情境下，男士×××騎重機車，少女○○○騎腳踏車，兩車對向行駛於3.6公尺寬、未劃分向線、路面有缺陷之產業道路上（水泥路面、路面有砂石、路面不平）；因發生對向擦撞事故，導致重機車騎士×××腦內出血、一直無法言語。

本案經補蒐證、肇事重建後，有關兩車之肇事責任，說明如下：

一、重機車騎士×××患有「重症肌無力症」，因該症所產生之視力模糊、傍晚時容易疲勞等原因，導致重機車突然「操控失當」而左偏，而侵入對向車道，於對向車道與腳踏車發生對向擦撞事故。擦撞後，重機車左滑右倒，終止於對向（左側）路旁之碎石空地上；滑行過程中，因×××安全帽已脫落，因×××落地時頭部撞擊到路面，故導致×××腦內出血、一直無法言語。因此，×××騎重機車突然左偏、未靠右行駛，是為本案之肇事原因，而且騎士×××無駕駛執照，故重機車騎士×××應負肇事責任。

二、少女○○○騎腳踏車始終靠右行駛，行駛於自己之車道上，腳踏車雖未裝設燈光、反光與鈴鐺等安全設施，但與本事故之肇事原因無關，因此少女○○○無肇事原因，無肇事責任。

第三節　鑑後結語：對撞型態的關鍵蒐證

本案屬對撞型態[3]，因警察蒐證時遺漏了「兩車撞擊地點」的跡

3　雙車的事故型態，於學理上有四種：對撞（車頭碰車頭）、角撞（車頭碰車側）、擦撞（車側碰車側）、追撞（車頭碰車尾）；警政署另增加了側撞（轉彎車碰直行車）一種。

證，導致了行政鑑定「無法研析何車未靠右行駛」，而促成了地院少年法庭做了不吻合實情的裁定。幸好筆者運用了「行車軌跡」的原理，透過法院請警察補蒐集「滑行軌跡」的相關跡證，因而釐清了案情。因此，本節提出「對撞型態，如何蒐集關鍵跡證」的觀點以供參考使用。

壹、對撞型態的關鍵證據：撞擊地點或行車軌跡

一、路權的說明VS.誰越線（誰跨越道路中心線）

在靠右行駛的國家中，對向行駛的車輛，如果都各自靠右行駛於自己的車道中，則一定不會發生碰撞的事故；但假若發生事故了，則必然有其中一輛當事車跨越道路中心線或道路中心，或兩輛當事車都有跨越。因此，對撞型態的交通事故，依於行車路權之引導，蒐證人員的蒐證關鍵思維就是「誰越線：誰跨越道路中心（線）」。

以本案為例，一腳踏車與一重機車對向行駛於3.6公尺之產業道路上，若各自靠右行駛，則不會發生事故；而事實既然發生對撞型態之事故，則至少有一車輛跨越道路中心線（虛置之線）。

二、關鍵證據的說明

假如甲乙兩車發生對撞型態之事故：

（一）最簡單又最能證明「誰越線」的證據就是「撞擊地點」

1. 撞擊地點：兩車發生碰撞時，於路面上產生碰撞之確實位置，稱為撞擊地點。
2. 撞擊地點若位於甲車車道上，則是乙車越線（跨越道路中心線）；反之，撞擊地點若位於乙車車道上，則是甲車越線。
3. 能指出「撞擊地點」位置的跡證，最常見者有散落物、刮擦地痕。

而在擦撞當中，又分為對向擦撞、同向擦撞兩種。在這五到六種的事故型態中，由於「對向擦撞」與「對撞」的蒐證法則完全相同，其關鍵路權、關鍵證據、關鍵跡證都完全相同，故本文以為也可將原屬「擦撞」型態的「對向擦撞」歸類於對撞型態之中。所以，以下所稱之對撞型態包含有「對撞」、「對向擦撞」兩種。

（二）複雜，但能證明「誰越線」的證據是「行車軌跡（行駛跡線）」

兩車發生對撞型態之後，假如現場沒有遺留或找不到任何散落物、刮擦地痕，缺乏足以指出撞擊地點之跡證，則務必要尋找並能證明關於「行車軌跡（行駛跡線）」位於何處之跡證。

1. 行車軌跡（行駛跡線）：包含碰撞前之運行軌跡、碰撞時之撞擊地點、碰撞後之滑行軌跡。

   (1) 碰撞前之運行軌跡：主要為當時之行駛方向、車道、車速等。

   (2) 碰撞時之撞擊地點：主要為對應部位、當地車道配置等。

   (3) 碰撞後之滑行軌跡：主要為人、車、物、痕之終止位置與方向等。

2. 由於行車軌跡具有連貫性，所以能得知「撞擊地點」之位置

(1) 前提：要先知道（調查）兩車對撞或對向擦撞時之「對應部位」

亦即要能先確認碰撞型態。以本案為例，至少得知腳踏車之對應部位為「前輪右側、右手把端及右手小指」，因而能確認兩車是對向擦撞無誤。

(2) 行車軌跡具有連貫性

由於從碰撞時之碰撞型態，可以分別連結到碰撞前之運行軌跡、碰撞後之滑行軌跡，因此在已得知「對應部位」、「碰撞型態」之前提下，若能再有「碰撞前運行軌跡」、「碰撞後滑行軌跡」之相關跡證，即能得知或驗證「撞擊地點」位於何處。

以本案為例，筆者於鑑定本案時，即運用了這「行車軌跡具有連貫性」的原理，而對這必然存在、尚未退失跡證的終止位置加以補調查（補蒐證），而釐清了「撞擊地點」位於腳踏車行駛車道之真相。

貳、能指出「撞擊地點」的跡證：散落物、刮擦地痕

一、撞擊後車上物體「散落原理」之描述

（一）散落原理：示意如圖6-4

　　兩車（物）體發生碰撞的地點，稱為撞擊地點；車輛碰撞後，車上的物體會以兩車（物）體碰撞後合力速度$\vec{V}$的大小、方向飛落，同時往地面的方向以自由落體的方式自由掉落，於掉落到地面時的地點，稱為掉落地點；掉落到地面後，若會滾動或滑動者，則繼續往合力速度$\vec{V}$的方向滾動或滑動，而隨合力速度$\vec{V}$的大小而滾行或滑行一段距離後而終止於終止位置。該車上物體於撞擊後之散落示意圖如圖6-4所示，在圖6-4之散落過程中，是針對沒有遇到障礙物而言，若遇到障礙物，則遇障礙物後之合力速度$\vec{V}$的大小、方向將從新另予計算。

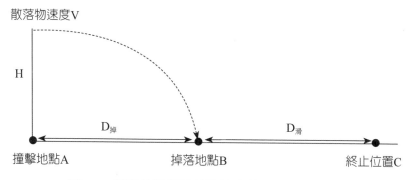

圖6-4　撞擊地點與散落物終止位置遠近示意圖

（二）撞擊散落示意圖（圖6-4）中符號之涵義

$$H = (1/2)*g*t^2 \qquad \cdots 公式6\text{-}1$$

H：散落物體原先位於車輛上時，距地面之高度（公尺）

g：重力加速度9.8m/s²（9.8公尺／秒²）

t：掉落之時間（秒）

$$D_{終} = D_{掉} + D_{滑} \qquad\qquad \cdots 公式6\text{-}2$$

$$D_{掉} = V*t \quad V：合力速度之大小（公尺／秒）\quad \cdots 公式6\text{-}2\text{-}1$$

$$D_{滑} = S^2/[254*(f\pm e)] \qquad\qquad \cdots 公式6\text{-}2\text{-}2$$

S：散落物合力速度之大小（公里／小時）

f：散落物與路面之摩擦係數

$f_{機}$：機車車體與路面之摩擦係數，$f_{機} = 0.5 \sim 0.55$[4]

e：坡度，上坡取 +，下坡取 −

$D_{滾} > D_{刮} > D_{滑}$

二、機車「倒向痕」不能疏漏：刮擦地痕、終止位置、倒地方向

（一）機車傾倒滑行過程

　　機車失去重心時（傾向角度約大於45度時）即開始傾倒，開始傾倒後，當機車車體摩擦到地面時即產生刮擦地痕，刮擦地痕的起點就是圖6-4中的「掉落地點B」，而開始傾倒地點則是圖6-4中的「撞擊地點A」；當機車觸地後即開始滑行，機車車體質心所滑行的距離即為「$D_{滑}$」，滑行了「$D_{滑}$」距離後即終止於現場之終止位置。

（二）「機車刮擦地痕」一定存在，除非沒有車速，不要疏漏

1.「機車刮擦地痕」一定存在，除非沒有車速

　　機車由於只有兩輪，所以於遇到危險時很容易傾倒，一旦傾倒，則必然產生刮擦地痕[5]，除非沒有車速，若有車速則一定有刮擦地痕，即使下雨天也應該留存有刮擦地痕。

4　許哲嘉等6人（2007.9），機車刮地痕摩擦係數試驗，九十六年道路交通安全與執法研討會論文集，頁C59～C72，中央警察大學。

5　刮擦地痕包含刮地痕、擦地痕；刮地痕除了於路面有顏色變化之外，路面更有形成凹槽的現象，這凹槽是比路面還堅硬的物體（如鋼鐵），由高處往地面掉落撞擊地面時，或撞擊後重壓於前段滑行時所形成者。擦地痕，則是於路面只有顏色的變化，而沒有形成凹槽現象的摩擦痕，這通常是機車車體與路面平行摩擦時所形成者。

2. 「機車刮擦地痕」的用途

(1) 能得知倒地地點、當時行駛位置

A.從圖6-4的示意，搭配刮擦地痕的起點位置、方向、長度，可得知開始倒地的地點，進而得知機車當時行駛的位置。

B.機車傾倒時間約為0.22秒（$t_{倒} \fallingdotseq 0.22$秒）：因為機車傾倒時，首先與地面摩擦的部位通常是機車的立腳柱，而不是偏腳柱，其倒地時間約為0.22秒。

(2)從「刮擦地痕的形狀」能得知倒地後有無受到外力的碰撞

A.直線型：滑行過程，沒有外力進來。機車倒地後滑行，由於沒有外力進來，是屬於慣性運動，所以其刮擦地痕的形狀是直線型。

B.非直線型：滑行過程，有受到外力作用或碰撞。

C.突然轉折：滑行過程，受到外力大力的撞擊而改變方向，故該轉折點為撞擊地點。如照片6-9之說明。

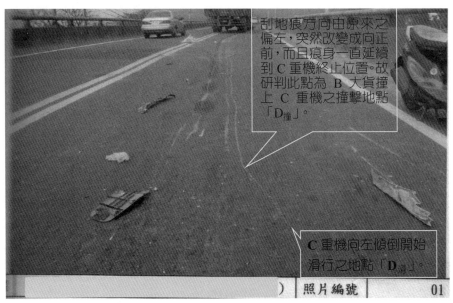

刮地痕方向由原來之偏左，突然改變成向正前，而且痕身一直延續到 C 重機終止位置。故研判此點為 B 大貨撞上 C 重機之撞擊地點「$D_{撞}$」。

C 重機向左傾倒開始滑行之地點「$D_{滑}$」。

照片 6-9　刮擦地痕轉折點為撞擊地點

(3) 能得知倒地前的車速

丈量刮擦地痕的長度（D$_\text{滑}$），帶入公式6-2-2中，可以得知機車倒地前的車速。

(4) 能得知終止位置、機車有無被移動

一般而言，機車終止位置是位於刮擦地痕之終點處。

(5) 能用以分辨刮擦地痕之歸屬

結合其他特徵，能用以分辨刮擦地痕為哪一部機車所留，亦能用以分辨現場之刮擦地痕是否為本次事故所留。

3. 對「機車刮擦地痕」應仔細勘查與蒐證

(1) 「機車刮擦地痕」蒐證之必要性

由於「機車刮擦地痕」一定存在於現場（除非車速接近於零），而且能告知上述這許多的含意，所以蒐證人員應仔細勘查與蒐證，以免成為懸案或冤案。

(2) 「機車刮擦地痕」之蒐證方法：一邊勘查一邊拍照

為了避免疏漏了對「機車刮擦地痕」的蒐證，蒐證人員可以從機車終止位置處開始，往上游的方向（往機車駛來的方向）一邊勘查一邊拍照。若有刮擦地痕，則能將其形狀、位置拍攝下來；若未發現有刮擦地痕的存在，也能證明現場沒有刮擦地痕，能證明機車倒地前的車速接近於零，而不會讓不在現場的關係人員誤以為處理警察遺漏了刮擦地痕的蒐證。

(3) 本案之檢討：必有刮擦地痕，但卻遺漏了

以本案而言，機車騎士發生事故後，頭部有外傷，顱內出血，足見其倒地前有一定的車速，機車於倒地後必然有刮擦地痕；即使蒐證人員不知道騎士頭部有外傷，不知道現場有無血跡，但憑著救護車已將騎士送往醫院的訊息，若再佐以少女的說詞，就足以驗證機車倒地前一定有車速，就應該發動勘查蒐證機車刮擦地痕的作為了，而本案卻遺漏了。顯然，現場蒐證的員警並未具備現場蒐證的基礎能力。

（三）「機車終止位置」一定存在，若已移動，需現場查明並註記

1.「機車終止位置」一定存在，它是連結滑行軌跡的關鍵跡證

若遺漏了「機車終止位置」，又遺漏了其他與滑行軌跡相關的跡證，則幾乎無法瞭解碰撞後之滑行跡線了，這對蒐證而言，是一個很重大的漏失。因為在眾多的滑行軌跡跡證中，如刮擦地痕、散落物、血跡、駕駛人之衣物、機車終止位置等，機車終止位置一定存在，務必要調查與蒐證，不可以漏失。

2. 若機車已移動，應查明「移動前之終止位置」，勿僅註記「機車已移動」

(1) 肇事後移動機車終止位置，現象雖普遍，但實不合法

實務上，機車於發生事故後，很多人很自然地就將機車扶起，甚至於牽到路邊不影響車輛通行之處所站立停放著。這舉動本無可厚非，但事故現場若有人受傷或重傷，基於保護現場、維護真相優位於暢通交通的人本思維，實不適合去移動機車。

而且，在有人受傷的事故中，若未取得所有當事人的同意，即逕自移動肇事車輛者，或移動車輛前未先加以標繪者，《道交條例》第62條是有處罰規定的，足見肇事者或關係人不得任意移動肇事車輛，亦足見肇事者或關係人於移動車輛前有先標繪車輛終止位置的義務。

(2) 法律既課以人民於移動車輛前有先標繪的義務，即表示警察有查明之責任

《道交條例》既已要求駕駛人移動車輛前要有先標繪的作為義務，刑法也有課以人民不得破壞現場的義務，則當負責蒐證的警察於抵達事故現場後，發現肇事車輛已移動而且未先加以標繪時，則警察即有查明「肇事車輛移動前終止位置」的責任。警察應進一步查明「是誰將車輛移動了」、「為什麼要移動車輛」、「機車移動前之倒地位置在哪裡」等問題，並將調查之過程與結果，註記於現場圖中，或記錄於相關文件中。負責現場蒐證之警察實不應該再以「學長沒有教」為理由，而未進一步查明，而僅以「肇事車輛已移動」註記於現場圖即交差了事。

　　至於警察於查明「肇事車輛移動前之終止位置」等相關問題之後，是否對任意移動肇事車輛者開單舉發，筆者以為應該依法行事，若符合構成要件，也有故意或過失之責任條件，則以開單舉發為宜，以督促並履行共同保護交通事故現場的責任。

(四)「機車倒地方向」與撞擊地點的關係雖不大，但與行車軌跡則很強

1.「碰撞部位」對「機車倒地方向」具有決定性的關係

　　研究表明[6]，若碰撞部位為「機車前部」，機車倒地方向主要由陀螺力矩決定；若碰撞部位為「機車後部」，機車倒地方向主要由碰撞高度與機車重心高度決定。茲簡要整理如下：

(1)「碰撞部位」區分為「機車前部」、「機車後部」

A.機車前部：指機車於碰撞後，會造成前輪改變方向的部位。如前輪、前輪蓋、前叉、把手、照後鏡、手肘等。

B.機車後部：指「機車前部」以外的部位，均屬之。如車架、車殼、引擎、傳動系統、後懸吊系統、排氣管、後輪、車牌、扶手架等。

(2) 碰撞到「機車前部」時

A.造成前輪左偏時（撞到右側時）：則向右側傾倒。

B.造成前輪右偏時（撞到左側時）：則向左側傾倒。

(3) 碰撞到「機車後部」時

A.碰撞高度高於機車重心高度時：往力去的方向傾倒；如左撞右倒，右撞左倒。

B.碰撞高度低於機車重心高度時：往力來的方向傾倒；如左撞左倒，右撞右倒。

2. 同向擦撞時：右滑右倒可能是自摔，右滑左倒可能是遭撞左前部

　　一個倒地方向之不同，其肇事原因可能完全不同，故蒐證人員應仔細蒐證、分辨、偵辦。在筆者所鑑定過的案例中，有如下之發現：

---

[6] 張超群（2015.11），機車倒地方向的力學分析及其在行車事故鑑定之應用，交通學報，第15卷第2期，頁191～頁224，中央警察大學。

(1) 左前部被追擦撞到時，都呈現出「右滑左倒」之現象

「右滑左倒」是指機車向騎士之右側滑行，留下刮擦地痕向右滑行之痕向，而機車向左傾倒之現象。

如彰化新聞影片案、高低差影片案、開棺驗屍案、貢寮案、鶯桃路案、大里元堤案、文英父案、土城案、中壢工業區案等。

(2) 機車（含騎士）沒有被外力撞到時，都呈現「右滑右倒」或「左滑左倒」之現象

「右滑右倒」是指機車或刮擦地痕向騎士右側滑行，機車也向右側傾倒之現象。如救人卻被誣指案、樹林橋案等。

三、能指出「撞擊地點」的跡證

存在路面上之散落物、刮擦地痕等跡證，都能指出「撞擊地點」所在之位置，茲依這些跡證的終止位置與距離撞擊地點的遠近，及如何蒐證等再說明如下：

（一）即是撞擊地點

以下這些跡證所座落的位置，就是撞擊地點：

1. 機車刮擦地痕轉折痕處

可參見照片6-8之說明。

2. 四輪汽車煞車痕突然中斷點（尚有短促偏滑變寬之跡象）

汽車於煞車過程中若發生撞擊時，將導致駕駛人踩住煞車踏板之腳會滑掉而使車輛失去煞車作用，因此煞車滑痕會突然中斷，並於中斷處出現短促偏滑變寬之跡象；這短促偏滑變寬之方向就是撞擊之後車輛滑行的方向，如照片10-7。

3. 行人雨傘終止處

行人撐傘被車輛撞到時，人傘立即分離，人往汽車行進的方向飛落，而傘則往正上方直升，並往正下方掉落於被撞之位置上；因此，這傘在現場終止的情形，若不會被風吹走而移動，或沒有被人將它移動位

置,則傘之終止位置就是撞擊地點。

(二)靠近撞擊地點（即「掉落地點」）

如刮擦地痕起點處、水果或液體噴濺痕處、落塵處、衣服終止處等。

(三)遠離撞擊地點（即「終止位置」）

車（物）體散落物終止處。這些車（物）體散落物如燈片、車（物）體碎片、落土、裝載物掉落之碎物、人體、血跡、鞋、眼鏡、手機、機車車體、安全帽等。

(四)如何蒐證：針對影響遠近之變項加以蒐證

從圖6-4中,可以瞭解散落物之終止位置與撞擊地點的遠近,會受到下列這些變項的影響：散落物之歸屬（屬於何車）、散落物之高度（圖6-4中之H）、散落物之合力速度（與車速大小、行車方向有關）、散落物之形狀（是滑動或滾動）、散落物之材質（與摩擦係數有關）、散落物之終止位置（含終止型態）、當時散落環境等。

在上述八個影響變項中,比較容易為蒐證人員所疏漏者為散落物之歸屬（屬於何車,用拍照的）、散落物之高度（圖6-4中之H,用丈量的）的調查與蒐證。此一容易疏漏者,蒐證人員宜瞭解並注意之。其餘的六項,除了合力速度的蒐證比較特別之外,都可採用拍照的方式加以蒐證。

參、能指出「行車軌跡（行駛跡線）」的跡證

對撞型態的關鍵跡證首要在於「撞擊地點」的跡證,假如現場缺乏這首要「撞擊地點」的關鍵跡證,則需要調查蒐證「行車軌跡（行駛跡線）」的相關跡證了。雖然「行車軌跡（行駛跡線）」的跡證比較多,運用於肇事重建時的計算分析也比較複雜,但「有總比沒有好」,因此,蒐證時若能從中取得一些,當然是愈完整愈好,則仍很有助於「誰

越線：誰跨越道路中心線」之眞相的釐清。

　　有關能指出「行車軌跡（行駛跡線）」的跡證，則簡述如下：

（一）關於「撞擊前運行軌跡」之跡證

1. 現場基本跡證：路型路況、天候照明、車輛設備、車流狀況等。
2. 當時行車跡證：當事車輛行駛方向、車道、車速等，尤其是駕駛人之身心狀態、對危險之感知過程（地點）與反應行爲等。

（二）關於「撞擊時撞擊地點」之跡證：主要爲「對應部位」之跡證

　　如當事車輛互相碰撞之「對應部位」，及其位於車體之位置、車損特徵、體傷特徵等。

（三）關於「撞擊後滑行軌跡」之跡證：人、車、物、痕之終止位置

　　主要爲人體（血跡）、車體、物（散落物）、痕（胎痕、刮擦地痕、掉落痕）等之終止位置與方向等。

肆、結語：特別提醒

　　綜上，現場蒐證人員，或審核分析人員，或行政鑑定人員，或司法人員，或其他關係人員，在對撞型態事故之偵辦中，應隨時檢視「撞擊地點」、「行車軌跡」之相關跡證有無疏漏或錯誤，尤其是「撞擊地點」之相關跡證；若發現有疏漏或錯誤之情形，則應盡速補正，以免造成冤案或懸案之結果，特以提醒之。

|第七章|
冤懸假案：中壢案
（追撞？）——無鑑定書

本案類型：冤案、懸案、假現場（機車VS.大貨車），其關鍵跡證：刮擦地痕、輪胎緊貼（應該認識力與跡證之關係）。而有關有蒐、漏蒐、冤懸原因之說明如下：

一、有蒐：刮擦地痕弧線之特徵、兩車輪胎緊貼。

二、漏蒐：未發現假現場、漏蒐對應部位、疏未扣車查證。

三、冤懸原因：未發現假現場、蒐證疏漏、蒐證人員主觀。

四、應具知能：認識力與跡證（刮擦地痕、輪胎緊貼）之關係、蒐證邏輯（對應部位、肇事過程）、蒐證倫理。

第一節　案情摘要：機車追撞貨車？側撞貨車？

壹、肇事經過摘要

一、肇事時間：81年1月○○日早晨約6時

二、肇事地點：桃園中壢工業區某路口

三、肇事型態：追撞？側撞？

四、涉案車種：大貨車VS.機車（夜遊大學生）

五、死傷情形：機車騎士死亡

六、肇事經過：大貨車於該路口左轉（由南向西），機車由南向北直行，夜遊返家之機車行駛於大貨車後方；發生事故時，無目擊者，學生騎士當場不能講話，送醫後不治死亡。

貳、案情經過摘要

一、警察蒐證經過

　　警察到達事故現場後，大貨車司機對警察稱「我左轉時，機車從我車後方追撞上我，我發現被撞上後立即停車」，「機車應該是行經路面人孔蓋時滑倒，滑倒後自行追撞上我車後方」。警察於現場僅拍攝6張照片，本文所用之現場照片有2張，如照片7-1、7-2所示。

二、訴訟與行政鑑定經過

　　本案經警察移送地檢署，地檢署囑託地區鑑定會、省市覆議會，針對「肇事過程與原因」加以鑑定，但行政鑑定之結果都是「跡證不足，本會未便據以鑑定（覆議）」。距案發時間約2年後，由於大貨車司機仍拒不賠償機車騎士家屬，檢察官乃將本案函送至本校實施學術鑑定。

照片7-1　刮擦地痕位置與弧線型態之特徵

照片7-2　現場兩車終止位置（輪胎緊貼）與無車損特徵

第二節　跡證解讀：司機說謊、現場是假的

　　本案於學術鑑定期間，過程中可以得知幾項重要結論：一、「大貨車司機說謊」；二、「現場是假的，但檢警並未發現」；三、「檢警漏失了『對應碰撞部位』之關鍵跡證」等重要問題。因此，造成本案混沌不明，成為「懸案」，茲再分析如下。

壹、大貨車司機說謊

　　參據照片7-1，從機車遺留刮擦地痕之位置，與刮擦地痕型態是弧線之特徵，可得知下列事項：

一、人孔蓋之前即已產生機車刮擦地痕

　　故得知「機車於人孔蓋之前即已倒地」，而非行經人孔蓋時才滑倒。

二、該道機車刮擦地痕之型態是「弧線，而不是直線」

故得知「機車倒地後，並非自行滑行，而是被帶著滑行」。

（一）由於力學慣性之原理：機車倒地後，若是自行滑行，則其刮擦地痕之線型會是「直線」

機車倒地後若是自行滑行，則屬「慣性：靜者恆靜，動者恆動」之現象，則其刮擦地痕會朝機車原來行車方向滑行，而呈現出「直線」之特徵；但本案事實上，該道刮擦地痕並非直線，而是弧線，所以機車倒地後並非自行滑行。

（二）由於力學作用力之原理：「弧線」之刮擦地痕，表示有外力介入

這「弧線」的刮擦地痕，表示這是機車倒地後被帶著滑行所致；這是機車倒地後有被外來之力量作用到的現象，而且該力量之作用方向是沿著該道弧線方向前進。故機車倒地後，應該是被正在左轉的大貨車帶著滑行才是。

綜上，得知大貨車司機稱「機車應該是行經路面人孔蓋時滑倒，滑倒後自行追撞上我車後方」，這句話是假的。

貳、現場是假的，但檢警並未發現

參據照片7-2「現場兩車終止位置（輪胎緊貼）與無車損特徵」，可得知下列事項：

一、兩車終止時，機車輪胎與大貨車輪胎是「緊密貼合在一起」，這是人為的假現場！

兩互撞之輪胎不會緊密貼合在一起，因此這可能是人為加工的現象，理由是：輪胎主要是由橡膠組成之物體，當內部充滿著氣體時，若是互相碰撞，則必然會反彈。因此，當機車倒地後，若自大貨車後方追撞上去，則兩車輪胎互撞後，必然會因反彈而分開，但現場兩車之輪胎卻「緊密貼合在一起」，此現象明顯違反了輪胎互相碰撞後必然反彈的

原理，因此這極可能是人為加工的現象。

二、機車若是追撞大貨車，大貨車後方底盤應該要有擦撞痕跡，但事實上卻沒有，這是假現場！

從照片7-2可以得知「大貨車後方底盤沒有任何擦撞或擦拭之痕跡」，又從照片7-2也得知「機車是右倒！而且是右倒終止於大貨車後方底盤之正下方處」。

機車若是從後方追撞上大貨車，機車車體必然會撞上大貨車後方之底盤處，則後方底盤處應該要有撞擊痕跡；即使機車是先向右傾倒再追撞上大貨車，則向右飛出之騎士身體或衣物也會擦撞或擦拭到後方底盤處而留下痕跡。但事實上，大貨車後方底盤卻沒有任何撞擊或擦撞或擦拭之痕跡。

因此，大貨車後方底盤沒有任何碰觸痕跡的現象，指出「機車不是從後方追撞上大貨車」。

三、大貨車司機的另一句謊話

歸納「壹」與「貳之一、二」之分析，可以具體得知大貨車司機對警察稱「我左轉時，機車從我車後方追撞上我，我發現被撞上後立即停車」，這句話亦為假話。

四、待證疑點：這是假現場！「對應碰撞部位」在哪？

綜上，大貨車應是於肇事後，利用四下無人時，將大貨車倒車，倒車到機車終止位置前方而停下，製造一個「機車從後方追撞上來」的「假現場」，以規避自己之責任。可惜檢警並未發現，亦並未立即追查兩車之「對應碰撞部位」各位於車體的何處，並針對其「車損（痕）特徵並加以比對」，導致錯失查證與蒐證之良機。

參、缺乏兩車「對應碰撞部位」之「車損（痕）照片」

綜上，再由機車刮擦地痕是「弧線」、機車是右倒但散落物卻位於

刮擦地痕左側等特徵來觀察，兩車之「碰撞過程」與「對應碰撞部位」最可能的情形是：「直行機車撞上正在左轉彎之大貨車左側車體（左後輪處），撞上後之機車，被左轉彎之大貨車帶著前行，才會出現『弧線』之刮擦地痕、機車右倒、散落物位於刮擦地痕左側、大貨車後方底盤沒有任何碰觸痕跡的現象」。

但大貨車左側車體最清楚之照片卻是「全車攝影」之內容，不但缺乏「部位攝影」，而且缺乏「特徵攝影」之內容。同時，機車車損照片也缺乏。因此，本案檢警漏失了關鍵跡證──兩車「對應碰撞部位」之「車損（痕）特徵照片」。

肆、大貨車疑有肇事原因

兩車之「對應碰撞部位」若能透過所蒐集之跡證而加以證實，則「碰撞過程」亦將能獲得釐清。本案最可能之肇事情形是大貨車左轉彎時未讓左後方直行之機車先行，大貨車可能有肇事原因、有肇事責任。但本案之大貨車卻因檢警蒐證的疏漏而脫罪了！真令人唏噓！

第三節　鑑後結語：盡己所能，協助強化蒐證能力

壹、本案未出具鑑定書；因為地檢署撤回囑託鑑定

學術鑑定期間，各項跡證清楚呈現「大貨車司機說謊」、「現場是假的」、「大貨車疑有肇事原因」等特點，正擬著手撰寫鑑定報告書時，突然接獲地檢署來函稱「大貨車司機已道義上補償機車騎士家屬○○萬元，⋯⋯將本案所有卷宗檢還本署⋯⋯」等語。

又由於本案於蒐證上完全疏漏了兩車「對應碰撞部位」之「車損（痕）照片」，而且已距案發時間約2年，該「對應碰撞部位」之車損痕跡早就不見，已無法補蒐證而成為一宗懸案了！故筆者並不想出具鑑定書，只好無奈地將所有卷宗檢還地檢署。

本案大貨車即因檢警蒐證的嚴重疏漏而脫罪！年輕騎士也因此而冤死，很是令人扼腕！

貳、小結

本案現場是假的，但檢警並未發現，而且疏漏了關鍵跡證「對應碰撞部位」之蒐證，因而讓本案成為「冤案」、「懸案」與「假案」。依筆者看來，顯然檢警亟需瞭解基本力學、對應部位、肇事過程等蒐證之基本知識。

一、本案蒐證之檢討

（一）檢警並未發現現場是假的

由於警察、檢察官輕忽了或不認識刮擦地痕及兩車輪胎「緊密貼合在一起」之意涵，故未發現現場是假的。

（二）檢警完全疏漏了「對應碰撞部位」之蒐證

由於卷內缺乏兩車「對應碰撞部位」之「車損（痕）照片」，導致無法確定大貨車是以「哪一部位」撞擊到機車。雖然學術鑑定時想分析「對應碰撞部位」之跡證，但鑑定時距案發時間已2年，已無法再取得「對應碰撞部位」之「車損（痕）跡證」。

（三）由於檢警未發現假現場，且蒐證疏漏，導致本案成為懸案與冤案

由於檢警未發現大貨車之終止位置是假的，大貨車司機之說詞也是假的，同時警察又疏漏了「對應碰撞部位」之蒐證，因此導致本案無法釐清兩車之肇事真相，而成了懸案。

且在本案中，筆者依據機車刮擦地痕線型呈「弧線」、機車右倒、散落物位於刮擦地痕左側、大貨車後方底盤沒有任何碰觸痕跡等四項特徵，來研判分析兩車之肇事過程，極可能是機車直線前行時撞上正在左轉之大貨車；若是此種肇事過程，則左轉之大貨車應有未注意左後方來車之疏失與責任，故機車騎士可能有冤死之情形。但因檢察官已來

函索回鑑定卷宗，故筆者只好無奈地將全案卷宗檢還地檢署，是以本案也是一冤案。

（四）筆者因本案而發心：「盡己所能，協助強化警察事故蒐證能力」

本案是筆者生平第一次受理之學術鑑定案，於鑑定過程，不但發現檢警於蒐證方面有上述之重大缺失，而且是唯二無撰寫鑑定報告書之囑託案[1]。在這種已知是冤案懸案的情況下，仍須檢還原卷宗的心情是：「我們的交通社會怎麼這樣的悲！民眾的交通權益竟如此無法獲得保障！交通正義的破洞怎麼這麼大！」

再加上發現負責蒐證之警察、現場跡證對肇事眞相的釐清，具有關鍵性之影響力；故筆者當時即發心「盡己所能，協助強化警察於事故之蒐證能力」，亦開始著手蒐集案例、進行案例之蒐證檢討分析，並將典型的、具代表性的、有共通性的，或具特殊性的案例，列爲教案的案例。

二、蒐證人員應具備之基本知識

1. 瞭解機車刮擦地痕之意涵

機車以兩輪行駛，若在有相當車速的情況下發生事故，必然會傾倒滑行而產生刮擦地痕，而透過該道刮擦地痕可以得知：倒地地點、倒地前車速與方向、倒地後車速與方向，甚至可得知撞擊地點、自摔或遭撞。因此，對「機車刮擦地痕意涵」的認知，於處理事故之蒐證人員而言，是相當需要且基本的重要知識。

---

[1] 另一無撰寫鑑定報告書之囑託案爲「屏東來義案」，該案原爲國防部南部地方軍事法院檢察署（以下簡稱「南部軍檢署」）囑託，於回函請南部軍檢署補蒐集（備齊）關鍵跡證後，國內適逢洪仲丘案，該案因而轉由屏東地檢署辦理，屏東地檢署卻回函「屏東地檢、當事人（死者家屬）沒錢附鑑定費，請求檢還相關卷證」，筆者除了檢還卷證之外，同時回覆「證據力已掌握，沒錢還是願意幫忙做鑑定。」最後，屏東地檢仍來文告知該案已無鑑定需求；故「屏東來義案」也是無撰寫鑑定報告書之囑託案。同樣是命案一樁，爲什麼交通命案的鑑定費要由死者家屬自負？爲什麼不能比照刑事命案由國家來負擔？又是「重治安，輕交通」的另一明證。

2. 認識運動力學

車輛無論於碰撞前之運行或碰撞後之滑行，均涉及運動力學之三大基本特性——牛頓三大運動定律：慣性、作用力原理、反作用力原理。因此，對「牛頓三大運動定律之意涵與應用」的認知，於處理事故之蒐證人員而言，也是相當基本且重要的知識。

3. 熟悉對應部位的關鍵證據力

兩車發生碰撞，必然有互相接觸之部位，即對應部位。從「對應部位」，可以得知「碰撞力的作用位點、方向、大小」，再得知「碰撞型態、彼此夾角」，進而得知「碰撞前行駛跡線、碰撞後滑行跡線」，以及「現場真偽（終止位置、終止方向）」，也能證明「肇事逃逸之車輛、加工之致命物」。如此極其重要且關鍵的跡證「對應部位」，蒐證人員怎能將這如同證據靈魂的「對應部位」給漏蒐了呢？

4. 上述之蒐證基本知識，本書另有專章闡釋

(1) 機車刮擦地痕：請參見第六章第三節（鑑後結語）之說明。
(2) 運動力學、對應部位：請參見第十章第三節（碰撞力學基本：作用力VS.對應部位）之說明。

第三篇

現場蒐證與安全
改善之建議

|第八章|
警察交通執法的倫理議題

　　交通與人民之生活息息相關，而警察兩大核心任務是「治安與交通」，因此警察必然會有交通執法的工作，所以警察於交通執法時，與人民互動的關係便顯得非常密切。又由於警察行使職權時，常直接干涉到人民的自由權利，因此警察於交通執法時，除必須具有良好的執法知識與技能外，對於是否具有執法倫理的素養，亦顯得格外的重要；因爲現代警察的執勤作爲，除了必須合法（lawful）之外，尚應具有正當合法性（legitimacy），才能使得警察的服務品質讓民眾感到滿意，並符合社會的觀感與期待，也才能建立起警察良好的社會形象。

第一節　警察交通執法的倫理問題有哪些

　　警察交通執法的倫理問題有哪些？這可從兩個面向加以探討，第一是警察交通執法工作有哪些？第二是警察在執行這些交通執法工作時會遭遇到哪些倫理問題？以下將針對該兩問題加以探討。

壹、警察交通執法工作有哪些

一、何謂警察交通執法

　　交通執法（Traffic Enforcement）是交通管理三E政策[1]之一，因此，政府依法執行交通管理之作爲稱爲「交通執法」；而該交通執法包

---

[1] 三E政策是指：交通工程（Traffic Engineering）、交通執法、交通教育（Traffic Education）。

含立法、司法、行政等作為者則為「廣義交通執法」，但政府依法執行交通行政作為者則為「狹義交通執法」。又狹義交通執法包含一般交通執法及警察交通執法；一般交通行政機關[2]所執行之交通行政作為稱為「一般交通執法」，而警察機關[3]所執行之交通行政作為稱為「警察交通執法」；至於警察機關內由交通專業警察所執行之交通行政作為則稱為「交通警察執法」。

二、警察交通執法工作內容為何

一般而言，警察交通執法工作是屬干預性、急迫性、臨時性之工作，並不是福利性或計畫性之工作，而其具體工作內容為何呢？內政部警政署表示「交通警察以維持交通秩序、確保交通安全、防止交通危害、促進交通流暢為主要任務。……負責交通事故處理、交通違規稽查取締、交通秩序整理與交通安全宣導等工作」。[4]但由於警察兩大核心任務是「治安與交通」，而且現代之交通工具可能是犯罪工具、也可能是犯罪者之交通工具，因此警政署宣稱之該四項工作並非已完全包含「警察交通執法」工作，而僅是「交通警察執法」工作而已。

至於「警察交通執法」工作有哪些呢？筆者覺得除了應包含上述四項「交通警察執法」工作之外，尚應包含治安維護、交通安全改善之執法工作，及交通事故之蒐證與偵查等工作。因此，筆者認為「警察交通執法」工作大概可分為下列四項：

（一）交通事故處理與偵查

交通事故發生後，警察除了交通事故之前置處理、現場處理、後續處理等工作外，更應著重於事故之蒐證與偵查作為，因為事故之蒐證與偵查作為，對於事實的釐清、肇因的瞭解、肇事責任的歸屬，以及當事

---

2 一般交通行政機關，在中央如交通部、路政司、道路交通安全督導委員會（簡稱道安會）、公路總局工務段、各區監理站等，在地方如各縣市政府交通局等。
3 警察機關在中央如內政部警政署，在地方則為各縣市政府警察局。
4 內政部警政署（2010），警察專業工作—交通警察簡介，台北。

人的權益影響極大，而且也關係著交通安全能否改善至鉅。因此，筆者認為「警察交通執法」工作應包含「交通事故處理與偵查」，而不僅是「交通事故處理」而已。

（二）交通違規稽查與交通犯罪偵查

由於警察兩大核心任務是「治安與交通」，而且現代之交通工具可能是犯罪工具、也可能是犯罪者之交通工具，因此警察於道路上執法時，不僅有實施交通違規稽查與取締之職責，更有實施治安檢查與逮捕犯罪者之職責。但由於行政警察於道路上執法時，平時是以維護交通通行秩序為主，犯罪偵查為輔，往往是因發現交通違規者，進而發現犯罪嫌疑者，所以筆者認為「警察交通執法」工作，除了應實施「交通違規稽查與取締」之外，於實施該項工作時，也應同時實施「交通犯罪偵查與逮捕」。因此，本項「警察交通執法」工作，筆者定名為「交通違規稽查與交通犯罪偵查」。

（三）交通秩序整理

「警察交通執法」工作，於交通秩序整理方面，主要包括道路上車流秩序、路邊行人通行秩序（含攤販、道路障礙、路霸之整理），及大型活動或特殊活動之人車秩序的整理等工作。

（四）交通安全維護與改善

警察於交通安全的管理手段，除了交通違規稽查與取締、交通秩序整理、交通安全宣導之外，尚有交通衝擊管理、交通調查、現場會勘、協調改善設施、肇因分析、策略研擬、社區治理及其他等諸多工作。因此，筆者認為「警察交通執法」工作於本項而言，不僅是警政署所宣稱之「交通安全宣導」工作而已，而應修正為「交通安全維護與改善」工作，或「交通安全維護」工作，或「交通安全改善」工作。

貳、警察交通執法時會遭遇哪些倫理問題

一、「倫理」（ethics）的意涵

倫理的涵義，包含以下幾種：

（一）是一種「軌範」或「準則」：意指人「倫」之間的道「理」

1. 五倫：「君臣、父子、夫婦、兄弟、朋友」

我國儒家思想中曾提到這五種人際關係間之規範，譬如：君明臣忠、父慈子孝、夫唱婦隨、兄友弟恭、朋友有信等。

2. 倫理

「倫理」（ethics）源自希臘字*ethos*，原意為習慣或習俗，與「道德」一詞相通[5]，意指區別是非善惡的一種習慣而言（Pojman, 1995: 2）。是哲學的一支，屬價值性的、應用性的哲學，指涉道德上的對與錯、好與壞的研究。在實際上亦可將「倫理」理解為一套普遍性的行為準則，譬如：誠實、公正（Sam S. Souryal, 1998: 58）[6]。

（二）是一種「抉擇」過程

由於倫理蘊含著對與錯、好與壞的選擇，所以倫理含有思考、判斷、裁量、抉擇的過程。抉擇的結果至少應符合下列前二項，否則即有違背道德之嫌：

1. 必須是「未具傷害性的」：不可違法，因為法律是道德的最低標準。
2. 應該是「具適當性的」：合乎人情事故，為人們所能接受。
3. 最好是「具饒益性的」：事情圓滿化解、價值性高，值得他人仿效。

---

[5] 朱金池（2013）稱「倫理與道德的意涵是相通的，但在一般用法上，常將『道德』的範疇指涉在個人層次上，而將『倫理』的範疇指涉為社會層次上，著者採此看法。」

[6] 朱金池（2013），警察倫理的重要性與研究範圍，收錄於，朱金池主編，警察倫理（*Police Ethics*），頁1，桃園：中央警察大學。

綜上得知：倫理是人際關係間一種行為「規範」或「準則」，含有思考抉擇的過程，而抉擇的結果不但不能違法，而且須具適當性，甚而能具饒益性；也可以說倫理就是道德。由於倫理是一種抉擇過程，而其抉擇結果需具適當性，因此倫理是需要學習、修養的。

二、警察交通執法的倫理問題

警察執行交通執法工作時，常會遇到所採用手段合不合法，或其結果恰不恰當之思維，而可能於執行時陷入兩難之困境中。雖然於最後仍作出抉擇，幸運者則手段合法而且結果正當，因而平順收場，未衍生出問題；但不幸者則往往手段合法而結果卻失當，或手段不合法之情節，因而衍生出問題，導致影響到警察個人權益、整體形象，及當事人權益、社會觀感等。

由本節之壹得知，警察交通執法工作包含：1.交通事故處理與偵查；2.交通違規稽查與交通犯罪偵查；3.交通秩序整理；4.交通安全維護與改善。這四種工作內容，均存有上述執法倫理之問題，為進一步分析造成此種執法困境之情境與原因，並擬作為未來教育訓練之參考，因此於後文將分別依該四種工作，列出相關之倫理議題與案例加以討論。

第二節　「交通事故處理與偵查」的倫理議題與案例

長期以來，警察於處理道路交通事故時，比較重視前置處理（如受理報案、通報、器具準備）、現場處理（如迅赴現場、協助傷患救護、交通維護）、後續處理（如文書處理、責任處理），但較不重視現場蒐證與偵查，導致於民國91年時有一位婦人引火自焚。該婦人為抗議警察蒐證不公，致其先生被判有罪而家庭失去依靠因而引火自焚。同民國91年，警察更遭到監察院以「影響人民權益，損害政府形象」提案

糾正[7]。警政署及官警兩校遭糾正後，雖然均已採取了諸多措施加以改善，但由於「現場蒐證錯漏」之情形，涉及員警個人專業能力，及機關勤務運作面、管理面、制度面等諸多因素，因此道路交通事故「現場蒐證錯漏」之情形雖已比民國91年時較為改善，但現在各地區鑑定會、省（市）覆議會之鑑定案件中，仍常有「跡證不明，未便遽以鑑定（覆議）」之案件。筆者在本校擔任司法機關鑑定人期間，也發現兩項特點：一為申請學術鑑定之交通事故案件量極多，約占所有類別中之65～75%，我們所有教師（鑑定人）根本無法負荷；另一為申請學術鑑定之案件中常有蒐證錯漏之情形。足見現階段警察對於道路交通事故現場蒐證之品質雖有改善，但仍屬「差」之程度。有關本校收受道路交通事故案件鑑定統計情形如表8-1。

表8-1 中央警察大學鑑識科學研究委員會收受交通鑑定案件統計表

鑑定類別	94年		95年		96年		97年		98上半年	
	交通（%）	總計	交通（%）	總計	交通（%）	總計	交通（%）	總計	交通（%）	總計
收件數	118（65%）	181	117（73%）	161	139（64%）	218	122（72%）	170	67（77%）	87
退件數			52（74%）	70	64（72%）	89	60（73%）	82	49（87%）	56
辦理件數			65（71%）	91	75（58%）	129	62（70%）	88	18（58%）	31

附註：1.鑑定類別之「總計」欄位，共包含交通、生物、化學、物理、消防等五種刑事類案件。

2.96年內件數有較多之情形，這是因為將95年9月15日到12月31日之件數統計於96年內所致；而且該期間有重複統計之情形。

3.交通類退件之原因有二：一為本校鑑定人根本無法負荷而退件，這占了極大部分；二為未經過省（市）覆議會之鑑定而退件，這占了極少數。

資料來源：中央警察大學鑑識科學研究委員會統計，筆者整理。

---

[7] 監察院於民國91年3月7日，以（91）院台交字第0912500021號函，對內政部警政署、中央警察大學、台灣警察專科學校及交通部等四個機關學校提案糾正。

壹、倫理議題

「交通事故處理與偵查」之倫理議題有：權責劃分是否明確（含勤務指揮是否統合協調）、勤務分派是否得當、專業能力是否具備、應勤裝備是否齊全、獎懲制度是否得當、管理制度是否有效、是否有繼續積極追查之企圖心、能否仔細蒐證、對當事人能否體現同理心、能否公正客觀、續發事故誰該負責等諸多議題。以下僅提出幾項議題加以討論。

一、「快速處理」VS.「完整蒐證」

對交通事故發生後才到達現場的警察而言，在紛亂吵雜的現場中、以果推因的情況下、不能封鎖現場的原則下、必須快速處理與完成蒐證的要求下，想要完整的蒐證，這是極大的挑戰；現場處理員警若未具備眾多的專業知識與專精的技能，要達到「完整蒐證」的程度是項極具挑戰性的工作。因為現場蒐證時，會遇到以下一些困境：

（一）有以果推因的困境（以肇事現場之結果探求肇事過程與原因）

交通事故發生時蒐證處理員警並未目擊，其到達現場後，僅能從紛亂的肇事現場中（結果），依據現場人、車、路、環境之種種情形，尋找線索，進而分辨出本案之肇事跡證而加以蒐集，以探求肇事過程（譬如：碰撞部位、撞擊地點、行駛方向、行駛行為、反應過程等）與原因。在這種以果推因的情況下，蒐證處理員警必須要先能瞭解現場線索（物證）的意義，才能找到肇事跡證而加以蒐集；否則，極易落入主觀的陷阱中，而產生蒐證錯漏的情形。

（二）有需具備眾多專業知識的困境

以筆者擔任16年交通案件司法鑑定人之經驗觀之，筆者認為在交通事故現場處理與偵查過程中，若未具備下列知識，則可能產生蒐證錯漏的情形。這些知識包括：運動物理學、交通工程概論、交通行為特性、人車路各類跡證涵義、交通事故偵查學（含測繪與攝影）、刑事鑑識概論、交通鑑定概論、交通與刑事法學等。

（三）有不能封鎖現場與必須儘快恢復通車的困境

刑事命案現場能封鎖，於封鎖後可以慢慢查證與蒐證；但交通事故死亡現場不能封鎖，即使能封鎖，也必須儘快恢復單線通車。連戰先生擔任行政院長時，曾要求國道警察處理事故之時間最好不要超過半小時。在這麼短的時間內，欲完整蒐證，這對現場蒐證的員警而言，是極大的挑戰。這些員警若未具備前述之專業知識，與專精之經驗，則必然造成蒐證錯漏之結果。

顯然，負責現場蒐證的員警應具備前述之專業知識，始能勝任工作；然而，目前負責現場蒐證的員警都能勝任嗎？他們能消化得了轄區內所發生之事故並蒐證完整嗎？答案若是，則爲何仍有這麼多人申請鑑定、覆議，甚至是學術鑑定；又爲何於筆者所受理之學術鑑定案件中，幾乎每一件都有蒐證疏漏之情形，甚至有少數案件蒐證錯誤之情形？

二、「自撞」或「肇事逃逸」或「謀殺」有不易分辨的困境

單一車輛之事故，到底是自撞、肇事逃逸抑或謀殺，不但深深的影響著當事人的權益，而且嚴重關係到社會的公平正義、警察形象。處理交通事故的警察人員要如何分辨出來？若屬肇事逃逸，是個人偵辦還是團隊偵辦？破案比例多少？舉例而言，在嘉義陳瑞欽連殺六人案中，第四件是假車禍眞謀殺[8]，事故處理員警若能及時發現，則後二人不會被殺害。同時，也不會造成多數媒體於2010年4月29日報導之結果「二審判決時，因自首又符合二次減刑，由5死刑改判爲20年」。

三、交通事故發生數量多，導致蒐證品質變差的困境

依警政署統計，每年發生交通事故數量約30萬件，其中A1約3,000件，A2、A3各約15萬件[9]。每件所需之處理時間A1約5～6小時（到相

---

8 吳正緯（2009），假車禍之分辨—以殺人魔陳瑞欽案爲例，中央警察大學交通系學士學位專題，未出版，桃園。
9 警政署（2007），警政年報，頁87。A1類：造成人員當場或24小時內死亡之交通事故。A2類：造成人員受傷或超過24小時死亡之交通事故。A3類：僅有財物損失之交通事故。

驗為止，不包含移送以後之時間；台北市約3～4小時）；A2每件約2～3小時（若提告則再加2小時；台北市約1～2小時）；A3每件約1小時（台北市約0.5小時）[10]。目前全國規定應擔服事故處理勤務之現有警力消化得了這30萬件事故嗎？若消化不了，是否就容易發生簡單處理、應付了事、蒐證不完整等情事呢？因此這種應付型的勤務策略是否應加以檢討修正，實值得省思。

四、有必須公正客觀完整蒐證，但不被重視的困境

事故現場蒐證之目的是用以釐清事實，必須公正，不可偏袒；欲公正，則必須客觀；欲客觀，則必須慎防主觀；欲慎防主觀，則必須聽得懂現場跡證告訴我們的話語；欲聽得懂跡證的話語，則應具備專業知識。唯有具備專業知識，才可能公正客觀完整的蒐證。這證明並不是曾經向學長學過處理事故的警察，或曾經處理過事故的警察，或擔任過派出所的警察就能完整蒐證。顯然，欲能公正客觀完整的蒐證，確實是處理交通事故員警的一大考驗。

（一）交通死亡事故相對於治安命案，有不被重視的困境

同樣人命一條！同樣是命案！滅門命案幾乎每位長官都會實質關心，不但親自指揮偵辦，而且加以支援，無非希望早日破案，將罪犯繩之以法，恢復社會安定。然而滅門車禍、易肇事地點有幾位長官實質關心過？有親自指揮偵辦或給予支援偵辦過？極力地查明事實，瞭解原因，提出可以預防事故的真正勤務策略？

（二）A1、A2重傷事故之蒐證，缺乏實質審核之困境

治安命案與交通A1（24小時內死亡）案，其蒐證之目的同樣是用以釐清事實，並用以預防。刑案有偵查方向之指導與支援（如證據審核與補正），為何交通死亡案就沒有證據審核與補正之運作機制？難道車

10　筆者於上課時，連續4年對有處理事故經驗之學生實施調查之結果。這些學生來自各縣市、國道公路警察局。

禍都不會有冤死（枉）的嗎？難道第一線的基層員警就都已能勝任該工作了嗎？何以我們警察機關長期以來就比較重視治安命案之偵查，卻比較不重視交通死亡事故之偵查？這原因在哪？應如何改善？實值得我們中高層警官深思，並加以克服！

（三）「交通事故處理與偵查」之教育訓練與人事制度，有不被重視的困境

官警兩校之畢業生，除了交通系（科）有學過該專業課程、其餘少數系（科）有學過概要課程之外，人數最多之行政系（科）幾乎連概要之課程也未開設學習。而且於畢業後，服務於派出所、交通分隊之前，由於各縣市幾乎未定期辦理該項執法能力之職前訓練、在職訓練，甚至接受過訓練之員警並未優先派任專責單位，導致這些必須處理事故與偵查的官警，缺乏該項執法能力，因而侵害民眾權益、損壞警察形象，甚至於官警個人受到法律責任的懲處或財產的損失。

貳、倫理案例與討論

為進一步說明「交通事故處理與偵查」之倫理議題，能舉述之案例實不勝枚舉，以下僅舉二案例加以說明及討論。

一、案例一：○○市山東里案——自撞或肇逃或謀殺

（一）案情摘要：警察稱「機車自撞」，家屬稱「肇事逃逸」，筆者稱「證據不足，無法分辨，警察應繼續偵辦」

民國95年底，筆者於參與執行委託研究案期間[11]，於桃園縣轄區內只要發生A1交通事故，警察局交通隊會通知我們研究團隊，擇定時間於事故發生後約1～2週內到事故現場會勘。配合會勘之單位還有交通局、鄉（鎮、市）公所、工務段、警察分局交通組、當地派出所、民意代表等，會勘之目的是要瞭解事故發生經過與原因，能立即改善者則立

---

11 蔡中志、陳高村、陳家福等（2007）。桃園縣易肇事地點改善規劃，桃園縣政府交通局委託計畫，桃園：中華警政研究學會。

即改善，不能立即改善者則規劃為未來改善之重點。因此，我們研究團隊到達事故後之現場時，一定要先瞭解事故發生經過。

在某一次的會勘中，當筆者到達事故後之現場時，發現一件機車滑入小水溝並站立之單一車輛事故，機車駕駛人已死亡。會勘現場當時之概要情形如照片8-1～8-3所示。

照片8-1～8-3　事故後會勘現場當時概況（警稱「水溝邊所留者為刮地痕」）

會勘現場當時，員警對筆者稱「該事故為69歲老人騎機車，因血壓高而自撞左邊路樹而死亡；機車滑入水溝之前，於水溝邊留有一條11.6公尺長之刮地痕，撞擊後，機車終止於路樹旁並直立於水溝中，樹上兩處樹皮脫落處是被騎士身體撞擊所致，騎士終止於樹前（旁）且留有大量血跡」（如照片8-1、8-2所示）。然而死者家屬卻稱「肇事逃逸」，並指稱「疑點重重，如有仁人君子提供線索因而破案者，懸賞金50萬元整」，而於現場懸掛懸賞告示（如照片8-3所示）。

筆者於會勘當時，即表明「警稱之刮地痕不是刮地痕，應該是煞車痕；若是刮地痕，則機車應該已倒地，既已倒地，為什麼還能站立於水溝中？若是煞車痕，則機車底盤應該留有刮擦水溝岸緣之對應車損」；更表明「想去查看機車車損狀況」。沒想到員警卻說「不要看了，他們正在辦喪事」。筆者回到分局後，向副分局長（筆者同期同學）說明該事故之諸多疑點，並希望他能交待部屬繼續偵辦查明，沒想到副分局長

竟然也說「你放心，案子移到偵查隊後，偵查隊會自動開始偵辦，不用交代」。

結果會如何？依筆者之直覺，該案子極可能就此以「機車自撞」結案，除非家屬提出有力之證據，請求檢察官查明偵辦，但家屬有此能力提出對事故發生具有證明力之證據嗎？頗值得懷疑！現有的警察體制，很可能都是這樣處理該類案件。由於筆者會勘之目的，並非要完全查明肇事真相，因此於分局即無奈地打住繼續查明的想法；不過，筆者仍然向交通隊索取了該案之現場照片，請交通隊日後將現場照片傳給筆者，以擬將該案作為教學案例。

回到學校後，筆者還沒看到照片，但仍先打電話告知死者家屬：如何請求檢察官繼續偵辦？應繼續查明哪些證據？當中有兩個重點：

1. 人車的速度應該要一樣，但目前似乎不一樣

因騎士撞樹的速度很大（因為流血死亡），所以請再查明：

(1) 機車滑入水溝前速度大嗎？

若機車前車頭有受到阻擋的車損，則機車速度滑入水溝前的車速可能是大的；若缺乏阻擋的車損，則機車速度滑入水溝前的車速是小的，所以請再查明機車前車頭有無受到阻擋的車損。

(2) 機車騎士的反應機能如何？

即使機車滑入水溝前的車速是小的，但騎士若於機車滑入水溝前向右方緊急跳出來，則騎士之速度就可能變大，另外這69歲的老人能這樣跳嗎？需要進一步瞭解。

2. 機車被撞到的部位都很「細小」，要注意細小之「車損」或「體傷」

機車若有被撞到，就是肇事逃逸，若沒有被撞到，就不是肇事逃逸。有沒有被撞到，除了要查看有無「車損」之外，也要查看有無「體傷」（因為機車是肉包鐵），需要兩者都查看之後，才能確定有無被撞到。而且若有被撞到，其「車損」或「體傷」都很細小，必須仔細查看。

(1)「細小車損」部位：均位於車體周圍突出處

車體前面如手把端、後視鏡外緣、手煞車器端；車體後面如後扶手架周圍、後車牌周圍等。

(2)「細小體傷」部位：位於手肘、膝蓋、腳趾等處

手肘（長袖）、膝蓋（長褲）、腳趾（鞋子）等處，可能有細小之擦撞痕，必須仔細查看，並加以拍照存證。

（二）案情討論

會勘之後，交通隊有將現場照片傳給筆者，現場照片重要者如照片8-4～8-9所示，茲討論如下：

1. 事實：人車速度應該要相當、機車滑入水溝時之車速約小於20公里／小時

未討論疑點之前，先釐清一些事實，該事實有：

(1)人車速度應該要相當

因騎士從機車飛離，是屬慣性運動，所以騎士飛離之速度應相當於機車之速度；但騎士若是跳離機車，則有加入作用力，因此騎士跳離之速度可能會大於機車之速度。但69歲的騎士能否跳離，則應調查駕駛人之反應機能。

照片8-4、8-5　事故現場當時概況（水溝邊所留者應為輪胎煞車痕）

照片8-6、8-7　機車車頭無車損、車側未發現阻礙前進所造成之重大車損

(2)機車滑入水溝時之車速並不快（約小於20公里／小時）

　　機車前輪滑入水溝處起點至前輪終止處約為3.5公尺。由照片8-6～8-7發現「機車車頭無車損、輪胎上半圈未發現污泥、車側未發現阻礙機車前進所造成之重大車損」，因此得知「水溝中，並無物體（如藤蔓、污泥、深水或其他物體）直接用以阻擋機車前進，阻擋機車前進之主要力量約只來自於水溝壁與乘客塑鋼踏板之摩擦力。這是側向摩擦力，並非正向之阻擋力，因此水溝壁與乘客塑鋼踏板並非從頭到尾完全接觸。而且水溝壁與塑鋼間之摩擦係數低於與塑膠（輪胎）之間者」。故估計其摩擦係數約為0.5，所以機車滑入水溝時之車速並不快（約小於20公里／小時）。因為：$S = (254 \times D \times f)^{0.5}$；其中S為車速（單位：公里／小時），D為滑行距離（單位：m），f為摩擦係數。

2. 機車若是「自撞路樹」，仍有諸多疑點待釐清

(1)騎士與機車車速似乎不相當

　　騎士飛離（或跳離）機車時，騎士之速度應該約與機車車速相當，而且並不快（約小於20公里／小時）；何以機車已終止於路樹正旁，而騎士卻仍有較高的速度撞擊路樹，而導致路樹樹皮脫落、騎士嚴重外傷並留有一灘血。而且水溝中阻擋機車前進的力量，除了水溝壁之外，沒有其他。

(2)騎士飛離方向與機車前進方向不相當

　　騎士飛離機車時，是屬慣性運動，所以騎士飛離之方向應與機車前

進方向相當，何以該兩方向是機車朝左，而騎士朝右？除非騎士是向右跳離，但69歲之老人有辦法這麼靈活嗎？

(3) 騎士與路樹之撞擊部位、撞擊力道似乎不相當

路樹樹皮有兩處被撞得脫落，騎士身體是如何撞路樹，何以能以身體之兩個突出部位同時撞擊路樹？騎士主要受傷部位在何處？這些部位能對應得起來嗎？

(4) 致命死因是什麼

致命部位在哪裡？致命死因是什麼？騎士和路樹之互相撞擊部位與致命死因能對應嗎？人命關天，實應查清事實之必要！

(5) 綜上，尚缺乏該69歲老人反應機能的調查

機車似乎不是「自撞路樹」，若強烈懷疑其是「自撞路樹」的話，則應繼續調查致命部位與死因的關係，更應調查該69歲老人的反應機能，體重如何？平時能跑能跳嗎？而因為尚缺乏這些證據，所以無法解釋上述之疑點，故警察所蒐得之證據不足，導致無法分辨並確認其為「自撞路樹」。

照片8-8、8-9 機車右後方未發現車損、正後方畫圈處似乎有本次車損

3. 該事故若是「肇事逃逸」，也仍有諸多疑點待釐清

機車若不是「自撞路樹」，而是被撞後肇事者逃逸之「肇事逃逸」案，則機車或機車騎士應有被肇事車輛撞擊之痕跡；但若是「肇事逃逸」案，本案也仍有下列諸多疑點待釐清：

(1) 機車車體被肇事車輛撞擊的痕跡似乎有但難發現

在本案中，機車車體後方、機車右手把端、右後視鏡緣有無本次事故所造成之車損，是極為重要之證據，尤其是機車車體後方。但在警方蒐證之照片中，最清楚者是照片8-7～8-9。而從照片8-7～8-9中僅能發現「機車右手把端、機車右後方無車損」，至於「正後方有無車損、右後視鏡緣有無車損」，本案中警察所蒐證之所有照片，乍看之下似乎沒辦法證明「正後方有無車損」，但經筆者放大後檢視，發現「正後方似乎有本次車損，但無法證實」。

(2) 機車騎士右後手肘、右後背部有無被撞之痕跡，亟待釐清

騎乘機車是肉包鐵，在機車事故中，機車車體若未被肇事車輛撞及，騎士或乘客之身體也可能被肇事車輛撞及。因此，在本案中，機車騎士右後手肘、右後背部有無被撞之痕跡，是亟待釐清之事證。

(3) 機車正後方似乎有本次車損痕，但無法證實

因為警察所蒐得之證據不足，所以無法排除本案非肇事逃逸案，但也缺乏明顯證據用以證明本案是肇事逃逸案。

4. 該事故若是「假車禍」，也有諸多疑點待釐清

本案機車若既不是「自撞路樹」，也不是「肇事逃逸」案，則只剩下製造假現場之「假車禍」案了。雖然在交通社會中，「假車禍，真謀殺」案時有所聞，筆者手中即有六個個案，但本案會是假車禍嗎？

在四下無人處，通常是製造「假車禍，真謀殺」最有利的環境。本事故是位處郊外農田之產業道上，附近無人居住，人車往來極疏，可能是屬「四下無人處」之地點。但發生之時間是早上9時許，若欲製造假車禍之現場，則必須製造一條輪胎煞車痕、一處樹皮脫落痕、一灘血跡，並將機車立於水溝中；其所花之時間會比較長，而且至少須兩人以上，其所冒之風險太大了，比較不可能是「假車禍，真謀殺」。

而且死者若是先於他處被加工致死，才搬到現場，則何以現場有一灘血跡？又若死者是於他處先被迷昏，而於本現場被打傷而佯裝成撞傷致死，則何以現場缺乏血跡噴濺痕？

（三）小結

本案若欲釐清是自撞或肇逃或謀殺，則須針對上述待釐清之諸多疑點，主動積極加以查證[12]；但該查證作為涉及員警個人之服勤時間、專業智能、辦案心態，以及警察團隊之權責劃分、相互支援、勤務派遣、管理制度等問題。

又筆者認為本案既不完全是個案，也不完全是通案，但有可能較接近於通案。因此有關交通事故中「完整蒐證」之課題或問題，實值得警察機關首長重視與深思。

二、案例二：有7年經驗之專責員警，仍產生「蒐證疏漏錯誤」

筆者於98年受理臺灣高等法院囑託鑑定之案中，發現有一事故處理專責小組之員警，該員警經驗豐富（該員警自述「年資約7年，已處理過2,000多件事故」），於96年處理一對撞事故時，也仍發生「疏漏關鍵證據」之情形，進而造成地區鑑定會與省覆議會之鑑定結果不同，及兩造當事人訴訟不斷之問題；直至筆者鑑定時，運用非關鍵證據分析之技巧，才將本案肇事過程加以釐清。以下僅將該案及分析簡述如下：

（一）案情摘要

1. 對撞事故：兩車均指稱對方越線，但警察於B車道上標示有「A車煞車痕6.4 m」

在本案中，A小客車與B小貨車於禁止超車路段之彎道中發生對撞事故，肇事後，兩車駕駛人均受有頸椎脫位之傷，但B小貨車受傷較嚴重，因此B小貨車乃於1個月後對A小客車提出告訴。由於肇事現場之車燈碎片幾乎完全散落於A小客車之車道上，而且B小貨車在撞擊後逆時針旋轉了180度，同時在車身長度比車道寬還長的情況下，B小貨車後

---

12 筆者對「機車正後方置物架」之照片加以放大檢視後，發現「正後方置物架上有車損」，並懷疑這為外來痕，本案可能為「肇事逃逸」案；但筆者學生於105年上網查看判決結果如何，惟查不到判決書。故本案的結果有可能以「自撞路樹」結案，也有可能是以「肇事逃逸」結案，但因查不到肇事逃逸之車輛而未起訴。不過，依筆者經驗判斷，本案以「自撞路樹」結案的可能性最高。

車尾、路旁障礙物竟然都沒有相互撞擊之痕跡；因此A小客車堅稱其已完成超車，並已返回到自己車道約5、6秒，是B小貨車失控超越雙黃線而肇致事故。然而警察於警繪現場圖之B小貨車車道上標示有「A車煞車痕6.4 m」，因此B小貨車也堅稱其行駛於自己之車道，是A小客車於彎道中超越雙黃線違規超車而肇致事故。

2. 檢察官對A車起訴，但地區鑑定意見和覆議會鑑定意見兩者完全相反，法官判A車有罪

檢察官受理後，為釐清案情，乃囑託地區鑑定會鑑定，鑑定結果為「A小客車跨越分向限制線超車行駛，為肇事原因；B小貨車無肇事原因」。檢察官乃將A小客車起訴。起訴後，A小客車不服，於地方法院審理中堅稱「B小貨車車道上警察標示之『A車煞車痕6.4m』不是我的，撞擊地點是在我的車道上，撞擊時我已完成超車」。法官乃將全案再囑託覆議會鑑定，覆議會鑑定結果正好與地區鑑定會完全相反；但由於覆議會並未回答法官詢問「A車6.4公尺煞車痕是否確實為A車所留下」之問題，因此法官並未採納覆議會之意見，仍判決A小客車有罪。

3. 筆者鑑定之過程與結果

A小客車不服判決，依據覆議會之意見向高等法院提出上訴，並請求中央警察大學機關鑑定。筆者於鑑定過程，依據「兩車車損」而鑑定出「兩車是斜角對撞之撞擊型態」，再依據「兩車是斜角對撞之撞擊型態」而鑑定出「撞擊後兩車滑行軌跡」，最後依據「撞擊後兩車滑行軌跡」及「車燈碎片散落位置」計算出「兩車撞擊地點」是位於雙黃線上，但有可能位於B小貨車行向之車道上；再依據「撞擊地點」是位於A小客車「彎道出口處」之證據，因此筆者於鑑定後確定兩車之肇事原因為「A小客車違規跨越雙黃線超車，於超車快完成返回原車道時肇致事故」。[13]

---

[13] 該鑑定結果已為臺灣高等法院所接受並引用。【裁判字號】97年度交上易字第234號，【裁判日期】98年11月26日。

（二）討論分析

1. 對撞型態之肇事關鍵原因：誰跨越雙黃線或道路中心線。

   關鍵證據則為：車輛行車軌跡過程中所留下者。其中：

   (1) 最重要者為輪胎痕跡及胎痕之終止位置與特徵。

   (2) 其次則為**車燈碎片**、落土或落塵、刮擦地痕、其他散落物等之終止位置與特徵，及**車輛終止位置、車損部位與特徵、道路狀況、行車方向**與速度等。

   (3) 筆者鑑定時使用之證據：排除有爭議，也是最重要之輪胎痕；僅運用上述粗體加底線字者。

2. 警察對於關鍵證據之蒐證常有疏漏，該如何改善？以本案為例。

(1) 警察於蒐證時之重要疏漏

A. 忽略了關鍵原因的起疑

   (A) A、B兩車既然是對撞，為何兩車之煞車痕有「1.1公尺的交會現象」？

   (B) 若A小客車在跨越雙黃線有1.3公尺的情況下發生對撞，為何B小貨車車尾沒有撞擊痕跡？

   (C) A小客車之煞車痕位置與車輛終止位置不對應。

   (D) 車燈碎片集中之車道（A小客車車道）與A小客車之煞車痕跨越雙黃線有1.3公尺之多，互為矛盾。

B. 疏漏了最關鍵證據：輪胎痕特徵之蒐證

   (A) 照片8-10中A小客車煞車痕根本看不到；卻於現場圖標示「A車煞車痕6.4 m」。

   (B) 是否為A小客車煞車痕缺乏客觀查證，結果卻認定錯誤：

   a. 員警僅依據煞車痕尾端勾向A小客車車道、痕上有皮屑、輪寬等三項特徵，即加以認定為「A小客車煞車痕」，結果卻認定錯誤。

   b. 應進一步查證車輛行車軌跡（方向與車速、過程、終止位置）、輪胎特徵（胎寬、胎溝、胎痕條數等特徵）、輪距、軸距等資料

加以比對求證。

(C)「B車煞車痕1.1 m」之特徵未完全清楚也未查證。

(D)疏漏了B小貨車旋轉痕之採證。

C.疏漏了道路狀況之蒐證：肇事地點與前後之道路彎曲狀況。

D.樹影干擾了照片內容之清晰度：如照片8-10。

照片8-10　最關鍵證據「6.4公尺輪胎痕特徵」完全不清楚

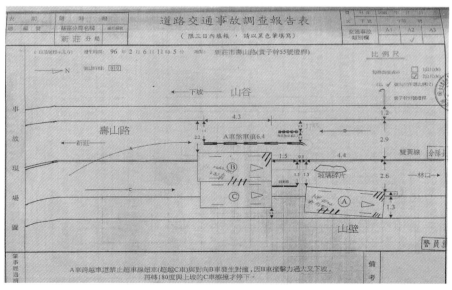

圖8-1　警繪現場圖

(2) 警察於移送時之疏漏

　　警察於現場拍攝有25張照片，但僅挑出12張移送；若僅依據原移送之12張照片，本鑑定則無法重建出肇事過程。之所以能重建出肇事過程，是因為筆者於鑑定時，透過高等法院再向原處理之警察單位，調集全部之現場照片才得以重建肇事過程。

（三）小結

　　上述蒐證與移送疏漏之原因，是已有豐富處理經驗之員警個人能力問題（該員警為事故處理專責小組成員，年資約7年，已處理過2,000多件事故）？抑或是事故發生量多導致處理品質變差之勤務制度問題？而該案是個案或通案？亦值得警察機關首長重視與深思。

　　而本案該如何改善呢？筆者認為：一、機關運作過程，應增加蒐證審核制度；二、現場照片應全部移送；三、警察機關首長應實質重視交通事故蒐證問題，而不是只是口號重視而已；四、應重視之內容有：調整人事制度、加強教育訓練、增加處理事故之員額、妥善編排勤務、增加設備預算、加強團隊合作。

參、倫理守則

　　經由上述「倫理議題」之分析，「倫理案例與討論」之說明，筆者嘗試提出下列幾項警察於「交通事故處理與偵查」之倫理守則供參考：

一、忠誠：應本於職責，誠實負責。不得匿報、推委、違背良知。

二、專業：應具備專業，求真求實。不具備專業者，不得派（擔）任該工作。

三、客觀：應慎防主觀，客觀求證，團隊合作。不得先入為主、本位主義。

四、正義：應積極蒐證，釐清事實。不得偏袒、藉故不作為。

五、悲憫：應富同理心，積極任事。不得只重視績效、忽視民眾權益。

六、守法：應依法行政，正當合法。不得違背法令、倫理、道德。

第三節　「交通安全維護與改善」的倫理議題與案例

壹、倫理議題

一、感觸

民國95年底,筆者於桃園縣實施A1案件事後現場會勘之半年期間,發現八個分局中,新任之交通組組長、承辦人都沒有專業的學歷或經歷,連交通常用術語都不懂(例如時相、超高、減速標線、漸變線等)、會勘紀錄都不知如何寫(幸好員警仍有熱忱),更遑論如何發現問題、分析原因、謀求改善交通安全之方法?

又筆者於執行上述會勘計畫時,曾發現一「死亡彎道」,於會勘後筆者獨自留在現場繼續調查時,有一正在擦拭反射鏡的義工說:「我能做多少就算多少,要不然要怎麼辦,這裡已死二十幾人了[14]!政府都沒在管!」聽過後,實在令我萬分感慨與義憤填膺。

二、議題

交通組擔負轄區內交通安全、暢通、秩序等之規劃與執行事項,若承辦交通勤業務之員警,對交通管制設施(標誌、標線、號誌)及常用名詞之意義與功能不瞭解,或對於常用法規、基本技能的知識不具備,如何能勝任此項工作呢?尤其於地方政府未設置交通局之轄內,該轄內有關交通安全、暢通、秩序等之規劃與執行事項,幾乎都是由警察局負責,相關之承辦人若未具備專業資歷,如何保護轄內用路者之生命、財產安全!

前述改善或維護交通安全之道,不是只有交通執法一途而已,更不是A1案件後連續10天守望勤務即能改善者,尚有「交通安全教育與宣導」、「交通工程與管理」等相關方法可用。然而,若未關心或重視此課題者,是不會主動積極地尋求改善方法的。

---

14 後來查證,是發生二十幾件,而不是死亡二十幾人。

貳、倫理案例與討論

筆者在本項中不想談方法，只想舉一些數據來引發讀者對於臺灣地區交通安全的關心與重視。

一、案例：交通事故是「交通戰爭」、也是「交通921」

（一）交通事故每年死亡約3,464人以上

1. 交通事故死亡定義

(1) 24小時內死亡者：稱為「道路交通事故」中之A1。由交通部、警政署公布。

(2) 直接死因（時間未設限）：稱為「機動車交通事故」中之E471。由衛生署依世界衛生組織（WHO）所定義之直接死因加以分類統計而公布。[15]

2. 每年死亡人數（E471）

每年至少死亡3,464人（98年，歷史新低）以上，85年以前為7,000多人，詳細情形請參見表8-2。

（二）交通事故死亡相當於3場823砲戰

1. 823砲戰死亡約800到千餘人[16]。

2. 我國軍人第一死因：是因車禍而死，而不是戰死的。

3. 日本、美國都曾比戰死的人還多。

（三）交通事故死亡相當於2場921大地震

88年921大地震死亡約2,300人。

---

[15] 在本項中所引用之「機動車交通事故」死亡人數，詳見行政院衛生署全球資訊網中之「資料統計→衛生統計→死因統計」。自民國97年起死因分類由原來ICD-9改為ICD-10，編碼改介於V01-X59, Y85-Y86之中。

[16] 維基百科，以「823砲戰」搜尋，http://zh.wikipedia.org/zh-tw/823%E7%A0%B2%E6%88%B0。

（四）交通事故幾乎是1～44歲國人之第一死因[17]

1. 事故傷害（E47-E53）是1～44歲國人之第一死因

　(1) 事故傷害十大死因排名：最近降到第五死因。

　A. 機動車交通事故÷事故傷害≒60%。

　B. 以全國總人口數而言：事故傷害30年來均為第三死因，最近已降到第五死因。

　(2) 事故傷害是1～44歲國人之第一死因。

2. 交通事故是職業傷害之第一死因

　　勞工於上下班途中發生交通事故致死。

3. 死亡率我國幾乎是開發國家中第一

　　國外（美、德、英、義、澳、日、星、南韓）約6～16人／10萬人，我國於97年始降為最低之16人／10萬人。

（五）交通事故對個人及社會的影響

1. 造成個人傷殘、傷痛與官司纏身

　(1) 創世基金會之植物人，有62%是交通事故造成的。脊椎損傷協會內之傷殘者，有65%是交通事故造成的[18]。

　(2) 官司纏身：鑑定、理賠、訴訟過程，不但費時，而且耗神，影響生活（受傷約20萬人／年，1.3人／件）。

　(3) 身心不安：身體造成傷害，心理有恐懼感，嚴重影響生活。

2. 帶來家庭社會不安

　(1) 造成家庭的「希望」沒了（1～20歲），家庭的「支柱」垮了（21～44歲），嚴重影響家庭功能，也可能形成社會問題。

　(2) 比「他殺命案」高出15倍：每年約260人死於他殺（E960-969）。

---

[17] 同註15之衛生署網站資料中統計得知。

[18] 筆者於約10年前參訪該兩單位時統計得知。

3. 降低公司之生產力：交通事故是勞工職業傷害第一死因。

4. 降低國家之生命力：健保支出增加、投資意願降低。

二、討論

（一）你看了上述資料後，有何感想？

（二）當你是一位用路者時，你知道道路上存有何種潛在危險嗎？

（三）你於開（騎）車時，你不想去撞別人，但別人卻可能來撞你，你該怎麼辦？

（四）你覺得交通執法工作是專業工作？還是一般行政工作？

（五）你覺得應具備什麼資格才能擔任交通執法工作？

（六）你覺得只要是曾任警察工作者都能勝任交通執法工作嗎？你覺得人事制度與教育訓練應如何配合交通執法工作？

（七）社區警政經營：你覺得派出所之「社區警政經營」，是否可以強化「交通安全宣導與預防」、「交通事故處理與服務」之工作？其價值性如何？

參、小結

　　經由上述「倫理議題」之分析，「倫理案例與討論」之說明，筆者認為警察於執行「交通安全維護與改善」時，其倫理守則仍與前項所需要者相同，即「忠誠、專業、客觀、正義、悲憫、守法」等。不過，在本項執法工作中，「專業、悲憫」等二項倫理守則，筆者以為更為迫切需要。

第四節　「交通違規稽查與交通犯罪偵查」的倫理議題與案例

　　警察實施交通違規稽查或交通犯罪偵查，主要是為了維護交通安全或社會治安，但若執法過當，則可能侵害交通人權；而若過度尊重用路

人，則也可能失去交通社會秩序的安定，而傷害了交通安全，所以「如何兼顧交通安全與人權」是本項工作主要的倫理議題。

壹、倫理議題

「交通違規稽查與交通犯罪偵查」之倫理議題，以「如何兼顧交通安全與人權」為主，包含有下列議題：攔停或不攔、追車或不追、檢查程度（手段）、舉發或不舉發、求情與關說、申訴與抗議、酒駕執法（攔停、檢測、移送等相關議題）、陷阱區執法、拖吊問題、隱密性執法、選擇性執法（如紅燈右轉、嚴重性違規）及其他等諸多議題。

民國91年之前，政府沉浸於「強力取締，嚴正執法，對交通安全改善很有效」之迷思中，因此形成民眾對政府不滿，尤其是對警察更為不滿之特別狀況。諸如：台北地院民國91年時，司法不服案件突然升高1倍、92年時警察出庭作證率亦高達88%之異常狀況[19]。研考會也於92年3月調查發現「民眾對15類公務員最不滿意者為交通警察（占35%）、第三不滿意者為警察單位人員（30%）」。於92年5月，甚至有民眾駕車撞交通部大門、撞基隆市交通隊死諫之情形，駕駛人均在訴求「政府（或警察）嚴正交通執法過於嚴苛」，並引起全民對政府有「向民眾搶錢」的撻伐聲，而民眾更直接以「賊頭、搶錢者、政府提款機」等來稱呼警察，使政府及警察的形象遭受到嚴重的損毀。

當時的總統陳水扁先生，不得不於92年6月14日中央警察大學聯合畢業典禮大會上，對全國及各縣市之警政首長說：「公開提醒各縣市政府，要重視交通罰單大幅成長問題，不要為解決財政困難而輕忽了可能引發的民怨」；「阿扁始終認為交通罰單所引發的民怨，不在於過多或過重，而在於處罰的公平性與正當性」。

又民國98年11月23～24日，行政院研考會調查「民眾對日常生活迭常抱怨事項的看法」，調查發現十大民怨中有兩項屬交通民怨，第六大

---

[19] 施俊堯（2004），交通事故處理與鑑定之司法程序─有證據能力與證明力之警察交通事故處理與鑑定報告，頁2，93年道路交通安全與執法國際研討會，桃園：中央警察大學。

民怨為「占用騎樓、道路或車位，72.2%的民眾認為嚴重」；第十大民怨為「交通違規開單拖吊過嚴，58.1%的民眾認為嚴重」。顯見交通稽查取締隱含著「既能維護交通安全、順暢與秩序，但也可能侵害交通人權」之倫理議題。

貳、倫理案例與討論

一、案例1（追車與否）：2少女躲警撞死目擊者，警見死不救

發生時間：99年2月27日13時30分許。

發生地點：高雄縣阿蓮鄉峰南70之1號前。

（一）發生過程

高雄縣警湖內分局田寮分駐所員警黃○○與蔡○○於上記時段，於田寮鄉國道3號匝道口執行路檢勤務，發現2名青少女（均16歲）共乘一部重機車，均未戴安全帽，遂欲予以攔查；但重機車攔檢不停並加速逃逸，當時警備隊巡邏車正好行駛於重機車後方，發現此景後乃尾隨重機車，至前方路口遇紅燈停等，田寮所機巡警力由後趕上時，警備隊汽巡警網向機巡警組告知，拒檢重機車往左方向（大南天土地公祠）逃逸，2名機巡員警遂尾隨伺機攔查，途中幾度失去蹤跡；尾隨約2公里時，放棄追攔而原路折返，有關2少女躲避警方追逐路線，如圖8-2所示。

圖8-2　少女躲避警方追逐路線圖

（二）爭議情節

在員警放棄追攔折返之時，於折返地點前方約50公尺之路口（鄉間小路──建國路與台28省道交會路口），重機車因闖紅燈而遭陳○○自小貨車由左攔腰撞擊，2名少女當場死亡。肇事地點前方約70公尺處的監視器有錄到兩機車車頭間距，重機車左側車身嚴重撞損，現場遺留自小貨胎痕長12.9公尺，重機車刮痕長22.4公尺。

（三）案情結果

案情結果有三：1.輿論以「警察見死不救、執法過當」加以撻伐；2.2名員警壓力大，前往致歉上香；分局以關懷弱勢名義對外（警友會）募款，捐贈每人（死者）100萬元慰問金；3.全案函請地檢署偵辦。

（四）案情討論

1. 本案例是否執法過當（攔車稽查──追車與否）？是否見死不救？

2. 若是您，您追不追？什麼條件下才適合追車？若追，追車時極容易發生危險或事故，您還會考慮追車嗎？追車時應注意哪些事項？若不追，有哪些應變措施可採行，以免讓觀看到之民眾誤以為警察放任違規者破壞社會秩序而不管？

3. 實務界高層看法：要不要追車？絕對不要追車，因為我們沒有建立這個制度。過程中若致人於死傷，有沒有過失？在可能可以不追的情境下，若於追完之後，出了事又見死不救，則絕對免不了責任。免不了責任，要不要起訴？若要能不起訴就是和解，就是賠錢，錢從哪裡來？警察自己掏、向警友會募款，所以警察又欠人家人情，欠的這些人情要不要還？要，警察向外面募款的錢，結果是用可能違法的事情來交換。所以要不要追車？老師教學生、幹部教同仁，絕對是教不要追車。誰追車就準備自己去賠錢，或自己被抓去關。

二、案例2（民眾求情＋長官關切）

　　○○醫院副院長酒駕，督察長連夜關切未成，之後分隊因執勤未符合規定而受到4支申誡處分。

1. 民國98年2月27日23時許，A員警於執勤中發現有一部自小客車車身左右搖擺不定疑似酒後駕車，一路尾隨3公里後，遂將該車攔停於路旁，該車駕駛下車有意識模糊走路偏斜等情形，且酒味甚濃。

2. 該駕駛人張○○稱「我是○○醫院副院長，○○警察局局長、副局長都是我好朋友，我現在要趕往某分院開刀，希望放我一馬」；又由於路旁有民眾（檢舉人）觀望，乃要求該駕駛人實施酒精濃度測試，酒測值為0.91mg/L；此時張○○仍企圖關說，並說認識本局督察長，經確認後確有此事，但由於該駕駛已觸犯公共危險罪，故仍依法行政，將該駕駛移送法辦。

3. 該局督察長特地於150公里外，在凌晨2時趕到分隊關切案情，於瞭解後留下一句話「好！很好！依法辦事」。

4. 之後不久，該分隊即因督察室暗中查勤，以「執勤中返分隊用餐」為由，對A員警及其他3名員警處以4支申誡處分。

5. 案情討論：長官關說、違規者求情，您會如何處理？

6. 實務界高層看法：現在都有錄音、錄影，可以善用以自我保護！若知道可用勸導，若知道他是議員，且知道勸導效果會更好，則就勸導！這是警察的裁量權，也是幹部要告訴基層的，而問題是基層對於幹部的領導是不是心服口服？如果不是的話，則正好逮到機會，你平常修理我，我就修理議員，議員再修理你，這是一個職務面的循環。

三、案例3（民眾死諫）

　　撞交通部、撞基隆市交通隊、民眾吃路邊攤後連被開9張「酒後駕車」罰單，因而上吊自殺。

（一）情節

民國92年5月間白天，有一部老舊之小貨車載著汽油桶撞交通部大門，撞後駕駛人取出汽油桶澆油在車上，於擬引火燒車之際，被警衛及時制止；約一週後，基隆市又有一部計程車開車撞基隆市警察局交通隊大門，幸好兩件案例皆未釀成大禍。惟這兩件撞交通執法機關（單位）的案例，駕駛人均在訴求「政府（或警察）嚴正交通執法過於嚴苛」。

（二）過程

事經媒體披露後，引起社會大眾、各級民意代表、輿論界對警察相加指責，基層警察也以「民眾若不違規，我也不會取締」加以回應。社會大眾卻說「警察偷抓違規像小偷、政府搶錢」，立法院、各級議會乃開始質詢交通違規取締相關議題，並擬刪減警察預算。

（三）政府反應

1. 當時的總統陳水扁先生，不得不於92年6月14日中央警察大學聯合畢業典禮大會上，對全國及各縣市之警政首長說：「公開提醒各縣市政府，要重視交通罰單大幅成長問題，不要為解決財政困難而輕忽了可能引發的民怨」；「阿扁始終認為交通罰單所引發的民怨，不在於過多或過重，而在於處罰的公平性與正當性」。
2. 警察受不了社會大眾的壓力，代表內政部與交通部協調謀求改善之道，最後政府以「取締前要明顯告示（立法明定）、警察不可偷抓違規、陷阱區（或輕微）違規以勸導代替處罰、放鬆嚴正執法措施」等策略，才將此事件之風波穩定下來。

（四）結果與案情討論

交通事故年度死亡人數原本一路下降之情形（85年7,077人→91年4,322人），卻突然於92年回升為4,389人，並於93、94、95年又分別升高至4,735人、4,735人、4,637人。有關執法及歷年交通事故死亡之情形，詳見表8-2。

（五）4年後政府再反應

民國96年1月1日起執行「嚴懲惡性交通違規（6項）」專案，年度死亡人數驟降爲4,007人；97年7月1日起再執行「強化推動嚴懲惡性交通違規（再增列4項）」專案，年度死亡人數再降爲3,646人，爲歷史新低。

（六）案情討論

1.關於警察政策

「治安與交安」同樣是維護民眾生命財產的安全、是警察的任務，並且是可以預防以及是跨部會的。況且：(1)在「年度死亡人數」方面：交通事故（約4,000人）遠大於刑案（約300人）；(2)預防作爲「年度所挽救的人數」方面：交通事故（約400人）更是遠高於刑案（約20人）；(3)在「恩怨方面」：交通事故通常是無恩怨、無知、無辜的，而刑案通常是有恩怨的。故警察政策應該是「重交通輕治安」或「交通治安並重」才是，爲何長期以來反而是「重治安輕交通」呢？這是什麼原因呢？是「治安掛帥」或是「績效掛帥」嗎？「重治安輕交通」的警察政策需要檢討修正嗎？「治安第一、交通爲重、服務優先」是口號還是政策？

2.關於取締目的

交通違規取締之目的是什麼？是「爲取締而取締」、「爲績效而取締」、「爲規定而取締」、「爲國庫而取締」、「爲安全而取締」？答案應該很清楚，是「爲安全而取締」。然而，「專在陷阱區內取締」、「違規停車專挑未影響車流且易拖吊者加以拖吊」、「未針對惡性交通違規加以取締」、「冤枉用路人」等不合理的情形卻時有所聞；這種侵害民眾交通基本權的取締行爲，第一線員警爲何會如此抉擇？原因是什麼？是員警個人素養不足？是警察政策關心程度不足？是國家交通法規（道路交通管理處罰條例）視違規者只有處罰一途而已，還是其他？

3.關於執法修養

面對這歷史共業，警察應有的心態是什麼：慈悲（關懷、重視）、應付（口號、忽視、冷漠）、無知、無奈？俗云：慈悲、關懷可以「轉動共業」、「轉業成道、隨緣了舊業」；應付、無奈、冷漠則「轉不動共業」，並可能是「隨緣再造業」。警察都是身在公門，俗話說「身在公門好修行」，但也有一句話是「身在公門好造業」，我們該用那一種心態來執行警察作為？譬如：執勤員警及相關人員應以何種心態面對求情、關說、關切事件，或申訴案件、抗議事件呢？

表8-2　歷年修法、執法強度與交通事故死亡統計分析表（民68〜98年）

年分	死亡人數	修法日期（條數）	施行日期	舉發數（萬件）／罰鍰數（元）	該年違規舉發排名		1	2	3	酒醉駕駛
85	7,077	76.5	76.7	2,053	項目		違停	超速	高速公路	酒駕
					件數（萬件）		1004	252	152	2.848
					占該年%		48.9%	12.3%	7.4%	0.1%
86	6,516	1.22 (36) 4.23 (2)	3.1 6.1	967？	項目		違停	超速	闖紅燈	酒駕
					件數（萬件）		326.6	254	56.6	4.308
					占該年%		33.8%	26.3%	5.9%	0.4%
87	5,903			2,015	項目		違停	超速	未戴安全帽	酒駕
					件數（萬件）		629.6	378.8	322	14.50
					占該年%		31.2%	18.8%	16.0%	0.7%

（接下頁）

年分	死亡人數	修法日期（條數）	施行日期	舉發數（萬件）/罰鍰數（元）	該年違規舉發排名	1	2	3	酒醉駕駛
88	5,526	4.21 (1)	7.1	2,063	項目	違停	未戴安全帽	超速	酒駕
					件數（萬件）	603	373	304	16.60
					占該年%	29.2%	18.1%	14.7%	0.8%
89	5,420			2,179	項目	違停	超速	未戴安全帽	酒駕
					件數（萬件）	603	343.8	313.7	18.93
					占該年%	27.7%	15.8%	14.4%	0.9%
90	4,787	1.7 (56)	6.1	2,100多 162.7億元	項目				酒駕
					件數（萬件）				
					占該年%				
91	4,322	7.3 (19)	9.1	1,580.1（1,700多）216.0億元（188.7億）	項目		超速		酒駕
					件數（萬件）		423（21%）		
					占該年%		83.7億元（33%）		
92	4,389 5月撞交通部、隊	1.2 (1)	6.1	1337.8 200.7億元	項目	超速	違停	高速公路	酒駕
					件數（萬件）	277.2	272.2	121.2	7.40
					占該年%	20.7%	20.3%	9.1%	0.55%
93	4,735	4.21 (1)	7.1	1069.1 130.0億元	項目	超速	違停	違規轉彎	酒駕
					件數（萬件）	249.1	220.0	89.3	8.95
					占該年%	23.3%	20.6%	8.4%	0.84%

（接下頁）

年分	死亡人數	修法日期（條數）	施行日期	舉發數（萬件）/罰鍰數（元）	該年違規舉發排名				酒醉駕駛
						1	2	3	
94	4,735	2.5 (1) 12.14 (1) 12.28 (66) 12.28 (11)	9.1 95.3.1 95.7.1 96.1.1	1041.6 193.3億元	項目	超速	違停	違規轉彎	酒駕
					件數（萬件）	261.4	213.84	85.3	9.64
					占該年%	25.1%	20.5%	8.19%	0.93%
95	4,637		3.1 7.1	1064.6 179.4億元	項目	違停	超速	違規轉彎	酒駕
					件數（萬件）	251.7	246.0	85.4	11.58
					占該年%	23.6%	23.1%	8.03%	1.21%
96	4,007 嚴懲惡性違規6項	1.29 (2) 7.4 (1+1)	1.1 11.1 97.4.15	1101.5 191.4億元	項目	超速	違停	闖紅燈	酒駕
					件數（萬件）	234.4	227.82	150.2	13.77
					占該年%	21.3%	20.7%	13.64%	1.25%
97	3,646 嚴懲惡性10項	5.28 (1)	4.15 7.1 9.1	1039.7	項目	違停	超速	闖紅燈	酒駕
					件數（萬件）	199.08	174.38	156.5	11.67
					占該年%	19.2%	16.8%	15.05%	1.12%
98	3,464 嚴懲惡性12項		1.1	約1,000 36億元以上？					

註1：87～90年罰款歲入編列每年增加15%，91年增加近一倍；警察執行率均超過100%，最高達123%。91年有照人數1,100人，平均1.5張／人，1,100元／人。

註2：台北市85～86年，酒駕取締增加106%，酒駕死亡件數下降51.3%。又88年每週講習約200～300人，總死亡人數由約200人下降爲約100人，效果顯著。

註3：司法不服案件逐年增加，91年突然升高1倍，92年警察出庭作證率亦高達88%

（台北地院）：[20]

(1) 警察出庭作證率高：92年台北地院，1,398件／1,595件＝88%。

(2) 聲明異議案件逐年增加（台北地院）（91年死亡人數為25年來最低→迷信執法）：89年：376件、90年：854件、91年：1,662件（突然升高）、92年：1,595件。

(3) 抗告案件逐年增加（高等法院）（92年5月撞交通部、隊）：89年：285件、90年：575件、91年：1,126件（突然升高）、92年：1,131件。

註4：96年1月1日起執行之「嚴懲惡性交通違規（改善交通大家一起來）」專案，重點有6項為：「1.酒後駕車」、「2.闖紅燈」、「3.嚴重超速（超速40公里以上）」、「4.行駛路肩」、「5.大型車、慢速車未依規定行駛外側車道」、「6.蛇行、大型車惡意逼迫小車」等。當年違規舉發排序1～3如本表，而排第4者為「國道違規：941,552件（占8.55%）」，排第5者為「違規轉彎：834,498件（占7.58%）」。

註5：97年7月1日起執行之「強化推動嚴懲惡性交通違規」專案，重點增為10項：除了原有6項之外，再增列「騎乘機車或附載座人未依規定戴安全帽」、「逆向行駛」、「違規超車」、「左轉彎未依規定」等4項。死亡人數3,646人為歷史新低。當年違規舉發排序1～3如本表，而排第4者為「違規轉彎：839,637件（占8.08%）」，排第5者為「國道違規：766,479件（占7.37%）」。

註6：98年1月1日起執行之「加強取締惡性交通違規」專案，重點再增為12項：除了原有10項之外，再增列「違反停讓標誌、標線規定（支道車不依規定停、讓），機車行駛禁行機車道」、「機車未依規定兩段式左轉」等2項。死亡人數3,464人再創歷史新低。

註7：被舉發違規停車之拖吊率：92年為42.6%、93年為57.3%、94年為53.2%、95年為45.1%、96年為45.1%、97年為46.6%。

註8：86年及98年舉發數／罰鍰數的？皆表示數據值得懷疑。86年的前後年都是2,000萬件以上，而86年卻只有967萬件，相差太懸殊。98年之前每年罰鍰都在130億元以上，98年卻只有36億元。

資料來源：警政署、衛生署、中國時報、交通部公路總局，陳家福整理。

四、歷史共業轉得動嗎

（一）業中有道

1. 共業轉得動：對症下藥

(1) 關鍵原因

關懷（重視）→對症下藥→修法→執法。

---

[20] 司法院網頁資料，http://njirs.dudicial.gov.tw./FJUD/index.htm。

(2) 佐證

　　每逢修法、配合執法之年度，死亡人數均下降約500人。這是世界奇蹟！

　　由7,584人（78年）→7,250人（83年，自律年）→7,077人（85年，約10月間一週內北市兩名警官、一名北一女學生陸續被酒駕者撞死，市長陳水扁要求先執法，年底修法）→6,516人（86年中執法）→5,903人（87年）→5,526人（88年）→5,420人（89年）→4,787人（90年修法、執法）→4,322人（91年修法、執法）→4,389人（92年5月撞交通部、隊）。

2. 共業轉不動：未對症下藥

(1) 關鍵原因

　　忽視（口號）→未對症下藥→未修法→未重點執法。

(2) 佐證

A. 68～75年：死亡人數由5,281→6,270（期間僅70年7月及75年5月曾修法）；修法當年死亡人數較高，修法後會稍降。但76年反而上升至7,034。

B. 76～85年：10年間未修法、未對症執法、只有口號，死亡人數只有飆高，幾乎未下降。

　　(A) 年度死亡人數由6,270人（75年）→7,034人（76年）→7,584人（78年，史上最高點）

　　(B) 口號政策無效：7322人（80年，安全年）→7216人（81年，禮讓年）→7367人（82年，守法年）→7250人（83年，自律年）。

　　(C) 未對症之高舉發量仍無效：每年之舉發量高達2,000萬件，但違規停車就占了49%，超速12.3%，高速公路違規7.4%（85年之比率，逕行舉發量共約占70%）。對於真正危害交通安全之違規行為則很少舉發，故取締對於安全之改善無效。

（二）隨緣再造業：迷信強力執法，侵害交通人權

1. 政府迷信執法

91年死亡人數為25年來最低，是透過「強力取締，嚴正執法」所致，因此造成「強力取締一定有效之迷思」。

2. 民眾對警察很不滿意

(1) 司法不服案件逐年增加：91年突然升高1倍，92年警察出庭作證率亦高達88%。

(2) 研考會於92年3月調查發現「民眾對15類公務員最不滿意者為交通警察（占35%）、第三不滿意者為警察單位人員（30%）」。

(3) 民眾死諫：92年5月撞交通部、隊。

(4) 民眾對警察的稱呼：人民保姆→賊頭→搶錢者（提款機）。91年、92年為歷年來年度總罰鍰最高者（約200億元）。

(5) 放鬆執法，年度死亡人數增加346人：92年5月到95年7月。

3. 未針對惡性違規加以取締（嚇阻），則安全改善或維護形同無效

年取締量達2,000多萬件者，當年死亡人數並非是較低者，反而年取締量僅約1,000多萬件者，當年死亡人數卻是最低者。

（三）隨緣了舊業（轉業成道）：嚴懲惡性違規，死亡人數又下降

1. 96年1月1日起執行「嚴懲惡性交通違規（改善交通大家一起來）」專案，針對6項嚴重性違規加強取締，年度死亡人數由4,637人（95年）下降為4,007人（96年），下降了630人，效果再度呈現。

2. 97年7月1日起再執行「強化推動嚴懲惡性交通違規」專案，除了原有6項嚴重性違規之外，再增列4項。年度死亡人數再降為3,646人，為歷史新低。

3. 98年1月1日起繼續執行「加強取締惡性交通違規」專案，除了原有10項之外，再增列「違反停讓標誌、標線規定（支道車不依規定停、讓），機車行駛禁行機車道」、「機車未依規定兩段式左轉」等2項。死亡人數又降為3,464人，再創歷史新低。

參、小結

歷史共業轉不轉得動的關鍵在於「關懷（重視）」與「對症下藥」，而不是在於「口號政策」，更不在於「強力執法」、「執法績效」或「舉發件數」。當然目前「嚴懲惡性交通違規」之安全政策是有效的，應予以維持或再提升，不宜再放鬆或變更。尤應注意者是，於執行「嚴懲惡性交通違規」政策時，應避免發生侵犯交通人權之事，不應再重蹈民國86～92年時「侵犯交通人權」之覆轍；同時也不應再重蹈民國86年以前「漠不關心」之覆轍。

又整體交通安全的改善，不應只是靠交通執法；交通執法是治標，不能治本。因此，若欲再改善國內之交通安全，則應著手改善交通社會之體質。改善體質之道，在於建立起國人之「交通安全意識」，對用路者不要只是「管理與處罰」，而應增加「獎勵、服務與教育」，以促使用路者能知法並守法。而政府對於提供一個「安全、暢通、友善」的道路通行環境，更應是責無旁貸的責任與義務，這除了需要妥善的立法與執法之外，更應透過「交通安全教育」、「交通工程與管理」手段的實施，才能建立起交通安全體質。

經由上述「倫理議題」之分析，「倫理案例與討論」之說明，筆者認為警察於執行「交通違規稽查與交通犯罪偵查」時，其倫理守則仍相同於「交通事故處理與偵查」之：忠誠、專業、客觀、正義、悲憫、守法。不過，在本項執法工作中，「專業、正義、悲憫、守法」等四項倫理守則，筆者以為更為需要。

第五節　「交通秩序整理」的倫理議題

壹、倫理議題

「交通秩序整理」時，其所使用之手段主要者有：交通指揮、交通管制、發布命令等，而這些手段實施時，極可能會干涉到用路者之「行

動自由」。因此，當員警實施交通秩序整理時，如何正當執法，以避免干涉用路者之「行動自由」，並促進交通流暢、保障多數用路者之「行動自由」，便成為主要之倫理議題。

貳、倫理案例與討論

該項相關之案例有：關於路邊行人通行秩序整理、攤販與行車秩序整理（含路霸整理）、站前通行秩序整理、大型活動或特殊活動之人車秩序整理等路暢專案，及路平專案、路安專案等相關案例。例如，台北火車站改建前之年節旅客返鄉秩序疏導整理，就曾發生前後兩年，警察局與交通局之策略完全相反之情形；又如桃園火車站前通行秩序的整理，終於自99年起展開整理，從此於尖峰時段，警察約增加15名警力投入，其他單位之措施與人力在此不說明。

由於該些交通秩序的整理，並非只是單純的交通違規取締或交通指揮而已，而可能均涉及其他相關業務單位的協調與規劃、縣市首長或主官的重視、決心與專業，更可能涉及風紀等複雜問題。受限於篇幅與時間，本節不提案例討論。

第六節　警察交通執法倫理之未來：治安與交安並重

壹、結論

警察交通執法工作有四：「交通事故處理與偵查」（不只是「交通事故處理」而已）、「交通違規稽查與交通犯罪偵查」（不只是「交通違規稽查取締」而已）、「交通安全維護與改善」（不只是「交通安全宣導」而已）及「交通秩序整理」等。警察實施這些工作時，均分別會遭遇到一些抉擇上的困境，而存在著執法倫理的議題。有關警察交通執法倫理議題，經前述探討後，提出以下幾點意見作為總結：

一、警察交通執法工作不應只是由交通警察負責而已，警察機關應確實「交通治安並重」

警察交通執法工作，係警察機關所負責執行之交通行政工作；而交通警察執法工作，係警察機關內由交通專業警察所負責執行之行政工作，兩者並不完全相同。而警察交通執法工作有四：「交通事故處理與偵查」、「交通違規稽查與交通犯罪偵查」、「交通秩序整理」及「交通安全維護與改善」等。警察實施這些工作時，均分別會遭遇到一些抉擇上的困境，而存在著執法倫理的議題。

長期以來，警察因「重治安輕交通」之故，已形成非交通專業警察幾乎不會主動執行交通執法工作，或不懂交通執法工作之普遍現象。導致過去於執行「交通事故處理與偵查」、「交通違規稽查與交通犯罪偵查」工作時，因執法品質不良而「影響人民權益，損害政府及警察形象」。近年來，警政署雖已有「治安第一、交通為重、服務優先」之口號，也常聽到「治安、交通為核心業務」，但整體之警察制度並無法於短時間之內調整過來（尤其是人事制度），導致基層員警於執行交通執法工作時，其執法品質仍有許多可議之處，仍然影響人民權益，警察形象仍無法晉升優良。但願警察機關於人事、預算、業務、勤務、管理等方面，能真正落實「交通治安並重」之政策，用以維護人民權益，提升警察形象。

二、警察交通執法工作具有專業性，非一般警察皆能勝任

警察執行「交通事故處理與偵查」工作時，在需「快速處理」的要求下，又要達到「完整蒐證」的結果，將遭遇到一些困境，諸如有以果推因的困境、有幾乎不能封鎖現場的困境、需具備眾多專業知識的困境、事故發生數量多難以維持蒐證品質的困境、必須公正客觀完整蒐證但長官並不重視的困境等，甚至有難以分辨「自撞」或「肇事逃逸」或「謀殺」案之困境。這些困境，具備專業知識或經驗之員警，都不見得能順利克服，更何況非專業之員警。

臺灣現今交通安全的問題仍相當嚴重，遠甚於其他已開發國家；警

察於執行「交通安全維護與改善」工作時，並不是只有強力執法或執行守望勤務一途而已，而應是先關心或重視該問題，進而對症下藥，選擇適當有用的方法，例如「會勘改善」、「交通安全教育與宣導」、「交通工程與管理」等相關方法兼容採用。然而，這些改善方法，均事涉專業，派赴分局交通組、警察局交通隊之員警，若未具備專業學歷或資歷，哪能勝任該工作呢？即使派任了，有經過講習或訓練嗎？該訓練後就能勝任嗎？已具備核心執法能力了嗎？實值得深入瞭解與改善。

而警察執行「交通違規稽查與交通犯罪偵查」時，其目的是為了維護民眾生命安全、道路暢通、秩序安定，而不是為了「舉發數量」或「開單績效」。而執行「嚴懲惡性交通違規」有其必要，但也應避免再重蹈民國86～92年時「侵犯交通人權」之覆轍，同時也應避免再重蹈民國86年以前「漠不關心」之覆轍；否則將「影響人民權益，損害政府及警察形象」。對某一些特別之交通違規行為，或何種手段可能「侵犯交通人權」，這具有一些專業性，並非所有的警察不用經過教育或訓練即都能瞭解。

三、警察交通執法工作倫理守則

（一）警察執行「交通事故處理與偵查」之倫理守則

筆者以為有下列：

1. 忠誠：應本於職責，誠實負責。不得匿報、推委、違背良知。
2. 專業：應具備專業，求真求實。不具備專業者，不得派（擔）任該工作。
3. 客觀：應慎防主觀，客觀求證，團隊合作。不得先入為主、本位主義。
4. 正義：應積極蒐證，釐清事實。不得偏袒、藉故不作為。
5. 悲憫：應富同理心，積極任事。不得只重視績效、忽視民眾權益。
6. 守法：應依法行政，正當合法。不得違背法令、倫理、道德。

（二）警察執行其他三項交通執法工作之倫理守則

仍然是「忠誠、專業、客觀、正義、悲憫、守法」等六項；不過，在現階段的警察交通執法環境中，筆者以為「專業、客觀、悲憫、守法」可能是最迫切需要的倫理守則。

四、在上位者應以身作則，多關心交通執法工作，並積極遵守與推動倫理守則

警察執行交通執法工作，雖然會遭遇到執法困境，雖然有需要遵守的倫理守則，也雖然不分上下全員均應遵守，但俗話說「上行下效」、「上梁不正，則下梁歪」，因此在上位者應以身作則，多關心交通執法工作，也應積極推動教育訓練，建制配套的人事制度，以蔚成執法倫理風潮；俾形塑良好的執法品質，造福民眾，創造警察優良形象。

貳、建議：警察交通執法倫理之未來

警察交通執法過程中，未來所面臨之挑戰，主要是在於「交通事故處理與偵查」中之完整蒐證、「交通安全改善」中之用對方法、「交通違規稽查」中之「兼顧安全與人權」等議題上，而核心的倫理議題則在於：一、警察中高層幹部是否已真正關心該些執法議題；二、警察的人事教育制度是否已配合。為再說明未來的核心倫理議題，茲提出下列幾項，簡要說明如次：

一、「交通事故處理與偵查」、「交通安全改善」之工作具有專業性質，非專業人員不應擔任該兩項工作

交通事故發生後之處理，涉及現場安全的維護、跡證的蒐集與保管、當事人的責任與權益之處理、迅速恢復交通、肇因分析與改善等，這些工作均具有專業性質。專業工作應由專業的人員來擔任，從事這兩項工作的警察人員，若未具備專業的學識或經驗者，則將對當事人的權益、警察的形象產生相當不利的影響，並不利於整理交通安全的改善；同時處理之員警也可能遭受到一些法律責任。

　　警察分局交安組擔負轄區內交通安全、暢通、秩序等之規劃與執行事項，若承辦交通勤業務之員警，對交通管制設施（標誌、標線、號誌）及常用名詞之意義與功能不瞭解，或對於常用法規、基本技能的知識不具備，如何能勝任此項工作呢？承辦人若未具備專業資歷，如何能保護轄內用路者之生命、財產安全！例如民國95年底，筆者於桃園縣實施A1案件事後現場會勘之半年期間，發現非專業人員擔任專業工作之現象（參見第三節之壹），警察長官應加以重視，並應透過教育制度、人事制度、人力派遣機制與訓練等面向加以改善。

二、警察應多關心交通事故偵查與安全改善之課題，尤其是行政警察與中高層幹部

　　臺灣發生的道路交通事故量，於警政署登記有案者，每年高達30萬件，其中A1（24小時內死亡）約0.3萬件，A2（受傷或24小時後死亡）約15萬件，A3（單純財損）亦約15萬件。員警處理每件所需之時間：A1約5～6小時（到相驗為止，不包含移送以後之時間；北市約3～4小時）；A2每件約2～3小時（若提告則再加2小時；北市約1～2小時）；A3每件約1小時（北市約0.5小時）。民國99年，全國現有之交通警力有8,567人，受過交通事故處理專業訓練者亦有2,987人，表面上這些警力似乎足以消化每年的30萬件事故；然而若考慮轄區內事故的發生並非平均、一件事故的蒐證約需1～2人、交通事故處理專責警力數、專責員警是否具備專業能力等因素，則現有之專責警力可能無法消化轄區內之A1、A2事故，導致派出所員警需負責處理A2事故。

　　因為轄區交通事故量多，而偵查蒐證事故又需專業，在專責警力應接不暇、專責警力或派出所員警並非均受過專業訓練的情況下，事故簡單處理、應付了事、蒐證不完整等現象就容易發生了。由於勤務的派遣、警力的配置涉及警察中高層幹部，而全國行政警察之數量最多，因此，警察中高層幹部應多關心交通事故偵查之課題。

三、官警兩校警察科系之學生應學習「交通事故處理與偵查概要」之課程

由於治安、交安、保安同樣都是警察的任務，地方行政警察必然會遇到「交通事故處理與偵查」之工作，而該工作是一專業性之工作，因此，官警兩校警察科系之學生應學習「交通事故處理與偵查概要」之課程。

四、警察應有配套的人事管理制度，以充實交通執法警力

為引發中高層警察應多關心交通事故偵查與安全改善之課題，藉以提升基層之交通執法警力，警察應有配套的人事管理制度。例如，交通專業之主官或主管，必須具有交通專業資歷（經歷或學歷）者始能擔任；將交通專業資歷列入升官之資格條件之一（因為治安、交安、保安同樣都是警察的任務），這可鼓勵行政警察願意到交通專業單位體驗或學習；擔任交通專業工作前，應有相當的專業訓練課程或教育學程，並應有在職訓練。

同時於訂定執法績效，用以實施獎懲時，應留意獎懲的實質目的；應避免辛勞偵辦交通事故之員警得不到獎勵之情形，更應避免為達安全績效而有吃案之情形。

五、警察交通執法時應兼顧「交通安全與人權」

警察實施「交通違規稽查」、「交通秩序整理」時，其目的無非是為了促進交通安全，但為了促進交通安全，也不能違法侵害人權。例如，於交通管制設施不明確處（俗稱「陷阱區」）取締、於速限更換區而標誌或標線不明處取締、呼氣酒測之前未確認已飲酒超過15分鐘或15分鐘內酒測未確認已漱口、隨機攔車檢查車輛或酒駕者等，這些都是侵害人權之執法。因此，警察於實施交通執法時應能兼顧「交通安全與人權」，不應只是一味地嚴厲執法，而忽略了交通人權的維護。

六、警察可發展「治安與交安並重，治安與交安結合」的執法策略

　　警察長期以來是以治安維護爲主，而比較忽略交安的維護，每年死於刑事命案者不超過300人，但死於交通案件者近年約爲4,000人，同樣人命一條，我們警察的政策或執法思維有等同重視嗎？還是因爲刑事案件的偵辦或預防比較有績效（獎勵），而交通事故的偵辦或預防比較沒有績效（獎勵）才造成這種結果？身爲執法者的我們，應思考我們到底是爲績效（名位）而執法，抑或爲保護民眾生命財產安全而執法？

　　近年來交通發達，成年人幾乎每人均擁有交通工具，犯罪者亦幾乎均使用汽車或機車爲交通工具；同時有犯罪傾向者也較易違反交通通行規範，因此路口監視器系統、車牌自動辨識警示系統、先進勤務指揮中心系統、贓車資料庫、通緝犯車輛資料庫、犯罪者車輛資料庫等科技系統之研發與建置，並結合街頭執法，應該是警察未來「結合治安與交安」的可行策略。

　　交安與治安雖然一直是警察的兩大主要任務，但長期以來由於「績效掛帥」、「刑事掛帥」思維的影響，警察交通執法工作並未受到警察人員的重視。近年來，隨著時代的發展，民眾比較重視「交通人權」，警察外部的力量迫使警察不得不重視交通執法工作；尤其「交通事故處理與偵查」、「交通安全改善」等執法工作具有專業性，這是我警察人員，也是我們政府長期以來疏忽或不重視的工作。我警察人員若欲保護民眾生命財產安全、保障民眾權益、提升警察專業形象，則應多關懷與重視交通執法工作，尤其是應加強「交通事故處理與偵查」、「交通安全改善」等執法能力的培養，則國家是幸！

第九章
現場交通管制應完備

　　2008～2012年，警察因公死殘最大的原因是車禍（占59.5%），本章以個案研究、文獻探討爲方法，針對警察於處理交通事故時之危險因子、法令規範、組織權責、管制作爲、機具裝備等進行全盤性之探討。探討後發現：一、在高快速公路上，來撞警察的車輛都是突然失能（控）者；二、絕大部分的警察都是在交通管制設施「尚未佈設」、「正在佈設」、「撤除佈設」時遭撞；三、警察機關未遵照《道路交通標誌標線號誌設置規則》（以下簡稱《設置規則》）第155條的規定來實施交通管制。最後，提出預防的作爲：一、觀念待調整：「事故處理，等同於在道路施工」，警察應遵照《設置規則》等法令的規定來實施交通管制；二、規定「適當距離」的三種法令應對之有明確的訂定或修正；三、應改變管制方式，並增派警車、警力並強化交通管制設施予以支援；四、應加強員警對危險控管之教育訓練；五、警察機關是事故處理的權責機關，應竭盡所能的提供一安全的工作環境給執勤員警。

第一節　存在問題：警察因公死殘最大的原因爲車禍

壹、研究緣起

　　2014年發生瑞芳吳○警案（詳見表9-1案2），警政署爲此案召開相關的檢討會；原以爲警察處理道路交通事故時，遭車輛撞擊的案件會因此而減少，惟在2014～2018年間每年卻都有警察遭車輛撞擊致死的案件發生，尤有甚者，於2018年4月23日國道又再度發生2名警察、1名民眾遭打瞌睡大貨車撞擊致全部死亡的慘劇。這眞是令人應該關心與設法

防範的問題！

一、研究動機

（一）2013年研究發現：警察因公殉死殘之最大原因為「車禍」

「員警處理道路交通事故危險性評估」研究案，有一重大發現，「警察因公殉職死亡殘廢之最大原因為『車禍』（占59.5%），而不是刀槍等暴力（占26.2%）所致；其餘之占比則分別為：常訓7.1%、天災4.8%、罕見疾病2.4%」（曾平毅、陳家福，2013：48）。同時該研究也有一項主結論：「第二、警察機關均應加速下列兩項作為：(1)應儘速制定充足的安全警戒與防護規範，並落實實施，以滅除員警『冒死搶救』之時機。(2)應加強員警對風險情境的認知教育。」（曾平毅、陳家福，2013：143-144）。

（二）2014～2018年，每年都有警察遭車輛撞擊致死的案件發生

詳表9-1，這5年間，警察遭撞致死傷而且曝光於媒體的案件計有11件。

　　1.警察遭撞致死傷計有8案（8死7傷）：案2～案7、案10、案11。
　　2.其他險遭撞案計有3案（1輕傷）：案8、案9、案12。

（三）筆者以為警察對交通安全之相關教育訓練可能有所不足

筆者曾思慮：「汽車、手槍同樣是警察之值勤工具，長期以來，如何用槍有多量而適當的教育訓練，但如何開（騎）車？車輛於道路上行駛，其所形成的危險源有哪些？能否預知？又交通管制有適量的教育訓練嗎？」筆者以為「沒有」，故筆者乃構思做深入之探討。

二、研究目的

（一）提出具體之研究成果與改善意見

針對警察機關現行道路交通事故處理時之危險因子、法令規範、作業程序、機具裝備、管制計畫、人員訓練，甚至組織權責等有關面向加

以檢討，並提出具體研究成果與改善意見。

（二）盼藉此文拋磚引玉，共同防範

在研究期間，雖然國道警察有關因公殉職[1]、危險加給[2]的問題已獲得改善，但有關員警執行事故處理時的安全問題仍然存在[3]，故仍願藉此文拋磚引玉，引發權責機關、產官學界、關心者，尤其警察長官、幕僚幹部對此問題之重視與深入瞭解此課題，俾以制定安全又適當的防制作為。

三、研究方法

個案研究法（十二個案例）、文獻分析法（文獻、法令規章）。

四、研究範圍

由於過去所發生警察遭車輛撞擊致死傷之案件，絕大部分是發生於高速公路或快速道路上，所以研究範圍是以於高速公路或快速道路處理事故的警察及其作為為限。

五、研究內容

包括：1.警察處理交通事故時之危險來源分析；2.警察處理交通事故之相關法規與文獻探討；3.警察處理交通事故時，如何進行安全的交

---

[1] 國道警察擔服法定勤務遭車輛撞擊致死，自民國107年10月2日起可改屬「因公殉職」。警察人員人事條例施行細則第17條已於107年10月2日修正（中華民國107年10月2日內政部台內警字第10708718752號令、銓敘部部特三字第1074637207號令會銜修正發布第17條條文），「本條例……所稱殉職者，指有下列情事之一者：一、……二、……」，其中第2款之原條款為「二、執行前條各款所定勤務之一，遭遇危難事故，奮不顧身，以致死亡。」新條款則修正為「二、執行前條各款所定勤務之一，處理對其生命有高度危險之事故，遭受暴力或意外危害，以致死亡。」

[2] 據自由時報2019年1月11日報載「國道警危險加給每月3000政院拍板回溯元旦起發放」。

[3] 國道警察服勤時若遭車輛撞擊致死，雖然自民國107年10月2日起可改屬「因公殉職」，但在這之後，又發生了兩件。其中一件，發生於107年11月23日凌晨，遭精神不濟休旅車撞擊，造成1名員警死亡（器官捐贈）、1名員警受傷；另一件則發生於107年12月11日深夜，遭特斯拉自動駕駛車（司機精神不濟）撞擊，4名員警幸好來得及跑離，均無礙，但兩輛警車則於車尾、車頭分別完全凹陷。

通管制；4.針對研究成果，提出具體之改善建議。

貳、案例探討

一、過去案例：警察遭撞之危險來源分析與檢討

（一）2011～2018年所發生十二個案例之危險來源分析

1.將該十二個案例及其危險情境，分析整理並繪製成表9-1。

2.該十二個案例（詳表9-1）之分析結果：

  (1) 於高（快）速公路上遭撞的比率最高，且都是遭突然失能（控）者所撞

  A. 在12件之中有8件[4]之高比率是發生於高（快）速公路上。

  B. 在這8件中，警察都是遭「突然失能（控）者」撞擊所致。

  C. 在這8件中，3件是被疲勞駕駛車輛所撞，3件是被失控車輛所撞上（特斯拉車歸於本類），而酒駕、毒駕則各有1件。

表9-1　警察遭撞案例之危險情境分析簡表（2011～2018）

發生年月	案例名稱（序號）	發生道路	勤務類別	安全視距	遭撞時機	撞擊車輛當時車速[1]	撞擊結果	肇事主因
2011.12.2	國3康○警案（案1）	國3通霄段	處理A3	不良夜間	拿警示燈時	疲勞小客車高速撞擊	警1死	疲勞駕駛[2]
2014.6.10	瑞芳吳○警案（案2）	快速道路	處理故障車	不良隧道內	正擺交通錐時	失控聯結車高速撞擊	警1死	失控聯結車
2015.5.3	花蓮藍○警案（案3）	郊道路口	機車巡邏	不良大樹遮蔽	鄰街有來車	酒駕小客中速撞擊	警1死	未察覺危險源[3]
2016.7.17	蘆洲警截肢案（案4）	快速道路	聯合警衛交控	良好	正擺交通錐時	酒駕小客快速撞擊	警1截肢	酒醉駕駛[4]

（接下頁）

4　這「突然失能（控）」的8件是案1、案2、案4、案7、案8、案10、案11、案12。

發生年月	案例名稱（序號）	發生道路	勤務類別	安全視距	遭撞時機	撞擊車輛當時車速[1]	撞擊結果	肇事主因
2016.11.2	龜山女警案（案5）	縣道路口	追攔逃逸車輛	尚可凌晨	警車快速右轉	自撞對向行道樹（快速撞擊）	警1死1傷	未察覺危險源[5]
2017.4.23	中市警車互撞案（案6）	市區路口	馳赴鬥毆現場	不良凌晨	鄰街有警車來	兩警車互撞快速撞擊	警1死3傷	未察覺危險源[6]
2017.8.7	國3竹林警案（案7）	國3竹林段	處理故障車輛	良好白天直路	正於警車通報	毒駕大貨車高速撞擊	警1死1傷	吸毒後駕駛
2017.12.6	國道警險遭撞案（案8）	國1泰山段	處理故障車輛	不良夜間	正準備上架時	先與他車擦撞之聯結車	警車損無傷亡	失控聯結車[7]
2017.12.6	市交警遭機撞案（案9）	北市松山	處理機車事故	良好白天	正擬移開警用機車時	機車，閃過警示用之警用機車	警輕傷，低速擦撞	警示措施欠明確[8]
2018.4.23	國1新市警案（案10）	國1新市段	攔車稽查舉發	不良凌晨	舉單正簽名時	疲勞大貨車高速撞擊	警2死民1死	疲勞駕駛
2018.11.23	國1楊梅警察案（案11）	國1下坡彎道	處理爆胎車輛	不良凌晨	剛抵達11秒時	精神不濟休旅車高速撞	警1死1傷	精神不濟[9]
2018.12.11	國3險遭特斯拉撞案（案12）	國3新竹段	處理事故	不良深夜	交通錐爆閃燈100m	特斯拉自動駕駛車高速撞擊	2警車損，4員警無傷	特斯拉車自動駕駛[10]

註1：慢速（小於20KPH），低速（20～40KPH），中速（40～60KPH），快速（60～90KPH），高速（大於90KPH）。

註2：案1中，在該時段，國道3號通霄段發生了連環撞，15人受傷之A3事故。「273，○○呼叫，國3北上145公里，有2件5部車事故，有民眾下車在車道上，趕快過去處理」；「273收到，馬上趕往」。另一名員警說「我們到達現場後，路面交通錐擺好，然後康志榮說可能不夠明顯，然後他到車上拿小的警示燈，再來他就被（疲勞駕駛車）撞了」，一名冒險救人的警察因此走了[5]。

---

[5] 「12月2日那天，如果沒有你們提早5分鐘趕到現場，馬上做好警戒措施，那台疲勞駕駛的

註3：案3中，肇事主因並非酒駕，而是警察及酒駕者雙方均未察覺大樹遮蔽安全視距，均未減速之故。

註4：案4中，交通指揮的警察於察覺來車（酒駕車輛）不遵指示時，有立即呼叫並來得及逃走，但擺交通錐的警察因專注於擺放而未察覺與聽到呼叫聲，故來不及逃走。

註5：案5中，因為路口無超高之設計，故車輛不應於路口快（高）速轉彎。

註6：案6中，因為市區道路路口之街角通常有遮蔽（建築）物，擋住安全視距，故車輛不應快（高）速通過該類路口。

註7：案8中，警察之所以未被撞到，是因為執行交通指揮的警察有察覺到異狀，趕緊呼叫另名同仁跳開，且正好有聽到有空間可跳逃之故。

註8：案9中，警用機車停於車道中用來阻擋車流，其警示效果欠明確。

註9：案11中，遭撞時，正駕駛站於內側路肩未受傷，副駕駛正於警車前方擺三角錐造成四肢挫傷，另一名剛從警專畢業的實務訓練生坐於後座則遭夾擊致死（器官捐贈）。

註10：案12中，因事故現場後方之內側車道、中內車道，佈設有約100公尺長之漸變區段（約每10公尺置放一交通錐，交通錐上方置放爆閃燈），所以2名指揮之員警均來得及跑開而未被撞；而緩衝區段也因有2部警車阻擋，所以負責蒐證之2名員警也未被撞；但該兩輛警車則於車尾、車頭分別受有完全凹陷之車損。

(2) 發生於非高（快）速公路案件之肇事主因為「警察未察覺危險源」

A. 有3件發生於路口，有1件發生於路段。

B. 警察遭撞之主因：路口是「警察未察覺危險源」，路段是「警示措施不夠明確」。

（二）2011～2018年所發生12個案例中危險防制之檢討

上述12個案例，依前述之危險來源分析，檢討整理如下：

1. 正常車流中，潛藏著「突然失能（控）的車輛」，會突然衝撞過來

疲勞駕駛（精神不濟）、恍神駕駛、酒後駕駛、藥毒駕駛、病態駕

肇事車輛極可能衝入現場人群中，造成嚴重傷亡。你走了！你真的走了！」──國道英烈（106年警察節紀念國道英烈影片），國道公路警察局，擷取日期：2017年6月17日，https://www.facebook.com/HighwayPoliceBureau/videos/1207816919348049/。

駛[6]等充斥於正常車流中的比率，由於受到社會眾多壓力因素的影響，似乎有愈來愈高的情形。這個現象，員警於道路中執勤時尤其要特別留意與保持警覺心，因為何時會出現突然失能或失控的車輛，任誰也無法預知！

2. 遇突然失能（控）車輛時，員警應能及時發現並來得及跑離現場。

3. 應教育員警察覺危險源與預防之方法

例如在高（快）速公路上，應教育員警：「正常車流中，不乏突然失能（控）的車輛潛藏著，隨時有突然衝撞過來的可能性。」「應隨時保持高度警覺心、隨時面向車流、預留緩衝空間及佈設足夠的交通管制設施以防護自己。」

例如在案2中（快速道路隧道中處理事故），該大貨車突然失控的原因可能有二：一為聯結車緊急煞車時可能形成彎曲狀或剪刀狀而失控，二為隧道中可能存在油膜現象[7]而形成車輛失控之情形。在執行本案的員警或警察機關，可能不知道高速公路局所訂定之《施工之交通管制守則》中有關在隧道執行交通管制應有措施的規定，例如應於隧道進口端上游至少約30公尺處，即應佈設交通錐以管制車輛禁止進入外側車道；也可能不知道上述兩個可能造成聯結車失控原因。故警察機關有責任教育員警察覺危險源與提供預防的方法。

又如發生在一般道路路口之案例中，肇事主因是「駕駛之警察未察覺危險源」，然而路口常有固定之遮蔽物會影響安全視距，路口也缺乏超高之設計不能高速行駛，這些危險源或危險情境，警察機關應加以教育訓練。而這些內容只要稍加說明或提醒，透過平時的勤前教育或常訓，即能達到認知危險情境的效果，也能達到預防之功能。

---

6 例如血糖突然降低之駕駛人、因高血壓而造成突然暈眩之駕駛人、乾眼症發作而突然眨眼不停之駕駛人、因生病服藥而造成精神不濟之駕駛人等。

7 在隧道中，汽車引擎所排出之廢油氣若未完全被抽風機抽離乾淨，當漂浮在空氣中之廢油氣累積到一定程度時則會掉落到路面上，之後路面這些廢油氣的累積可能會形成油膜現象；一旦油膜現象形成，車輪行經該處時便可能造成該車輪之方向失控或車速失控之情形，因而形成車輛失控之現象。

4. 於路段處理事故時，針對通行車輛，應有明確的警示、防護措施

　　在案1中的原因之一是交通錐擺得不夠長（多），案2、案4則正在佈設交通錐，案7、案11更是還在巡邏車內（回報狀況）或剛下巡邏車還未佈設交通錐時，而案8、案9都是發生在接近完成撤除交通錐（或正擬移開警示用之警用機車時）之時。故警察於處理事故時，爲了避免過往之車輛發生二次事故，應有明確之警示設施，用以警示於車道上繼續通行之駕駛人，提醒其減速慢行或改道行駛，並須有預防突然失能（控）車輛撞來之預警措施及緩衝距離。

二、歸納整理：事故現場員警所面臨危險情境之類別

　　員警前往處理事故的時機，有巡邏中發現者，有接獲通報時前往者，但無論何種時機，員警於處理事故時，其所面臨之危險來源，可分爲共通情境、特（個）別情境兩類。

(一) 共通情境

　　以下這些情境，處於都還缺乏警示或其他管制設施之狀況：

1. 剛抵達現場，於警車上回（初）報現場狀況時

　　國3竹林警案（案7），就是剛抵達現場，員警正坐於警車內使用無線電回報勤務指揮中心之當下發生的。國1楊梅警察案（案11），也是剛抵達現場約11秒就遭撞了（坐於後座，遭夾擊致死）。

　　員警臨近或剛抵達事故現場時，警車上之警示燈對正常之駕駛人是有其效果，但對突然失能或失控之駕駛人卻無法發揮其效用。因此，初抵現場之員警，於相關之警示設施、管制設施未設置完成之前，不宜先（專心）工作，應保持高度警戒心，隨時觀察周圍車流狀況，並應預留隨時可以跑離以免遭撞之緩衝空間，以應不時之需，方能自救救人。所以，當警車抵達事故現場時，員警應迅速離開警車，若要通報現場狀況，最好不要再使用警車無線電，而改以隨身無線電通報。

2. 員警離開警車，處理職務上之工作時

(1) 離開警車之優先工作是交通管制，而不是傷患救護

員警抵達事故現場後，應以交通管制工作最為優先處理，而不是以過去規定之「傷患救護」為優先處理，更不是專注於「調查蒐證」，而忽視了「交通管制」之工作。關於以「交通管制」為優先處理的觀點，警政署所制定之《道路交通事故處理規範》第10款也有相類似的規定，是透過現場適當位置之警示燈、適當距離處置放之明顯標識，來達到「先保護現場」之目的。

(2) 實施交通管制時，員警本身即暴露於危險之車流環境中

員警於剛抵達現場離開警車擺放交通管制設施時，由於缺乏警示設施、防護設施，若專心於擺放交通錐或警示設施，一旦遇到突然失能（控）之車輛，往往來不及跑離而遭撞。國3康○警案（案1）、瑞芳吳○警案（案2）、蘆洲警截肢案（案4）等3案，都是正於擺放交通錐或警示設施時而遭撞的。因此，員警於擺放交通錐或警示設施時，不能只是專心擺放，仍應隨時面向車流與觀察車流動向，並預留隨時可以跑離以免遭撞之緩衝空間，以應不時之需。

3. 現場工作處理完成，於恢復現場時

事故現場處理完成後，將著手撤除交通錐、警示設施等作為，此時若有交通阻塞，撤除過程並無危險；若車速正常，由於交通錐、警示設施已逐步撤除，員警又將逐漸再暴露於通行車流之危險當中。例如，國道警險遭撞案（案8）、市交警遭機撞案（案9），即是於此階段遭撞者。因此，員警於救護蒐證工作接近完成時，或完成後之收取交通錐或警示設施時，也都不能只是專心工作或收取，仍應保持高度警戒心，隨時面向車流，並預留緩衝空間，以應不時之需。

（二）特（個）別情境：極易肇致嚴重傷亡之狀況

這些特（個）別情境不見得會發生在每一件事故現場中，惟若一旦發生，則極易肇致嚴重傷亡之狀況，故其危險程度相當大，應特別留意。

1. 車流狀況：車速快、流量不大時

　　事故現場，若已形成交通阻塞，則於現場之人車不易被撞；但若未形成交通阻塞，而且車速快、流量不大時，一旦遇上反應不及之車輛或突然失能（控）之車輛，則極易形成嚴重之二次事故或警察遭撞之情形。例如「突然失能（控）」的8件（案1、案2、案4、案7、案8、案10、案11、案12）全部都是在這種情境下發生的。而有關該類危險之防制，可參考《設置規則》第155條，有關「路寬變更線」設置之規定，與本章第四、五節中關於「緩和區間線」長度（涉及擺設交通錐之數量）的說明。

2. 環境狀況

(1) 安全視距受影響時：坡道、彎道、隧道、雨霧天、夜晚等

　　駕駛人來不來得及反應的決定因子是「安全視距」。所謂「安全視距」是指駕駛人從察覺狀況開始，經過認知、判斷、反應等過程，一直到安全完成反應為止（例如安全煞停或安全完成變換車道），車輛所行經之距離。而影響安全視距最大的因素有二，第一是「視線是否清楚」，第二是「車速之快慢」。因此事故現場若在坡道、彎道附近，或在隧道內，或是發生在雨霧天、晚上等，這些情境都是屬視線不良或安全視距受影響者，駕駛人若維持原來的車速，則比較容易形成二次事故或警察遭撞之情形。例如，國3康○警案（案1）、國1新市警案（案10）、國3險遭特斯拉撞案（案12）等3件都發生於夜晚，瑞芳吳○警案（案2）即發生於隧道內，國道警險遭撞案（案8）則發生於坡道與夜間。因此，警察於夜間等視線不良處所處理事故時，應加強警示設施之設置；而於坡道、彎道、隧道等處所處理事故時，則應於坡道前方（上游處）、彎道前方（上游處）、隧道入口端上游適當距離處設置警示設施或交通錐以管制交通，以免憾事再度發生。

(2) 缺乏變換車道所需之長度時

　　發生事故後，若未形成交通阻塞，則擬繼續前行之車輛必然會有變

換車道之行為，而變換車道時所需之距離有至少之長度[8]，若於實際道路無法提供足夠之長度以供變換車道，則繼續前行之車輛就極容易與前方障礙或側方車輛發生碰撞而肇事。因此，警察於處理事故時，於事故地點（現場範圍）之上游處，必須預留足夠之變換車道所需長度，否則即有被撞或再發生二次事故之可能。

3. 車流中有突然失能（控）的駕駛人

警察於處理事故，進行交通管制時，不能相信所有的駕駛人都是正常人、都能依指示行駛，應反過來思考，萬一遇到突然失能（控）的車輛撞上來時，應該如何才能來得及跑離的交通管制方法（例如提早預警、預留緩衝空間等），方能減免遭撞的機會。

4. 獲知狀況：巡邏時發現事故，警車停止時卻已通過現場，如何臨近

若事故是於高速公路巡邏時發現，警車無法及時於事故現場上游停車，卻只能於通過事故現場之後才停車，則警車該如何臨近現場呢？第一種：下車步行指揮交通並進入現場處理；第二種：從路肩倒車臨近事故現場（含切入車道）；第三種：下交流道後再重返事故現場；第四種：通報勤指中心，請中心指派其他人員前來處理；第五種：通報勤指中心，依中心指派方式處理。除了採用第三種「下交流道再重返」的方法之外，其餘之方法員警都是處於危險之狀態；然而下交流道再重返卻是最慢臨近現場者，警察應該會受到民眾的指責。

第二節　權責法令：但「適當管制」不明！

事故現場的交通管制，是屬於警察機關的權責，而如何進行管制，在《道路交通事故處理辦法》等法令內雖有規定，但幾乎都用「適當管制」、「適當距離」的用語加以規範，至於怎麼做才是「適當管

8　詳見《設置規則》第155條之規定，及本章相關內容對該條之說明。

制」，多少的距離才屬「適當距離」，則未見規定與說明。雖然如此，但又發現其他法令有規定，如《設置規則》等。

壹、事故現場交通管制之法令依據、內容

一、職權依據：警察是負責現場執行交通管制之職權機關

（一）《道路交通管理處罰條例》（以下簡稱《道交條例》）

《道交條例》第6條：「道路因車輛或行人臨時通行量顯著增加，或遇突發事故，足使交通陷於停滯或混亂時，警察機關或執行交通勤務之警察，得調撥車道或禁止、限制車輛或行人通行。」得知警察是事故現場執行交通管制之職權機關。

（二）《道路交通事故處理辦法》（以下簡稱《處理辦法》）

又《處理辦法》第9條，「警察機關獲知道路交通事故，應視情況迅為下列處置：一、……四、現場適當距離處，應放置明顯標識警告通行車輛，並於周圍設置警戒物，保護現場。五、現場道路應予適當管制，疏導人、車通行，除參加救援相關人員外，應管制民眾駐足圍觀；必要時，得全部封鎖交通。」得知警察機關有保護現場、管制交通之職責。

二、權責劃分

國道公路警察局（以下簡稱公警局）負責交通管制疏導與回報，高速公路局配合佈設設施，下述兩種行政規則做了以下規定：

（一）《道路交通事故處理規範》（以下簡稱《處理規範》）

1. 現場處理員警負有交通管制，保護現場之責任

《處理規範》（內政部警政署，2019年）第10點第1項規定：「處理人員抵達現場，應先保護現場：（一）將車輛停於適當位置，打開警示燈提醒來往人、車注意。（二）在現場適當距離處，置放明顯標識，

警告通行車輛，並於周圍設置警戒物；夜間應使用反光標誌或警示燈號，保護現場及處理人員安全。」

2. 處理員警抵達現場，有即時回報及申請支援之義務

《處理規範》第10點第2項規定：「現場概況及是否需要支援等情形，即時向勤務指揮中心初報。隨處理程序之進行，續報、結報。」

3. 現場道路，應予適當管制，疏導人、車通行

《處理規範》第11點規定：「現場道路，應予適當管制，疏導人、車通行，並注意下列事項：（一）管制範圍……非有……必要事由，不將道路全部封鎖。（二）管制區內，群眾不得進入……。（四）現場路況，通報勤務指揮中心，以利播報。（五）……。」

（二）《國道公路警察局交通事故現場處理作業規定》（以下簡稱《作業規定》）

《作業規定》（公警局，2016年），於「參、現場處理之權責分工」記載著：「一、本局各公路警察大隊：……（二）管制疏導，維持交通。……（六）開放通車。二、國道高速公路局各區工程處：（一）佈設交通管制設施。（二）配合維護現場安全。」

三、管制作業

（一）《作業規定》

1. 《作業規定》VS.《處理程序》

《作業規定》於「肆、作業項目」、「伍、注意事項」兩項，對於員警如何到達事故現場、如何回報、如何執行交通管制，以及勤指中心應有的處置作為等均有較為詳盡的規定。國道公路警察局另依該《作業規定》並制定了《國道公路警察局交通事故現場處理程序》（以下簡稱《處理程序》）（公警局，2016年）供員警遵行。《處理程序》之規範內容，相對於前者《作業規定》而言，並沒有新增之規定，只是增加「流程」與「作業內容」之對照程序，方便執行而已。

2.「肆、作業項目之一之（三）」規定之內容：100公尺應適度調整

《作業規定》「肆、作業項目之一之（三）」規定：「處理員警趨近現場時，如能目視現場人、車，即開始擺設交通錐管制交通、保護現場安全；如距離過遠，可行駛至事故現場跡證後方約100公尺處再行擺設（夜間視現場照明情形增加爆閃燈或其他警示燈光）；巡邏車停放位置切勿過近，以避免影響蒐證，與事故地點之距離應配合行車速率適度調整，如受實際情形限制，得酌予變更。遇有雨霧、視距不足或能見度甚低情形，酌量增加現場警戒距離。」

（二）《交通部臺灣區國道高速公路局處理交通事故作業規定》（以下簡稱《高公局作業規定》）

1.訂定目的：交通部臺灣區國道高速公路局（以下簡稱高公局）係配合公警局加速排除事故

上述《高公局作業規定》（高公局，2014）訂定目的明定於第1點：「一、為配合內政部警政署國道公路警察局加速排除高速公路交通事故恢復正常交通，特訂定本作業規定。」

2.未明定高公局之事故處理小組與公警局員警一同抵達事故現場

《高公局作業規定》雖然明定高公局提供人員（司機、作業工）、車輛（如標誌車、工程車）、機具、交管器材以處理事故，並依之訂有「事故處理統一調度制度之配套措施」（高公局北工處，2015），惟因屬配合公警局之角色定位，所以並未明定須與公警局之員警一同抵達事故現場，進行管制交通。

貳、法令規定不明確之處：適當位置？適當距離？適當管制？

員警在事故現場執行交通管制之相關法令，於探討後，發現有以下問題，茲分析如下：

一、將警車停於「適當位置」，是指「警示位置」或「停放位置」？

《處理規範》第10點第1項有「應……將車輛停於適當位置，打開警示燈提醒來往人、車注意」的相關規定[9]。另《作業規定》「肆、作業項目之一之（三）」，也有「巡邏車停放位置切勿過近」的相關規定。根據上述規定，本文發現於實務執行時產生了下列問題：

（一）警車所停之「適當位置」是指「警示位置」或「停放位置」？

《處理規範》第10點第1項所稱者是指「警示位置」，而《作業規定》「肆、作業項目之一之（三）」後段是以「停放位置」稱之。然而《作業規定》所稱之「停放位置」又指明「應配合行車速率適度調整」，若再搭配前段「開始擺設交通錐」之文義來理解，這「停放位置」應該是指「停車開始擺設交通錐」之位置。然而，實務面警車能將、有將這「停車開始擺設交通錐」之位置當作「停放位置」嗎？又需要哪些配合措施呢？

（二）員警開車趨近現場時，能看得到前方100公尺遠之現場跡證嗎？

這些現場跡證若是肇事車輛，則可以看得到；但若是散落物或刮擦地痕或胎痕等細小痕跡，則看不到。因此，不能以「現場跡證」作為判斷停車位置的依據地點，而應以「現場範圍」作為依據點。至於現場範圍如何界定，本文在此先不做討論。

（三）在現場跡證後方約100公尺處停車，這是否為適當位置？

這100公尺之距離夠嗎？為何是100公尺？為何不是200公尺？為何不是如《施工之交通管制守則》（高公局，2018）短期性施工所稱的「前漸變區段」長度約300公尺呢？

9　《處理規範》第10點，其內容參見本節之貳之一之（一）的說明。

（四）警車停放位置只配合速率適度調整？

警車停放位置若屬「停車開始擺設交通錐」之位置，則該位置不但要配合速率調整，而且要配合道路縮減的寬度調整。又該如何的配合調整？員警知道嗎？

二、「適當距離處」應放置明顯標識，該處究竟是位於何處？

《處理辦法》第9條第1項第4款：「四、現場適當距離處，應放置明顯標識警告通行車輛，並於周圍設置警戒物，保護現場。」《處理規範》第10點第1項也幾乎有相同的規定[10]，又《作業規定》「肆、作業項目之一之（三）」也有「如距離過遠，可……」的規定[11]。綜覽上述三種法令，發現有下列幾項問題，對其之規範仍不夠清楚：

（一）於「適當距離處」置放之標識至少有二種，但為何只有一種距離？

於《處理辦法》所稱之明顯標識，至少有用於「警告」通行車輛者，及用於（現場）周圍以「警戒」者。同時，「警告」通行車輛標識所置放位置，並不相同於「警戒」（現場）周圍之標識者，但為何《作業規定》只規範「擺設交通錐」這一種距離？同時，若從「事故現場跡證後方約100公尺處再行擺設」，能達到警告、警戒之完整效果嗎？

（二）「適當距離」就是指約100公尺嗎？

依本節之貳之一之（三）、二之（一）的分析，得知「適當距離」不是單指約100公尺而已。那「適當距離」應該是多少呢？

三、「現場道路應予適當管制」，究竟應如何管制，缺乏具體說明

《處理辦法》第9條：「五、現場道路應予適當管制，疏導人、車通行……」。又《作業規定》「伍、注意事項之六之（二）」規定，

---

10 《處理規範》第10點，其內容參見本節之壹之二之（一）之說明。
11 《作業規定》關於適當距離100公尺之規定，其內容參見本節之壹之三之（一）之2之說明。

「在封閉車道之車輛停放位置後側適當距離處，設置交通錐，限制車輛通行。」

在上述法令中，雖有規定「現場道路應予適當管制」，但究應如何進行交通管制才屬適當？又需要哪些交通管制設施？這些管制設施應置放在哪些位置？遍尋相關法令後，發現在警察機關執行交通管制之相關法令或行政規則中並未有具體的說明或規範。

四、適當位置、適當距離、適當管制的說明，其他法令有具體規定

警察機關執行交通管制之相關法令或行政規則，雖然對「適當位置」、「適當距離」、「適當管制」的問題缺乏具體的說明，但其他的法令對於執行交通管制卻有完整、詳細的規範，這些法令如《道路交通標誌標線號誌設置規則》（以下簡稱《設置規則》）（交通部、內政部，2017年）、《交通工程規範》（交通部，2015年）、《施工之交通管制守則》（高公局，2018年）。

第三節　釐清觀念：現場處理，等同於在道路施工

為改善上述案例分析、法令探討後所發現「適當管制」等缺乏明確規範的問題，茲將事故現場警察實施交通管制應有的重要觀念、相關規範、管制設施等事項，再說明分析如後。

壹、釐清觀念

現場處理，為何等同於在道路施工？因為員警於道路上處理交通事故或事件，事實上，就是在道路上工作，所以「現場處理，就等同於在道路施工」。同理，「現場範圍，就等同於施工區段」。茲再將相關理由說明如下：

一、道路交通事故或事件現場均屬於道路之範圍

交通事故（含車輛故障）無論是發生於車道上或路肩上，由於車道或路肩均屬道路範圍，故交通事故現場是位於道路範圍之內。而有關警察攔停車輛，實施稽查取締之交通事件，通常是於路肩上進行，同理，交通事件現場也是位於道路範圍之內。

二、處理道路交通事故或事件時，有多項工作均須專心工作

事故發生後，在事故現場有傷患救護、危險救援、現場勘查、原因調查、現場蒐證（至少含現場測繪、現場攝影）、交通指揮等工作；而警察於現場實施稽查取締時，通常將違規車輛攔停於路旁或路肩，才進行盤查、詰問、調查、填單、簽收等工作；警察無論是執行事故處理或稽查取締的工作，這些都是在道路上的作為，而且必須是專心、不能分心的作為。

三、事故（件）現場之處理工作，必定對行車動線造成阻礙

事故（件）現場之處理工作，由於具備以下四種條件，所以其屬性實等同於在道路施工：(1)都是於車道上（或外側路肩）工作；(2)是在固定的範圍內工作；(3)工作時間平均費時約有30分鐘，甚至於更長之時間；(4)當這些工作進行期間，會對原車道之行車動線造成阻礙。

由於事故（件）現場之處理工作具備了上述四種條件，所以它不屬於「移動性施工」，也不同於高公局的修剪樹木或清掃工作之「現場作業」。

四、小結：現場範圍，等同於施工區段

交通事故現場存在許多跡證需加以保護與蒐證，也有人車須加以救護救援，所以需要進行調查蒐證、救護救援的道路區段，就是現場範圍；因此，事故現場範圍內會有警察人員、救護人員、當事人等在範圍內走動及工作。而交通事件的現場範圍內，同樣會有警察人員、當事人在走動及工作，故「現場範圍，等同於施工區段」。

貳、現場處理所需之時間

楊宗璟等（2013），利用高速公路局中區工程處交控中心，所提供之民國99年事故簡訊資料，以瞭解國道中部路段事故情況，剔除不完整資料後總共2,353筆；發現每件事故處理時間「16分～30分的有792件（34%），其次為31分～45分者有535件（23%），0分～15分的有436件（19%），顯示出大多事故能在45分內處理完成」。

高公局（2017）指出，經統計國道事故平均每件處理時間約25～30分鐘，事故規模較大者，需花更長的時間；另在平日交通狀況下，因事故造成車流回堵，每回堵1公里約需花10分鐘才得以紓解（2公里約20分鐘，以此類推）[12]。

第四節　管制法令

由於警察人員、救護（難）人員等在事故現場處理各項工作，等同於在道路上施工；又在道路施工時，施工單位應如何佈設交通安全管制設施，以維持道路施工或施工期間之交通秩序與交通安全，目前已有《交通工程規範》、《施工之交通管制守則》、《設置規則》第155條及第139條到第145條等三種法令加以規定，故警察於事故現場執行交通管制時，至少應遵照上述三種法令的規定來執行。

在上述三種法令中，若以法律位階效力而言，是以《設置規則》最高，但其對於交通管制之原理原則及管制作業的說明則較少。若以原理原則及管制作業說明程度而言，則以《交通工程規範》、《施工之交通管制守則》較為詳盡，尤其《施工之交通管制守則》是特別針對高速公路加以制定的。因此本文將這三種規範簡要說明如下。

---

[12] 交通部臺灣區國道高速公路局（2017），「連續假期交通量大小事故容易大塞車」，新聞資料，2017年3月7日發布。

壹、《交通工程規範》（交通部，2015年）

交通或公路主管機關於道路施工時，依規定應依據《交通工程規範》，依序設置：一、前置警示區段；二、前漸變區段；三、緩衝區段；四、工作區段；五、後漸變區段等空間，且運用各種交通安全管制設施加以佈設，以維持施工作業中人車之安全。

一、前置警示區段

前置警示區段之設置目的，是在道路狀況開始改變之前，提供施工警告標誌，使駕駛人瞭解前方施工狀況後，能有一段時間調整其行車速度，及作變換車道準備，其長度規定為：高（快）速公路是800～1600公尺，一般公路是500公尺，市區道路是至少一個街廓。

二、前漸變區段

車輛實際進行變換車道之區段，於該前漸變區段長度（L）則定為：

$$L = 1/150 \times V^2\, W \qquad (V \leqq 60\ KPH)$$
$$L = 0.6VW \qquad (V > 60\ KPH) \qquad \cdots 公式9\text{-}1$$

其中，L：為前漸變區段長度（公尺）

　　　W：為縮減之路寬（公尺）

　　　V：為施工路段之速限（公里／小時，KPH）

三、緩衝區段

當車輛駕駛人疏忽前置警示而無法提前反應，並無法依循轉換區的導引而進入改道段車道時，緩衝區之空間提供一個煞車停止的區域，使偏離車輛不至於衝入工作區。緩衝區段長度（D）為：

$$D = 0.4V \qquad (D = 公尺；V = 速限，KPH) \qquad \cdots 公式9\text{-}2$$

貳、《施工之交通管制守則》（高公局，2018年）

一、施工性質分類

（一）《施工之交通管制守則》之分類

依施工期間長短將施工性質分為五類：

1. 長期性施工：逾5日者。
2. 中期性施工：未逾5日，但日間逾2小時或夜間逾1小時者。
3. 短期性施工：日間未逾2小時或夜間未逾1小時，但逾30分鐘者。
4. 短暫性施工：未逾30分鐘者。
5. 移動性施工。

（二）警察處理事故約等同於短暫性施工或短期性施工

由「第三節之貳」得知，於高速公路上每件事故現場處理之時間，能於30分鐘內完成者約占53%，31分～45分完成者占23%，其餘之24%也幾乎均能在2小時內完成。所以，警察於高速公路處理事故所執行交通管制之性質，是屬短暫性施工（約占53%）或短期性施工（約占47%）。

二、外側車道施工交管佈設之舉例（以速限110公里／小時為例）

（一）短期性施工

1. 前置警示區段

須於擺放變換車道設施前方（上游）300公尺、150公尺處，分別佈設「右道封閉」之施工標誌。

2. 前漸變區段

變換車道所需之240公尺內佈設「交通錐」，於起點處並設有「活動型拒馬」、「旗手指揮」以導引車輛靠左行駛，於終點處並應至少佈設「三個交通筒」。

3. 緩衝區段

工作區域前方（上游）則分別以「標誌車（應於後端配置移動性緩撞設施）」、「工作車」加以警示及保護。

4. 工作區段

依實際距離佈設「交通錐」。

（二）短暫性施工

1. 前置警示區段＋前漸變區段

「標誌車2」停於「標誌車1」前方（上游）約100～500公尺處之路肩上；而「標誌車1」則停於施工之外側車道上。標誌車視需要掛載「預告警示箭頭標誌」、「移動式LED標誌顯示板」或其他告示牌。

2. 緩衝區段

緩衝區段約10～100公尺，起點處「標誌車1」停於外側車道上，終點處停「工作車」；同時「標誌車1」不得與「工作車」合併，並應於後端配置「移動性緩撞設施」。

3. 工作區段

依實際距離佈設「交通錐」。

參、《設置規則》（交通部、內政部，2017年）第155條及相關條文

一、《設置規則》第155條：路寬變更線長度（註：即交通管制長度）

（一）條文內容

《設置規則》第155條規定如下：

1. 第1項

「路寬變更線，用以警告車輛駕駛人路寬縮減或車道數減少，應謹

愼行車，並禁止超車。其線型爲雙黃實線或黃虛線與黃實線，線寬與間隔均爲一〇公分。」

說明：從該路寬變更線的意義及其長度觀之，該路寬變更線的長度，即是工作區段（事故現場範圍）上游之前置警示區段、前漸變區段、緩衝區段之和，也是事故現場上游必須加以交通管制之長度。

2. 第2項

「路面由寬而窄之間，以『緩和區間線』連接之。緩和區間線兩端須加繪直線，路寬縮減起點端直線長度至少爲安全停車視距；路寬縮減終點端直線長度至少爲二〇公尺。」

說明：從第2項對「緩和區間線」之說明，可以瞭解「緩和區間線」即是「前漸變區段」，也是車輛變換車道時所需之長度（距離）。而「安全停車視距」即是「前置警示區段」；而「至少爲20公尺」者即是「緩衝區段」。

3. 第3項

「本標線應配合設置車道縮減標誌。設置圖例如左：」

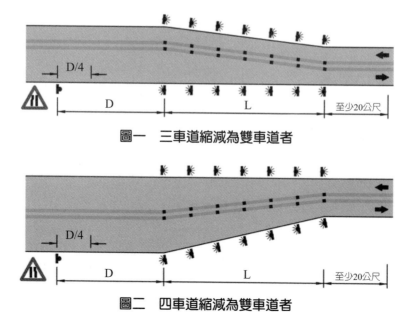

圖一　三車道縮減爲雙車道者

圖二　四車道縮減爲雙車道者

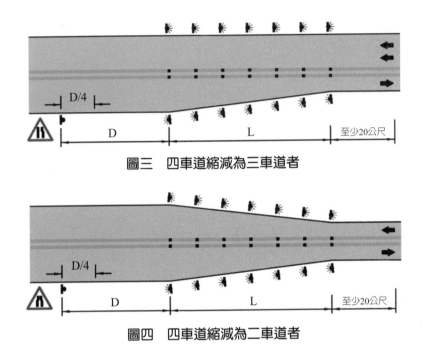

圖三　四車道縮減為三車道者

圖四　四車道縮減為二車道者

4. 第3項之圖一、二、三、四說明

$$L = V^2W/155 \qquad （V \leqq 60 \text{ KPH}）$$
$$L = 0.625VW \qquad （V > 60 \text{ KPH}） \qquad \cdots 公式9\text{-}3$$

　　L＝緩和區間長度（公尺）

　　V＝行車速限（公里／小時）

　　W＝縮減之寬度（公尺）

（二）內容解析

1. 事故現場與路寬變更線關係位置解析

　　由第155條條文中得知：

$$D變＝D停＋L緩＋D緩 \qquad \cdots 公式9\text{-}4$$

其中，D變＝路寬變更線長度（公尺）

　　D停＝安全停車視距長度（公尺）

　　L緩＝緩和區間線長度（公尺）

　　D緩＝緩衝區段長度（公尺），至少為20公尺

　　由於D變＝D停＋L緩＋D緩，茲再將第155條中所提到之路寬變更線（D變）、安全停車視距（D停）、緩和區間線（L緩）、緩衝區段（D緩，至少為20公尺）等與事故現場之關係位置，及交通安全管制設施之擺設位置製圖如圖9-1所示。

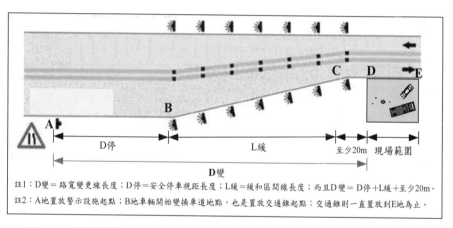

註1：D變＝路寬變更線長度；D停＝安全停車視距長度；L緩＝緩和區間線長度；而且D變＝D停＋L緩＋至少20m。

註2：A地置放警示設施起點；B地車輛開始變換車道地點，也是置放交通錐起點；交通錐則一直置放到E地為止。

圖9-1　事故現場交通安全管制設施置放位置圖例（以現場上游為例）

2. 安全停車視距長度

　　安全停車視距長度（D停），可定為：

$$D停＝D反＋D延＋D煞 \qquad \cdots 公式9\text{-}5$$

　　D反＝反應距離（公尺），反應時間（約2.5秒[13]）內之行車距離

13　反應時間之長短，王文麟於交通工程學（三版）第28頁稱「設計用之平均值約為2.5秒」；周義華於運輸工程（五版）第184頁稱「AASHTO建議在公路設計時，……反應時間定為2.5秒」；美國公路幾何設計規範（A Policy on Geometric Design of Highways and Streets）（1994）於第118頁也稱「在研究案1，90百分位反應時間為2.5秒」。

D延＝煞車延滯距離（公尺），車輛從煞車踏板踩下瞬間起，到輪胎鎖死時[14]之前行距離，正常車輛於高（快）速行駛時之煞車延滯時間（T延）約為2秒[15]

D煞＝緊急煞車距離（公尺），車輛從輪胎開始鎖死起到滑行終止時（車停下來）為止所滑行之距離

$$D煞 = S^2/[254(f\pm e)] \qquad \cdots 公式9\text{-}6$$

S：煞車前之車速（公里／小時）

f：輪胎與路面間之摩擦係數。一般道路f≒0.8

e：坡度。上坡取＋，下坡取－

二、《設置規則》第139條到第145條：施工交通管制設施種類與佈設

（一）《設置規則》第139條到第144條：設施種類與佈設時機

如第139條之固定型拒馬（設於長期阻斷交通或大範圍處）；第140條之活動型拒馬（設於臨時阻斷交通處）；第141條輔助阻斷交通之交通錐、交通筒、交通桿及交通板等，而高度至少45公分之交通錐（設於日間或70KPH以下路段），高度至少70公分之交通錐（設於夜間、高快速公路、70KPH以上路段）；第142條之施工標誌（設於施工路段前方附近，告示車輛應減速慢行或改道行駛）；第144條之施工警告燈號（設於夜間施工路段前方附近，警告車輛應減速慢行）。

---

14 煞車延滯可分為兩類，一為制動延滯，另一為鎖死延滯。制動延滯是踏板系統、傳輸系統、鎖輪系統等屬於機件系統的障礙所形成的延滯，一般正常的車輛不會有制動延滯的情形發生；但正常之聯結車可能有制動延滯之情形，因為聯結車通常設有「煞車制動閥」，該閥可用以調整「拖車先於曳引車煞車之時間差」，這乃是正常、可控制之制動延滯。而鎖死延滯則是從煞車踏板踩下瞬間（煞車燈亮）起，到輪胎鎖死開始滑行瞬間為止的延滯，該鎖死延滯是每一正常車輛於緊急煞車過程必然會發生之情形。

15 本文透過臺灣高速公路上之行車紀錄影片分析，在該影片中A廂型車行駛於內側車道，B小客車行駛於A車右後方之中線車道（兩車前後之間具有安全距離）。從A車左後輪爆胎開始到B車煞車燈亮為止之時間間距約為2.0秒（即B車之反應時間約為2.0秒）；而從B車煞車燈亮開始到B車輪胎開始冒煙瞬間為止之時間間距約為2.3秒（即B車之鎖死延滯時間約為2.3秒）。

（二）《設置規則》第145條：施工單位應有之作為

第145條第1項：「道路因施工、養護或其他情況致交通受阻，應視需要設置各種標誌或拒馬、交通錐等，夜間應有反光或施工警告燈號，必要時並應使用號誌或派旗手管制交通。」第2項：「前項各種交通管制設施，施工單位應於道路施工前，依施工狀況審慎規劃，俟裝設完成後，始得動工；其佈設圖例如下：……。」

肆、事故現場交通管制「適當距離」與管制設施之分析

今舉一例，依《設置規則》第155條規定，演算事故現場交通管制之長度並加以分析之。假設於夜間，高速公路3車道之直路路段發生事故，事故車輛占用外側車道，當地速限110公里／小時（KPH），當時車流正常行駛（註：寬容值速限為120KPH，車道寬3.75公尺，路肩寬3.0公尺）。

一、事故現場交通管制長度演算

（一）安全停車視距長度＝238公尺

據公式9-5，D停＝D反＋D延＋D煞，故得知D停＝238公尺。

因為D反＝T反×V＝3秒×120公里／小時×0.278＝100公尺。

D延＝T延×V＝2秒×120公里／小時×0.278＝67公尺。

D煞＝S^2/[254(f±e)]＝120×120/[254×0.8]＝71公尺。

該「安全停車視距」238公尺，相較於《交通工程規範》對「前置警示區段」所規定之「高（快）速公路是800～1600公尺」已短了許多。

（二）緩和區間線長度＝281公尺

從公式9-3得知L緩＝0.625VW＝0.625×120×3.75＝281公尺。

（三）緩衝區段長度＝20公尺

依公式9-2，D緩＝0.4V＝0.4×120＝48；再依《設置規則》第155

條，D緩至少為20公尺，故取20。

（四）路寬變更線長度＝238＋281＋20＝539公尺

由於公式9-4，D變＝D停＋L緩＋D緩＝238＋281＋20＝539（公尺）。

（五）事故現場範圍長度（D現）假設約為200公尺

應依實際狀況而定，上游起算點至少是位於撞擊地點上游2.5～4秒之反應距離處，而下游之終止點則位於路面跡證最下游者之終止處。

二、警察應佈設設施之種類、數量與檢討

（一）警示設施：至少1組

警示設施應至少有1組，擺放於安全停車視距起點處，該點為圖9-1中之A點；應該擺放警示設施之A點與事故現場上游邊界之D點的距離，就是路寬變更線的長度，即539公尺。於安全停車視距範圍內或A點處應該擺放的警示設施，目前警察幾乎都沒有依規定佈設。

（二）輔助阻斷設施交通錐：至少需要24～48支

輔助阻斷設施交通錐，應佈設於引導車輛實際進行變換車道之區段處，及禁止車輛進入現場範圍之區段處；因此，佈設交通錐的長度D布 ＝L緩＋D緩＋D現＝281＋20＋200＝501（公尺）。若以每10～20公尺佈設1支交通錐計算[16]，則「緩和區間線區段」（即前漸變區段）需要14～28支，而「現場範圍」（即工作區段）也需要10～20支，總共至少需要24～48支。而這些交通錐，一輛巡邏車根本裝載不下。姑且不論「現場範圍」所需要者，即使「緩和區間線區段」（引導車輛變換車道）所需要之至少14支交通錐，一輛巡邏車也裝載不了。

---

16 依《施工之交通管制守則》規定，交通錐之佈設以每10公尺佈設1支為原則。

三、若依《設置規則》佈設設施，尚可避免遭突然失能（控）車輛撞擊

若依《設置規則》佈設設施，尚可避免遭突然失能（控）車輛撞擊，否則恐遭不測。若警察依《設置規則》緩和區間線長度（281公尺）佈設交通錐，於佈設完成後，當突然失能（控）的車輛撞上交通錐時，於現場範圍內正在工作的警察是否來得及跑至路肩外側護欄邊呢？茲分析如下：

（一）員警總跑離的時間（T總跑）至少約需5.6～7秒

員警從「聽到交通錐被撞」至「跑到外側護欄」的時間（T總跑）至少約需5.6～7秒。

1. 交通錐被撞聲傳到員警處之時間（T音速）＝0.83秒≒1秒

T音速＝L緩／音速＝281公尺／340公尺／秒＝0.83秒。

音速＝331.6＋0.6T。T為溫度，假設T為14°C，則音速＝340公尺／秒。

2. 員警「聽到交通錐被撞」時，車已經過一錐之時間（T發現）≒1.2秒

假設車輛於撞到第n支交通錐時，員警才聽到聲音，因為現場周圍車速快、輪胎震動聲音大，不見得能聽得到1～（n－1）支交通錐被撞到的聲音。所以T發現＝[(n－1)×10公尺]/(120×0.278)秒。當n＝5時，T發現＝1.2秒。

3. 員警從「聽到聲音」到「轉向起跑」的反應時間（T反）≒2秒

員警從聽到聲音到抬頭往聲音來源處看的反應時間約為1秒，又從抬頭發現撞過來的車輛到轉向起跑的反應時間亦約為1秒。

4. 員警從「轉向起跑」至「跑到外側護欄」的時間（T跑）≒1.4～2.8秒

(1) 員警跑步速度（V跑）約2.5～5公尺／秒（100公尺跑20～40秒）。

(2) 員警跑步時間（T跑）＝（3.75＋3）公尺／2.5～5公尺／秒≒1.4～2.8秒。

5. T總跑＝T音速＋T發現＋T反＋T跑≒5.6～7.0秒

　　T總跑≒1.2秒＋1秒＋2秒＋（1.4～2.8）秒≒5.6～7.0秒

（二）員警可用以逃離的時間（T可逃）約7.2秒

　　車輛從「被發現撞到交通錐」（第5支錐）行駛至「現場範圍」的時間（T可逃）約7.2秒。

　　車輛從「被發現撞到交通錐」行駛至「現場範圍」的距離（D可逃）。

$$D可逃＝L緩－[(n－1)×10公尺]$$

　　故當 $n＝5$ 時，T可逃＝D可逃／（$V×0.278$）＝(281-40)/(120×0.278)＝7.2秒。

（三）綜上，若依《設置規則》佈設設施，尚來得及逃離

　　員警若能於第5支交通錐被撞之前（時）即聽到聲音（車輛距離現場範圍約240公尺以上）、反應及跑步速度再快一些（比2.5～5公尺／秒還快），則來得及跑離而不被撞，否則將可能被撞。

第五節　管制策略：可行性評估

　　由前節之分析發現，警察機關於事故現場實施交通管制時未遵守《設置規則》第155條之規定，而且對於「適當距離」的說明也不正確。為改善這問題，本節提出三個方案，並加以評估及討論，提出之前，先將現存問題加以整理之。

壹、現存問題

一、觀念待調整：關於「事故處理，等同於在道路中施工」

　　應遵照《設置規則》第155條來執行交通管制。又，「適當距離」

應遵照《設置規則》之規定，但管制設施可不用比照。

（一）交通管制之「適當距離」應遵照《設置規則》第155條之規定

1. 不可省略，也不可以縮短之距離者：緩和區間線（前漸變區段）

「緩和區間線」（即「前漸變區段」）是通行車輛用來變換車道所需要的距離，所以該段距離完全不可以省略或加以縮短。否則，一旦遇上突然失能（控）之車輛衝撞而來時，現場處理之員警將來不及逃走。

2. 不可省略，但可以縮短之距離者有三段

「安全停車視距」（即「前置警示區段」）可以縮短，但不能不設置。若要縮短，則至少應保留有2.5秒之行車反應距離，同時於起點路肩處若能佈設一部警車（編號「警車2」）則最好；若無法佈設警車2，則至少應佈設警示之燈光（如爆閃燈）。

「工作區段」（即事故現場範圍）可以儘量縮小範圍，但不能不包含現場跡證終止位置處。

「至少20公尺」（即「緩衝區段」），無論如何，一定要預留突然遭受失能（控）車輛衝撞而來時能有跑離的空間。

3. 可以省略不用設置之距離者只有後漸變區段

只有事故發生在設有中央分向島之道路上，如高（快）速公路，才可以不用設置該「後漸變區段」。

（二）交通管制之標準設施可不用比照之說明

1. 雖然處理時間較短，但仍屬短期性施工或短暫性施工之特性。
2. 雖缺乏活動型拒馬、標誌車（含緩撞設施），但仍有交通錐、警車。

二、「適當距離」處應擺設之交通管制設施嚴重不足

（一）事故現場上游「安全停車視距」起點處，缺乏擺設警示設施

目前實務單位幾乎都沒有依《設置規則》第155條規定，於「安全

停車視距」起點處擺設警示設施。這原因可能有二：1.缺乏可用之警示標誌，因為需要設計成能防強風而不倒，且容易攜帶；2.缺乏對「適當距離」處的教育，理由如第四節之分析。

（二）緩和區間線應擺設之交通錐嚴重不足，而且一部警車也裝載不下

以國道為例，交通錐至少需要24～48支才夠擺設，但整部巡邏車根本裝不下。

三、管制設施之擺設、移除順序，與警車初抵現場位置亟待重視與教育

（一）交通管制設施之擺設順序：由上游往下游擺設

1. 理由：為保護自己及保護現場

員警初抵現場時，為達到保護自己及保護現場之作用，應先於事故現場上游之「安全停車視距」起點處擺設警示設施，然後才開車前往「緩和區間線」起點處，再逐步往下游擺設輔助阻斷交通之設施交通錐。若開車先抵達事故現場（或事故車輛終止處）停車，停車之後才回頭往上游擺設交通錐及警示設施，則不但不容易起保護自己及現場之作用，而且費時費事，因為來回走動的距離至少也長達300～500公尺之遠。

2. 員警臨近現場時，應先預知該停車之地點，以免向上游擺設

因為擺設警示設施之地點、首次擺設交通錐之地點（緩和區間線起點）與事故現場上游邊界之距離分別有539公尺、301公尺之遠（以國道為例），故應預知停車分別擺設之地點，假若將警車停放於事故現場上游邊界，則員警將再往上游步行301公尺來擺設交通錐，步行539公尺來擺設警示設施，則將更費時費力。

（二）交通管制設施移除順序：由下游往上游移除

1. 理由：為保護自己。

2. 現場未塞車時，應有警車在擺設警示設施地點處警戒。整個移除過

程是由下游往上游移除，此段距離很遠（至少約爲500公尺），當員警於逆向行走、警車於倒車收取並裝載管制設施時，若現場已塞車，則較無危險；但若未塞車，則員警是處於極度危險之情境中，故此時，於擺設警示設施地點處應有警車在此警戒。

貳、方案研擬與可行性評估

公警局於本文案7發生後，曾針對現行勤務執行之「法規」、「裝備」、「執勤」及「訓練」等構面，召集所屬針對現存狀況與問題共同研商，並研提相關策進具體作爲，制定了《國道公路警察局因應轄線危險執勤環境加強安全警戒與防護措施、精進員警執勤作業程序及教育訓練處置作爲》。

在這些作爲中，除了法規構面之「取消故障車輛得停於路肩2小時之規定」、「加強職業駕駛工時管理」、「『疲勞感測與警示裝置』及『測距防撞偵測裝置』列入配備」等非爲公警局之完全職責之外，其餘之構面均屬之。而在執勤構面中，公警局請高公局研議增設事故處理小組（警示車、防撞工程車等）擴大編組數量與調整待命位置，俾利於發生事故或處理故障車輛時，能儘速到場執行警戒工作，保護現場人車安全，也獲得交通部正面回應並配合分別於北區、中區、南區等路段各擬增設1組之事故處理小組（107年2月21日交路字第1070004280號函）。因此，公警局於107年4月27日再制定《內政部警政署國道公路警察局員警執勤安全策進作爲》（以下簡稱《公警局執勤安全策進作爲》）通函全局員警遵照（國道警交字第1070904101號函）。

但由於該《公警局執勤安全策進作爲》中有關事故現場交通管制的內容，與《交通事故現場處理作業規定及程序》（105年11月23日國道警交字第1050910042號函頒）完全相同，在缺乏高公局支援事故處理小組（警示車、防撞工程車等）的情況下，本節試擬幾個交通管制的方案供公警局參考。但於提出之前，先將不同速限下之「適當距離」、可替代或先進的管制設施加以說明。

一、不同速限下「適當距離」之說明

若速限為110公里／時，則車速之寬容值為120公里／時，以下將《設置規則》第155條所規定相關之距離製成一覽表，如表9-2所示。

表9-2　不同車速下《設置規則》第155條所規定相關距離一覽表

車速（公里／時）	60	70	80	90	100	110	120
輪胎鎖死延滯時間（T延，秒）	1	1.1	1.3	1.5	1.7	1.9	2
安全停車視距（D停，公尺）	85	105	130	155	180	210	240
緩和區間線距離（L緩，公尺）	140	165	190	210	235	260	280
緩衝區段（D緩，公尺）	>20	>20	>20	>20	>20	>20	>20
路寬變更線長度（D變，公尺）	245	290	340	385	435	490	540

二、有替代或先進設施可權充使用

（一）重型交通錐爆閃燈組

將爆閃燈（附有磁吸底座者）置放於3公斤重之交通錐頂端上，交通錐底座由一底面積比較寬，而且重量也比較重的橡膠所組成，這種重型的交通錐爆閃燈組能達到防強風而不倒之效果，而且也能有警示之作用，如圖9-2所示。這重型交通錐爆閃燈組可擺設於「安全停車視距」起點處（即「路寬變更線」起點處），可權充施工標誌以警示來車使用，也可沿著「緩和區間線」的距離來擺設（可約每20公尺擺設1組）。不但可用以警示來車、引導車輛改道，而且當被撞上時所發出的聲響也比較大聲，容易被現場的員警聽見，員警比較有來得及逃離的機會。

圖9-2　重型交通錐爆閃燈組可權充為簡易型警示設施

（二）交通管制預警（交通錐）系統

　　該系統一組有八個環形感測器及四個手持（夾）警報器，環形感測器套在交通錐上，將交通錐佈設在現場範圍前方。當有車輛因疏忽撞擊管制之交通錐，即會觸發交通錐上的感應環，並觸發聯結所有的感應環，把訊息傳回現場的主機，員警身上所佩戴的警報器便會發出聲光震動，藉以提醒現場執勤員警注意閃避，爭取保命的「黃金2.2秒[17]」，進而提升現場執勤人員的安全，該系統如圖9-3所示。

　　在兩環間有效感應距離為30公尺[18]，主機則有50公尺，故一組八個環之有效預警距離為290公尺（30公尺×8＋50公尺＝290公尺）。若這290公尺不足緩和區間線或管制範圍之長度，可再結合更多環形感測器，則該無線防護的距離就會拉長。

---

[17]　黃金保命時間2.2秒，參見第四節之肆的說明。
[18]　兩環間有效感應距離最遠可達50公尺。

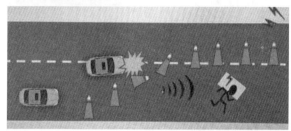

註：一主機，八個環，四個隨身警報器；搭配交通錐使用。

圖9-3　交通管制預警系統

（三）增派1部巡邏車（含2名員警）

在1輛警車裝載不了所需的24～48支交通錐，以及屬短期性施工所缺乏「右道封閉」之施工標誌、活動型拒馬、旗手、交通筒、標誌車（配置移動性緩撞設施），或屬短暫性施工所缺乏之標誌車1（配置移動性緩撞設施）、標誌車2的情況下，可以增派1輛警車（含2名員警）權充標誌車或其他施工標誌、警示標識。另以所增派之該2名員警來替代旗手、作業工，以擔任指揮警戒或兼協助佈設管制設施之工作，俾能達到指揮、警示、警戒、預警等之效果。

三、方案說明與評估

以下這些方案，適用於高（快）速公路正常車速且未形成交通阻塞的情境，但僅適用於直線路段、正常天候、外側車道（或內側車道），若遇彎道、隧道、雨霧天則應依安全停車視距之原理做適當之調整。

另爲達到基本的安全防護，至少需要兩部警車裝載交通錐運抵現場，以補足原來所缺乏之警示、警戒的功能。故以下方案都是以兩部警車爲必要的條件來做設計，同時並不包含「以車擋車」方案的設計。

（一）方案1

1. 內容：兩部警車（4名員警）＋24支交通錐（14支＋10支）（1支／20公尺）

由第四節之肆之二之（二）得知，在車速達120公里／時的情況下執行交通管制，緩和區間線距離（280公尺）及現場範圍（200公尺）所需要的交通錐至少需要24～48支，所以至少需要兩部巡邏車才裝載得下。

該兩部巡邏車正好1部當工作車（警車1），停於緩衝區段內以保護事故現場，另1部權充當標誌車（警車2），停於安全停車視距起點處之車道邊線上，跨越外（內）側車道與外（內）側路肩，以警示通行之車輛。

警車2的兩名員警，1名站於警車2前方執行指揮與警戒的工作，另1名則除了協助佈設或移除交通錐之外，還可以在現場協助警戒、通知、救護、蒐證、調查等處理工作。警車2及該2名員警，不但能增加警示、指揮、警戒的功能，也能縮短暴露於現場的時間，減少遭撞的機率，對危險的控管、安全的提升有絕對性的需要。另，警車1的2名員警其主要工作則爲佈設及移除己車之交通錐，與執行事故現場整體之調查蒐證工作。

又該24支交通錐至少有14支佈設於緩和區間線距離內，以引導通行車輛變換車道，萬一有突然失能（控）車輛撞上來時，可能撞上警車2或緩和區間線上游之交通錐，則現場員警或其他人員於聽到撞擊聲或被通知快逃時，還可能來得及逃離。

2. 評估

方案1之優點爲：(1)比現有之1部警車增加了1部警車及2名員警，提升了警示、指揮、警戒之功能，同時也縮短了處理的時間；(2)稍微能依《設置規則》之規定，來佈設足夠長度的交通錐，以引導車輛改

道；(3)若有突然失能（控）車輛撞上來時，可能還來得及逃離。

而其缺失是：(1)兩部警車所能裝載之交通錐的數量可能仍不夠，導致警示、警戒、防護的效果還不夠充足；(2)若有突然失能（控）車輛撞上來時，也可能還來不及逃離。

（二）方案2

1. 內容：方案1＋7～14組重型交通錐爆閃燈組

方案2比方案1多了7～14支爆閃燈，將這7～14支爆閃燈架設在緩和區間線距離內的交通錐上。

2. 評估

方案2的優點是：其所形成的這些重型交通錐爆閃燈組，不但能增加警示、警戒的效果，而且由於其遭撞擊的聲音（含有鋼質的成分）比較容易被聽見，故比方案1稍能提早預警，稍能增加逃離的時間。

但其缺失是：(1)仍無法確保有充裕的逃離時間；(2)架設爆閃燈時，增加佈設之時間，此階段比方案1增加了暴露於危險之時間。

（三）方案3

1. 內容：方案1＋1組交通管制預警系統

方案3比方案1多了1組交通管制預警系統，該管制系統有八個感應環，可每30公尺或40公尺於交通錐上套放一個感應環，其所連結之無線感應距離正好是緩和區間線的距離。

2. 評估

優點：該感應環不但有警示燈光，而且一旦被撞擊，就會觸發聯結所有的感應環，把訊息傳回現場的主機，員警身上所佩戴的警報器便會發出聲光震動，藉以即時提醒現場執勤員警注意閃避；若與方案1或方案2比較，約可比該兩個方案提早約2～4秒發現[19]，以爭取逃命的「黃

---

[19] 「從交通錐被撞」到「起跑」之總反應時間約為2～4秒，參見第四節之肆的說明。

金秒數」（至少約需2.2秒）。而且該系統於佈設的時間也比方案2來得快速，比方案2減少了暴露於危險之時間。

缺點：是屬新產品，其有效距離是否穩定可靠？會受哪些因素的影響？使用時應留意環境中的哪些事項？本文並不清楚，或許需進一步實驗或試行才能明白。

（四）方案總評

三個方案之優缺點與比較分析，已分別於上述說明，並整理成表9-3，實務機關於採用該種方案時，宜加以注意之，本文並無特別之建議方案。但無論採用哪一方案，於佈設或拆除設施時，由於缺乏任何防護設施，甚至於缺乏警示設施（掀開警車後行李箱時，會影響警示燈之警示效果），故此時應該注意下列事項：1.應有員警立於警示位置進行指揮與警戒之作為；2.所有佈設或拆除設施之人員，不應僅專心工作，應隨時保持高度警覺心、隨時面向車流、預留緩衝空間，以防突然失能（控）之車輛衝撞過來時仍能及時閃避。

表9-3　方案之優缺點比較分析表

項目	警車數	交通錐數[A]	爆閃燈數	預警系統	佈設時間[B]	佈設完成後之安全程度
方案1	2輛	14＋10	無	無	最短	尚安全
方案2	2輛	14＋10	7～14	無	最長	＞方案1
方案3	2輛	14＋10	無	至少1組[C]	居中	＞方案2

註A：以每隔20公尺佈設1支交通錐來說明其所需之錐數。
註B：佈設時間（或撤除時間）愈長，暴露於車流中的風險也愈高。
註C：在每20公尺佈設1支交通錐的原則下，若兩環間有效感應距離為30公尺，由於只有八個感應環，故1組預警系統將不足，則需要2組；若感應距離可達40公尺，佈設1組預警系統可能還足夠。

參、警察機關管制作為之討論

一、道路交通事故處理是警察的職權，警察機關應主動克服困境

（一）依法令規定，道路交通事故處理是警察的職權與職責

依《道交條例》第6條、第92條第4項之規定，及《處理辦法》之發布是以內政部台內警字號列於首位，故道路交通事故處理是警察的職權與職責應無疑義。

（二）既是職權職責，警察機關應重視並主動克服事故處理上的種種困境

於高（快）速公路發生事故後，事故處理是警察的職權與職責，而高公局的角色只是配合公警局執行交通管制，在高公局也缺乏足夠的防撞工程車、標誌車來協助的情況下，則公警局（或警察機關）應主動增派1部警車前往支援，並主動編列預算，購置事故處理設施、設備，甚至是事故處理專用車，以化解這長期以來一直存在的問題。

（三）警察機關有義務提供一安全之工作環境給員警，且標準不應打折

就像民間工廠（或施工單位）有義務提供給員工（或施工人員）一個安全的工作環境一樣的道理，「要員警進入事故現場處理，若沒給足夠之防護設施；這宛如要消防員進入火災現場救災，卻沒給足夠之防護設備一樣，等於是叫他去送死」。所以，這安全的標準不應打折！若員警於處理事故時遭撞，而且原因是與交通管制設施不足有相當的關係者，則當事員警或其家屬或許也符合請求國家賠償之條件。

二、應建立完整且能落實的配套措施

（一）應建立可以落實執行的後勤支援機制

一旦現場處理員警請求支援，無論警車、設施、設備或人力的支援，勤務指揮中心應有既定的機制來派遣支援，不可以像本文中這些案例發生時那樣，幾乎無法支援。

（二）應購置足夠的管制設施、設備，以供派用

1. 應購置警示設施。如事故標誌（「前有事故減速通行」或「前有事故改道通行」之標誌）、交通錐爆閃燈組，或交通管制預警（交通錐）系統。

2. 應購置足夠的交通錐。

3. 應增派車輛載運交通錐立即前往現場支援（國道上，每件事故至少需要24～48支交通錐）。至於所增派之載運車輛則有巡邏車、事故處理車，或標誌車（掛載移動式LED標誌顯示板），顯示外側車道（提前預告哪一個車道）交通事故處理資訊，或掛載移動式緩撞設施（國道晚上特別需要）。

（三）應有足夠的警車、警力可供派遣

　　高（快）速公路之事故處理，至少應有兩組警力，一組負責調查蒐證，另一組負責交通管制；每組警力至少應有兩人。

（四）實施現場危險控管之再教育

　　參見結論與建議之說明。

肆、執勤員警管制作為之討論

一、自求多福：初抵現場時，必須保持高度警戒心，並預留緩衝空間

　　員警初抵現場時，不會那麼幸運，不會每次都已形成交通阻塞，所以在下車察看、回（初）報概況、擺設交通管制設施之當下，均不可以只專心於職事或救人的工作，必須保持高度警戒心，邊工作邊面向車流，尤其是要隨時預留緩衝空間，以應不時之需，因為車流中有不遵指揮（示）之突然失能（控）的駕駛人，可能隨時會撞過來。

　　以初抵現場回（初）報事故概況時為例，建議離開巡邏車使用隨身無線電回報，不要坐於巡邏車上，因為坐於警車內使用車用無線電時，無法面向車流，也缺乏緩衝之空間。再以攔停稽查為例，如本文國1新

市警案（案10），員警及民眾均不適合選擇站立於兩車之間，而應改以選擇站立於最下游（最前方）車輛之車頭前方，並預留緩衝空間為要。

二、請求支援：事故處理，現場上游若無法完成警戒（示）及管制，則請求支援

員警抵達事故現場之後，擬開始於現場範圍內進行救護救難、調查蒐證等工作之前，若現場尚未塞車，或現場上游緩和區間線起點處（如圖9-1中之B點處）尚無法將警車停於該處，並有足夠量之交通錐來完成緩和區間線長度（引導車輛變換車道用）、現場範圍（禁止車輛進入用）之擺設時，則應立即請求支援。而警察機關也應竭盡所能地派遣支援馳赴現場，以避免再發生員警遭失能（控）車輛撞擊之情形。

第六節　結論與建議

壹、結論

本文針對2011年到2018年，發生在高（快）速公路上員警遭撞的12個案例加以研究，研究後發現：

一、員警都是遭突然失能（控）車輛所撞。

二、警察機關未遵照《設置規則》第155條，或高公局《施工之交通管制守則》的規定來實施交通管制。

三、絕大部分的員警都是在交通管制設施「尚未佈設」、「正在佈設」、「撤除佈設」時遭撞。

四、缺乏高度警戒心、缺乏預警的警示設施是員警遭撞的重要原因。

貳、建議

在高（快）速公路上，為了避免再發生員警遭撞之類似案件，並維持來往車輛的通行安全，提出以下建議供參考。

一、觀念待調整

（一）事故處理，等同於在道路中施工

應遵照《設置規則》第155條，或高公局《施工之交通管制守則》的規定來實施交通管制。

（二）失能（控）車輛充斥於車流中，應有對應之警戒措施

不能期待所有的駕駛人都會遵守交通管制或指揮，應：1.隨時保持高度警戒心、面向車流、預留緩衝空間；尤其於管制設施「尚未佈設」、「正在佈設」、「撤除佈設」之時；2.剛抵達事故現場時，盡速離開警車，並改用隨身無線電回（初）報事故概況。

二、規定「適當距離」的三種法令，對之應有明確的訂定或修正

（一）應修正之三種法令與內容

三種法令中之「適當位置」、「適當距離」、「適當管制」、「適度調整」應遵照《設置規則》第155條之規定並明確化：這三種法令分別為《處理辦法》第9條、《處理規範》第10點、《作業規定》「肆、作業項目」。

（二）應將《作業規定》之「現場跡證後方100公尺」加以修正

《作業規定》「肆、作業項目之一之（三）」規定，「處理員警趨近現場時……，可行駛至事故現場跡證後方約100公尺處再行擺設（夜間視現場照明情形增加爆閃燈或其他警示燈光）」，本段文字應修正為「處理員警趨近現場時，應行駛至事故現場範圍後方緩和區間線起點處（約200～300公尺處）即行擺設交通錐管制交通、保護現場安全（夜間視現場照明情形增加爆閃燈或其他警示燈光）」。

三、應改變管制方式，並增派警車、警力、設施以支援

（一）應將現行1部警車調整為至少2部警車

應將現行1部警車（2名員警）調整為至少2部警車（4名員警）＋

24～48支交通錐（另可增加7～14組爆閃燈）：

1. 依《設置規則》第155條之規定，將交通錐佈設於緩和區間線距離內（14～28支交通錐，可附架7～14組爆閃燈）、現場範圍邊界（10～20支交通錐）。
2. 比照《施工之交通管制守則》規定，將警車1（相當於「工作車」）停於現場範圍正後方至少20公尺處，警車2（相當於「標誌車」）則停於安全停車視距範圍內實施警戒與指揮。

（二）應建立完整且能落實的配套措施

如建立後勤支援機制、購置足夠的管制設施或設備、適度的調整勤務（足夠的警車警力以供派遣）等。

（三）購置先進的交通管制預警系統

如圖9-3之說明。

四、應加強員警對危險控管之教育訓練

應加強員警對風險或危險情境的認知教育。訓練對象以新進員警、超過3年未訓練者為優先。訓練內容包括案例教育、危險來源、危險控管（含警戒心、緩衝空間、路寬變更線長度、圖9-1、設施擺設與移除之順序及所面臨之危險）等；而且該教育訓練至少應實施4～6小時（含現場演練），實不宜再以一紙公文或一套SOP或勤前教育即取而代之。

五、人命關天，警察應持續竭盡所能提供安全的工作環境給執勤者

道路交通事故處理是警察機關的職權與職責，因此為了避免員警遭撞的案件再發生，並維持車輛的安全通行，這是權責機關（警察機關）責無旁貸的事。期待透過本文之拋磚引玉，能協助警察機關（尤其公警局）持續竭盡所能的處事，以提供一「安全不打折」的工作環境給第一線的員警，確保員警與用路人之生命安全。

六、其他可以持續推動或研究事項

而以下事項可以持續推動或研究，以打造一個「安全不打折」的交通環境；如「普設事故處理小組（警示車、防撞工程車等）」、「加強職業駕駛工時管理」、「『疲勞感測與警示裝置』及『測距防撞偵測裝置』列入配備」、「參考澳洲對緊急車輛的減速和避讓規範（Move Over Low）」、「加重大型車輛肇事之法律責任」等。

|第十章|
預防「蒐證錯漏」應有的知識

在第三章第四節的分析中,得知造成事故蒐證錯漏最重要的原因在於專業不足;而專業知識不足的面向則分別屬於:一、碰撞之前:關於「反應過程」(PIJR)、「煞停軌跡」類的專業知識;二、碰撞當時:關於「對應位點」、「碰撞力學」類的專業知識;三、碰撞之後:關於「現場測繪」、「終止位置」類的專業知識;四、機車事故:關於「肉包鐵細小」、「倒向痕騎顛」類的專業知識;五、肇因號誌:關於「肇因號誌」、「含筆錄等」類的專業知識。因此,本章即提出以下之專業內容,建議負責交通事故蒐證的員警應加以具備,用以充實基本專業知識,達到事故蒐證能力的基本水平,並藉以避免於事故蒐證時產生過於主觀的情形。

第一節 交通行為基本1:反應行為(PIJR)與蒐證

車輛運行過程,當駕駛人發現危險時,必然會經過反應過程。若反應行為是緊急閃避,也需要經過「反應距離」之後才會出現閃避的行為;若反應行為是緊急煞車,則更需要一定的「停車距離」才能完全煞停。

當駕駛人發現危險時,若來得及閃避或煞停,則不會發生事故;若來不及閃避或煞停,則會發生事故。而來得及或來不及,則涉及駕駛人反應行為之特性及停車視距之特性。因此,本節先針對駕駛人反應行為

特性與蒐證的關係加以說明之；而停車視距特性與蒐證的關係則留於第二節再說明。

壹、反應過程（PIJR或PIEV）

駕駛人於駕駛過程，自發現車道前方有障礙或危險時開始，經過確認、判斷，到做出反應行為為止，這段過程稱為反應過程。一般反應過程必然經過感知（Perception）→確認（Identification）→判斷（Judgement）→反應（Reaction）等過程，該過程簡稱為PIJR。亦有學者稱為PIEV，是指Perception（感知）→Intelligence（情資）→Emotion（情緒）→Volition（意志）。無論是PIJR或PIEV，這都是指駕駛人於駕駛過程中，遇到外在刺激時，所產生的單一反應行為之過程；而整趟駕駛過程中之駕駛行為，則是由無數的單一反應行為所組合而成的。

因此當發生交通事故後，吾人可以從發生事故當下駕駛人之反應過程來探討事故的原因。如有無感知或察覺到有障礙？確認這障礙會不會成為危險？當確認危險時，透過速度、方向上的判斷（或選擇），來決定應如何迴避該危險？判斷（或決定）後則立即加以執行，以完成這單一的反應行為，而這單一的反應行為會從速度、方向上表現出來。因此，事故發生後，調查人員不但應當設法瞭解發生當下駕駛人之PIJR的反應過程，而且更不能忽略了影響PIJR之相關因素的調查。

貳、影響PIJR的因素

駕駛人所表現出來的反應行為，是從發現前方的狀況或障礙而開始的，在PIJR的過程中，相關的影響因素，簡要說明於後：

一、影響感知（P）的因素：感官機能、專注程度、精神狀態

駕駛人能否感知或察覺或發現狀況，影響的主要因素有：

（一）感官機能：尤其是視覺

亦稱為生理因素。用路者係透過各種感覺系統（主要為視覺、聽覺與觸覺系統），察覺車內或車外環境的訊息，再將訊息透過神經系統傳達於腦部的神經中樞，經大腦解釋後，參酌駕駛者特質，並加以思考與判斷之後才做出決定，再將決定的意思透過神經系統傳達於運動器官（如手、足、眼等），於是產生用路者的反應行為，例如汽車起步、加速或減速、緊急煞車、變換行向等駕駛者操控車輛的行為。因此，用路者之各種感官機能，尤其是視覺將深切的影響著其反應行為，所以事故發生後，有關駕駛人之各種感官機能的調查與瞭解，是相當必要的。

（二）專注程度

1. 外在環境訊息：道路或環境因素

以駕駛人操縱汽車為例，當駕駛人介入汽車（車內環境）與道路（車外環境）之間執行操作時，外在環境的訊息必須足以引起駕駛人的注意，否則將是無效的訊息，駕駛人將不會對此訊息做出反應。在駕駛人操縱汽車的過程中，駕駛人之主要訊息來源，並非在於車輛，而係來自於道路，即所謂車外環境之中。而且訊息之內容瞬息萬變，駕駛人必須適應車外環境之變化而行駛，故有關環境訊息是否足以引起駕駛人之注意是相當重要且應調查的。又，駕駛人於動態中與靜態中察覺訊息之能力也是有所不同的，此亦應特別注意。

2. 內在注意程度

若不專心駕駛，例如邊打（看）手機、邊看與駕駛無關之事物、心裡另有要事（例如感情或婚變前後、財務出狀況期間、訴訟期間、個人發生重大事件前後）等，都將分散駕駛人之注意力，而不容易察覺外在環境的訊息，變得反應遲緩影響其駕駛反應時間而容易發生事故。所以，事故發生後，有無會影響駕駛人注意力之事物或事件的調查與瞭解，也是相當必要的。

（三）精神狀態

睡眠不足、工作疲勞、長時駕駛、飲酒之後、吸食毒品、生病期間（如癲癇、高血壓、糖尿病、身體發炎、重症肌無力等）、吃飽飯後、超高齡等，都容易使得駕駛人之精神狀態變得不佳，而不容易察覺外在環境的訊息，或反應變慢而容易發生事故。所以，事故發生後，有關駕駛人之精神狀態的調查與瞭解，更是相當必要的。

二、影響確認（I）的因素：認知（知識＋經驗）

主要是駕駛人的認知，而影響認知者主要為駕駛人所擁有之知識與經驗，而這又與其年齡、教育、職業、駕駛年資、駕駛里程數等有關。

例如，夜間開車，看到前方路邊一個影子，是樹影還是人影？是假人還是真人？是年輕還是年老？是佇立還是走動？是危險還是不危險？均需加以確認，而駕駛人所擁有之知識及經驗會影響其確認（或辨識）的結果。

三、影響判斷（J）的因素：精神、情緒、態度、習慣、個性

舉凡會影響駕駛人思考的因素，都會影響駕駛人的判斷或選擇或決定，而這些會影響思考的因素，例如有當時之精神狀態、情緒狀況，以及個人之處事態度、開車習慣、人格特質等。

四、影響反應（R）的因素：肢體的反應機能

反應行為可分為兩種，一為在方向上之反應（例如閃避），另一為在速度上之反應（例如煞車）。無論是反應閃避或反應煞車，駕駛人都必須使用手或腳來操控車輛的方向盤（或機車手把）或煞車踏板（或機車手煞車拉桿），因此手腳的反應機能將影響著對車輛操控的結果。

另值得一提者是機車駕駛人特有的反應行為——跳車逃生的行為。若發現騎士、機車之車速與方向都不一致時，則可能涉及機車騎士跳車逃生之行為，此時應對騎士平時肢體之反應機能加以調查（例如年齡、體重、身材、跑跳能力等），以釐清真相。

參、反應時間（Reaction Time）

駕駛人自發現車道前方有障礙或危險情況時開始，會經過確認、判斷，到做出反應行為為止，這段過程稱為反應過程，而其所需要的時間則稱為反應時間。

一、反應時間的類別

（一）煞車反應時間

在速度上之反應若為煞車，則反應時間是指煞車反應時間（Brake Reaction Time），意即從駕駛人發現前方障礙或危險之瞬間開始，到煞車器生效（煞車燈起亮）的瞬間為止，這兩個瞬間的間距合稱為煞車反應時間。即：

$$煞車反應時間＝感知時間＋煞車動作時間$$

1. 感知時間

從駕駛人發現前方障礙或危險之瞬間開始，到腳開始離開油門的瞬間為止，這兩個瞬間的間距稱為感知時間。

2. 煞車動作時間

從駕駛人的腳離開油門的瞬間開始，到煞車器生效（煞車燈起亮）的瞬間為止，這兩個瞬間的間距稱為煞車動作時間。

（二）閃避反應時間

在方向上之反應若為閃避，則反應時間是指閃避反應時間（Escape Reaction Time），意即從駕駛人發現前方障礙或危險之瞬間開始，到車輛開始偏向的瞬間為止，這兩個瞬間的間距合稱為閃避反應時間。即：

$$閃避反應時間＝感知時間＋閃避動作時間$$

1. 感知時間

這感知時間的定義約等同於上述之說明；即從駕駛人發現前方障礙或危險之瞬間開始，到決定執行轉向的瞬間為止，這兩個瞬間的間距稱為感知時間。

2. 閃避動作時間

從決定執行轉向起，到開始轉向為止之時間間距。

二、影響反應時間長短的因素：繁簡程度、有無預期

研究顯示，反應時間的長短主要受到兩項因素的影響，一為交通狀況的繁簡程度，另一為駕駛人有無預期。依據美國公路及運輸員司協會[1]（American Association of State Highway and Transportation Officials, AASHTO）所做公路和街道幾何設計政策之研究顯示「反應時間若愈長，則反應錯誤之機會將愈大」、「預期狀況的反應時間為0.6～2秒，非預期狀況的反應時間則約增加35%，約為0.6～2.7秒」。

三、有關反應時間的長短

（一）感知時間：最短0.3秒

李百川對於視網膜實驗反應時間、駕駛人感知時間之長短有如下之說明[2]：

1. 視網膜實驗反應時間：合計為152毫秒＝0.152秒

視網膜反應20毫秒，傳導致大腦20毫秒，大腦加工與傳至運動中樞95毫秒，傳至運動神經、肌肉及肌肉收縮反應17毫秒。

2. 駕駛員感知時間：一般0.3～1秒，平均約0.7秒

駕駛員感知反應時間（未包含煞車動作時間）一般為0.3～1秒，平均約0.7秒。

1　AASHTO (1994), *A Policy on Geometric Design of Highways and Streets*, pp. 46, 118.
2　李百川（1998），道路交通事故預防心理學，西安：交通大學，頁61-67。

（二）一般反應時間（駕駛人可預期之狀況）

本項所指之反應時間，是專指煞車反應時間。該反應時間經AASHTO及學者王文麟[3]、周義華[4]、蘇志強[5]等的研究顯示，有關反應時間的長短經整理後說明如下：

1. 最短煞車反應時間：0.64秒

在一般狀況下，最短煞車反應時間為0.64秒；若在非預期狀況下，則應增加1秒成為1.64秒（AASHTO, 1994: 119）。

2. 路段中有10%的人為非預期，或路口前最短：1.5或1.64秒

在Johansson和Rumar對321位駕駛人的研究當中，在一般狀況下（路段），其煞車反應時間的中位數為0.66秒，而有10%的人為1.5秒或更長（AASHTO, 1994: 118）。另，路段中，在非預期之狀況下，最短煞車反應時間至少為1.64秒（AASHTO, 1994: 119）。

在路口前最短反應時間約為1.5～2.0秒（王文麟，1993：564）。在極端複雜之地點，如多時相路口或高速公路匝道端點，其反應時間可能增加1秒以上，而大於2.5秒（周義華，2008：158）。

3. 於交通管制設施之安全設計用、90百分位：2.5秒

在上述Johansson和Rumar的研究中，有90%的駕駛人能於2.5秒內完成反應（AASHTO, 1994: 118）。交通管制設施之安全設計用之平均值約2.5秒（王文麟，1993：27）；公路設計時，AASHTO建議為2.5秒（周義華，2008：158）。但複雜地點應大於2.5秒，如多時相路口或高速公路匝道端點，則應視需要加大（大於2.5秒）（AASHTO, 1994: 119）。

4. 工程改善用：4秒

由於駕駛人之反應時間若愈長，則反應錯誤之機會將愈大，故在某

---

[3] 王文麟（1993），交通工程學（三版），頁27-28、564。
[4] 周義華（2008），運輸工程（六版），頁158。
[5] 蘇志強（2010），交通事故偵查理論與實務（增訂二版），頁700。

交通環境中，若情況複雜到駕駛人反應時間超過4秒時，則需設法警告（如降低車速），或裝設交通管制設施等工程手段加以控制，以令駕駛人之反應時間不會超過4秒，以避免危險（王文麟，1993：27）。

5. 極度複雜時：5～8秒

在極度複雜之狀況下，反應時間85百分位為5.1秒（有預期狀況）、7.8秒（非預期狀況）（AASHTO, 1994: 46）。

（三）緊急反應時間（駕駛人無預期之狀況）

緊急反應時間是指駕駛人感知到危險起，未經過判斷之下意識反應所需的時間。由於緊急狀況通常都是發生在非預期之狀況或突發之狀況下，經整理國內外之研究後，本文稱緊急反應時間為0.4～0.75秒，特殊駕駛人（例如超高齡老人）可能達1.34秒。

1. 緊急煞車反應時間：0.5～0.75秒

(1) AASHTO的研究：最短反應時間為0.4＋0.2＝0.6秒

AASHTO於1994年指出[6]：

A.在一般狀況下：最短反應時間為0.4秒

　(A)研究案2中：駕駛人反應時間的平均值為0.64秒，而1秒以上者則有5%的駕駛人。

　(B)研究案3中：駕駛人反應時間為0.4～1.7秒。

B.在非預期狀況下所增加之時間：驚險狀況為0.2～0.3秒

過去實驗的結論：所增加的時間為0.2～0.3秒（驚險狀況），1.5秒（平常狀況）。

(2) 國內學者指出：最短反應時間為0.5秒

有以最短反應時間為0.5秒者（王文麟，1993：27），也有以最短反應時間為0.64秒者（周義華，2001：158），也有稱緊急反應時間為0.69～1.34秒者（蘇志強，2010：700）。

6　AASHTO (1994), *A Policy on Geometric Design of Highways and Streets*, pp. 118.

(3) 交通部引用美國西北大學之函釋：0.75秒

交通部於1977年，引用美國西北大學之研究，分別於5月、10月，將一般煞車反應時間稱爲0.75秒者[7]。

2. 緊急閃避反應時間：0.4～0.6秒

(1) 緊急閃避反應時間略小於緊急煞車反應時間約0.11秒

一般而言，緊急煞車反應時間由於有腳或手的移動，所以其會略大於緊急閃避反應時間（約0.11秒）[8]。

(2) 緊急閃避反應時間 = 最短感知時間 + 緊急閃避轉向時間

= （0.3～0.4秒）+〔0.11秒（李百川）～0.2秒（驚險狀況）〕

= 0.41～0.6秒

肆、PIJR於事故蒐證上之應用

一、反應時間的長短已規定於交通法令上

（一）黃燈時間：3～5秒。《道路交通標誌標線號誌設置規則》（以下簡稱《設置規則》）第231條

依《設置規則》第206條規定，黃燈的意義爲「用以警告車輛駕駛人及行人，表示紅色燈號即將顯示，屆時將失去通行路權」。所以當黃燈啓亮時，若車輛駕駛人判斷能於黃燈時間內在停止線前停下來，則應立即反應煞車減速以停車；若車輛駕駛人判斷無法於黃燈時間內在

---

[7] 交通部於66年5月6日以交路(66)字第03984號函修正「附表十四：汽車煞車距離、行車速度及道路摩擦係數對照表」，在該表中明白寫著「一般煞車反應時間3/4秒」，並於說明2.有如下的註解「本表係依照美國西北大學研究之《車速測定量規》所求出者」。又，交通部66年10月27日交路(66)字第10275號函中，所說明的「汽車行駛距離及反應距離一覽表」，在該表中也可求算出「反應時間爲0.75秒」。

[8] 由於下列兩篇學術文章的說明，故本文稱「緊急煞車反應時間會略大於緊急閃避反應時間約0.11秒」：一、AASHTO（1994）稱「在一般狀況中，研究案3之最短煞車反應時間（Brake Reaction Time）爲0.4秒」；而李百川（1998）稱「駕駛員感知反應時間（未包含制動動作時間）：一般0.3～1秒，平均約0.7秒」；二、李百川（1998）又稱「視網膜實驗反應時間：視網膜反應20毫秒，傳導至大腦20毫秒，大腦加工與傳至運動中樞95毫秒，傳至運動神經、肌肉及肌肉收縮反應17毫秒」。故當大腦加工決定轉向起，至肌肉收縮反應開始轉向爲止的時間間距爲112毫秒（95+17=112=0.112秒）。

停止線前停下來，則反應不減速持續通過路口。因此，該黃燈時間就是車輛駕駛人用以判斷要不要通過路口所需要的時間，也稱為猶豫時間（dilemma time），亦即駕駛人之反應時間。

又依《設置規則》第231條之規定，黃燈時間（秒）依行車速限（公里／小時，KPH）而定，50KPH以下為3秒；51～60KPH為4秒；61KPH為5秒。該3秒之黃燈時間與2.5秒之反應時間（設計用，90百分位）相當接近。

（二）打方向燈時間：至少約2.7秒。《道路交通安全規則》（以下簡稱《安全規則》）第93、102條

依《安全規則》第102條第1項第4款規定：「汽車行駛至交岔路口……四、右轉彎時，應距交岔路口三十公尺前顯示方向燈或手勢，換入外側車道、右轉車道或慢車道，駛至路口後再行右轉。但由慢車道右轉彎時應於距交岔路口三十至六十公尺處，換入慢車道。」

又依《安全規則》第93條第1項第1款規定：「行車速度……但在設有快慢車道分隔線之慢車道，時速不得超過四十公里……。」

時速40公里約等於秒速11.1公尺，所以30公尺約走2.7秒；故《安全規則》第102條第1項第4款的規定：「汽車行駛至交岔路口……四、右轉彎時，應距交岔路口三十公尺前顯示方向燈或手勢……。」其意義即為駕駛人於路口轉彎前，應於路口前顯示方向燈或手勢，且至少顯示2.7秒後才轉彎。而顯示方向燈或手勢至少2.7秒的用意，即在於給其他駕駛人有足夠的時間來反應，否則其他駕駛人可能會措手不及。

同理，駕駛人於變換車道時，也應先顯示方向燈或手勢至少2.7秒，之後才開始進行變換車道的動作；這樣，其他有關係的駕駛人才來得及應變，否則將可能來不及應變而容易發生事故。

（三）綜上：交通法令對反應時間的規定至少約為3～5秒

而法令上之2.7秒或3秒與研究上之2.5秒（90百分位）相當地接近，而且高出約0.2～0.5秒，這是相當適切的規定。同時，黃燈時間的設定從3～5秒，也依速限的高低（50KPH以下～61KPH）而設定，這

也是考慮到了交通環境複雜度的明證。

二、「反應時間」與「有無疏忽」之關係：於肇因分析上之應用

於交通鑑定書內常見之「『疏未注意』車前狀況」，與刑事判決書內常見之「按其情節『應注意，並能注意，而不注意者』，爲過失。」等用語，這用語當中之「疏未注意」或「而不注意」者的判斷，與駕駛人反應時間的長短有很大的關係。通常，若有「疏未注意」的情形，即有「而不注意」的過失，並有肇事原因的促成。

（一）在路段中發生事故：以無違規之駕駛人為例

今以在一般路段中，未超速、無違規的駕駛人爲例，以「反應時間」來判斷「有無疏忽」的原則可簡略說明如下（T：交通環境提供給該駕駛人能反應之時間）。

1. T ＜ 0.5秒（或0.75秒）：確定無疏忽

在研究中，由於0.5～0.75秒是緊急煞車時所需要的反應時間，所以任何人於看到危險或障礙之後，到煞車器緊急產生作用之前，其所經過的緊急煞車反應時間至少需要0.5～0.75秒。亦即人類在實際的交通環境中，任何駕駛人所需要的反應時間不可能有低於0.5～0.75秒者。因此，當駕駛人於實際的交通環境中，遇見突然的危險或狀況時，若外部交通環境提供給其反應的時間小於0.5～0.75秒者，則該駕駛人100%來不及反應，則該駕駛人可確定無疏忽，無肇事原因。

2. 0.75秒 ＜ T ＜ 1.5秒（或1.64秒）：原則無疏忽

在AASHTO的研究案1，在一般狀況下（路段），其煞車反應時間的中位數爲0.66秒，而有10%的人爲1.5秒或更長。另，路段中，在非預期之狀況下，最短煞車反應時間至少爲1.64秒（AASHTO, 1994: 119）。故在路段中發生事故時，若外部交通環境提供給駕駛人反應的時間只有0.75～1.64秒者，則該駕駛人也是來不及反應，原則上也可推定該駕駛人無疏忽，無肇事原因。

3. 1.5秒（或1.64秒）＜T＜2.5秒（或3秒）：可能疑有疏忽

由於2.5秒是駕駛人反應時間之90百分位，是公路設計用之建議值，而2.7秒或3秒又是交通法令的規定值，所以在路段中發生事故時，若外部交通環境提供給無違規駕駛人反應的時間達2.5秒（或3秒）者，由於約有90%的駕駛人可能來得及反應，但該駕駛人卻未反應，因此該駕駛人可能疑有疏忽，有些微的肇事原因，而主要的肇事原因還是在於危險的製造者身上（外部交通環境，如違規並產生危險之對方）。

4. 2.5秒（或3秒）＜T＜4秒：很可能有疏忽

由於4秒是工程改善用之駕駛人反應時間，意即在交通工程與管制已到位的情況下，駕駛人之反應時間理論上不至於會超過4秒。因此，在路段中發生事故時，若外部交通環境提供給無違規駕駛人反應的時間已達4秒者，則該駕駛人很可能來得及反應但卻未反應，因此該駕駛人很可能有疏忽及肇事原因（肇事責任約比對造少或相當）。

5. 4秒＜T：確定有疏忽，除非極複雜之路段

原則上4秒是工程改善用之駕駛人反應時間，除非在極端複雜的情況下，但在路段中，幾乎沒有極端複雜之狀況。因此，在路段中發生事故時，若交通管制設施已到位，而且外部交通環境提供給無違規駕駛人反應的時間已大於4秒者，則該駕駛人確定來得及反應但卻未反應，因此該駕駛人確定有疏忽，且有肇事原因（肇事責任約與對造相當或更多）。

（二）在路口發生事故：以無違規之駕駛人為例

在路口，駕駛人所需要之反應時間約較在路段中多1秒；故無違規駕駛人「有無疏忽」之判斷的原則，應該是在路段之各層級中各多1秒。

1. T＜1.5秒（或1.75秒）：確定無疏忽。

2. 1.75秒＜T＜2.5秒（或2.64秒）：原則無疏忽。

3. 2.5秒（或2.64秒）＜T＜3.5秒（或4秒）：可能疑有疏忽。

4. 3.5秒（或4秒）＜T＜5秒：很可能有疏忽。

5. 5秒＜T：確定有疏忽，除非極端複雜之路口。

（三）綜上：當事人之危險感知點的調查很重要

無論是在路段或路口發生事故，也無論是無違規之駕駛人或有違規之危險製造者，可知相關當事人之危險感知點（地點或時點）的調查與瞭解是相當重要的。

三、PIJR於事故蒐證上之應用

可分為下列幾個面向加以說明：

（一）以「感知距離」應用於界定事故「現場範圍」

與交通事故有關的跡證，尤其是與事故有直接因果關係的跡證，其座落的地點或空間都是屬於現場的範圍。因此，現場範圍並不局限於肇事車輛、刮擦地痕、散落物、胎痕等終止位置所圈畫起來的範圍，它更應該包含著每一位當事人或駕駛人於發生事故之前，於發現（感知）到危險點或應該發現（感知）到危險點的範圍，於該範圍內以實際調查蒐證駕駛人之視線有無被遮擋、相關的交通管制設施（例如標誌標線號誌）有無設置或被遮擋等。

交通事故的駕駛人（當事人）於發現危險後，通常會採取（緊急）煞車或（及）閃避的反應動作。若撞擊於緊急煞車作用之後才發生，則感知地點至少會位於煞車痕起點上游2.5秒（或4秒）內之行車距離處；若撞擊於緊急煞車作用之前即已發生，則現場可能不會有煞車痕，但通常會有散落物，或刮擦地痕（尤其是機車涉入之事故現場一定有刮擦地痕，除非機車倒地前無車速），則感知地點至少會位於刮擦地痕起點或散落物終止位置上游2.5秒（或4秒）內之行車距離處。

1. 路段事故之現場範圍

現場範圍於上游之邊界處，至少應能涵蓋到駕駛人或當事人對危險之感知地點，所以上游邊界處與「起算點」至少應有2.5秒（或4秒）之

行車距離，而該「起算點」是指該當事車之煞車痕起點或刮擦地痕起點或散落物終止位置點。因此，蒐證人員應從上游邊界處往下游勘查、比對、蒐證，以瞭解該當事駕駛人所看到之實際狀況。

2. 路口事故之現場範圍

發生於路口之事故，由於路口前之標誌標線號誌之設置情形會影響駕駛人行車的決定與行車動線，因此現場範圍上游之邊界，應能涵蓋駕駛人於路口前感知（發現）相關標誌標線號誌之設置實情，所以上游邊界處與「路口（起算點）」也至少應有2.5秒（或4秒）之行車距離。而由於路口是從「停止線」起算，故路口事故現場範圍上游邊界處之「起算點」至少是停止線的位置，但若煞車痕起點或刮擦地痕起點位於停止線之上游，則從煞車痕起點或刮擦地痕起點起算。

（二）以「PIJR反應過程」應用於比對「實際交通情境」

1. 查證比對「有無疏忽」

駕駛人於產生任一單項行為之前，必然需經歷感知或發現（P）→確認（I）→判斷（J）→反應（R）之過程。正常的反應過程，原則上是不會發生事故的，但若發生了，則為瞭解事故發生的原因，調查蒐證人員有必要追溯查證駕駛人PIJR各階段的反應過程，尤其對駕駛人能否發現危險之相關因素應仔細調查、比對與蒐證。

前已提過，駕駛人通常是透過視覺來瞭解外在交通環境所提供的訊息，故當事故發生後，調查蒐證人員有必要對下列事項加以調查，並比對現場之交通情境跡證而仔細蒐證：

(1) 詢問或調查駕駛人關於感知到危險前、時之交通情境

「您何時看到對方？看到對方時您在哪裡？」「您何時看到危險？看到危險時您在哪裡？」「當時的交通狀況如何？」「現場相關的交通標誌標線或號誌，您有無看到？」（若回答「沒有看到」，則應再詢問或調查「為什麼沒有看到？」）等有關於駕駛人感知到危險前、時之交通情境的詢問與調查。

(2)針對詢問或調查所得，比對現場之交通情境，分辨真偽

　　以發生於無號誌管制路口之事故而言：首先應調查比對駕駛人於街角之視線有無被阻擋、車速如何（有無減慢或超速）。其他，例如A.若駕駛人說「我沒有看到相關標誌或標線」，則應查證相關標誌或標線有無設置？能否為駕駛人看得到、看得清楚（距離幾公尺可看得清楚）？來不來得及反應（看到危險時相距幾公尺）？B.若駕駛人左轉逆向進入單行道時，與順向之車輛發生對撞之事故，則應調查於進入路口停止線之前，有無設置「禁止左轉」之標誌？設置幾面？各面各距離停止線幾公尺？藉此以比對分析「駕駛人於左轉之前，是否知道左方路肢（路段）為『禁止進入』之單行道？又，於知道後，是否來得及反應『不能左轉』？」

2. 查證比對「誰是真正的駕駛人」

　　印象中，有以下這些案例是涉及「誰才是真正駕駛人」的個案：和美案、台西案、金門（外地人駕駛）案、屏東叔姪案是親自鑑定之個案；國道孕婦案、檳榔攤前白衣案是聽聞之個案；高雄港務官案、外勞頂替案則是媒體報導之個案。在這8件案例中，除了高雄港務官案、金門案未破案之外，其餘的6件個案雖然都有破案，但只有國道孕婦案、外勞頂替案等2件是於警察查證階段即已破案，而其餘的4件個案則是鑑定者運用傷亡者之體傷部位、終止位置等特徵，並參酌警察對當事人或目擊者之詢問筆錄才破案者。

　　在上述案例中，有無破案的關鍵都在於警察有無對當事人調查PIJR之反應過程（或對目擊者調查當時之位置、作為及所看到之情形），並比對現場之交通情境跡證。

　　例如在外勞頂替案中：事故發生後肇事者逃逸，隨後不久，老闆帶著外勞來投案，這投案的情形稍有不尋常，讓處理的員警起了疑，因此乃將老闆外勞隔離詢問筆錄。並針對外勞詢問以下這些問題，如「您所開車輛之駕駛座艙的配置情形如何？請加以描述。」「您當時走在哪一個車道？」「對方從哪邊來？是甚麼車？車身顏色？」「您車子撞到對

方的左邊或右邊？前面或後面？」「兩車撞擊之後，您往哪邊移動？對方往哪邊移動？」「您為什麼沒有留在現場？」將外勞所回答的資訊與駕駛座艙實際配置、現場之路況、車道配置、交通狀況、車身顏色、車損部位、終止位置等等實際情境加以比對，即發現外勞所言不實，外勞後來承認是代替老闆來頂替的。

有些駕駛人為了卸責，而可能出現找人頂替或嫁禍給死者或對方的情形，因此在一些可能有比較大責任的案件（例如傷重或死亡之案件），調查人員即應主動查證「誰是駕駛人」，不可以完全聽信對方或單方（如同車者、肇事前某地點之監視器）的指述，而未對被指述者以「PIJR反應過程」來加以詢問並比對「實際交通情境」，查證所言是否屬實。否則，即有可能出現讓應該負起肇事責任之駕駛人逃之夭夭的情形。

（三）以「反應時間」應用於閃避之蒐證：以機車遇路障為例

道路中之固定障礙物，若以「被行進中駕駛人看得見的程度」來分類，約可分為三類。第一類看得見者：如坑洞、人孔蓋、路邊電箱或電桿或樹木、路邊高低差、甚至是掉落物等之路障；第二類不易看見者：如細石、油漬、水窪、甚至是細小掉落物等之路障。第三類看不見者：如路面顛簸處、橋面伸縮縫處、路面高低起伏處等看不見之路障。

行進中之機車遇到上述三類道路障礙時，為了閃避，是比小型車更容易發生事故的。因此，這些道路障礙是否會促成事故，事故調查人員應知道如何加以調查。於此，先舉關於第一類（看得見）、第二類（不易看見）的路障事故加以說明。

1. 關於「能否來得及閃避」之蒐證：以固定障礙物為例

於事故現場，調查人員將自己模擬成是機車駕駛人，往固定障礙物的方向看。當看不到障礙物時，調查人員與障礙物之間最短的距離為X公尺，若駕駛人所需要的反應距離（D反）大於X，則駕駛人會來不及閃避，固定障礙物有肇事原因；若駕駛人所需要的反應距離（D反）小於X，則駕駛人來得及閃避，固定障礙物不是肇事原因。

(1) 關於「能否來得及閃避」之蒐證：以坑洞等障礙物爲例

基於上述「反應距離（D反）」與「看不見前方道路障礙時之最短距離（X）」比較大小之原理，至少應實施以下六項蒐證，該六項蒐證可參考圖10-1障礙物（如坑洞等）之蒐證示意圖：

第一：對障礙物拍照及丈量大小。丈量長×寬×高（深）。

第二：看得見障礙物時，對障礙物拍照，丈量拍照地點與障礙物間之距離。可原地、每間隔10公尺對障礙物拍照。

第三：看不見障礙物時，對障礙物拍照，丈量拍照地點與障礙物間之距離。尤其應測量出「看不見前方道路障礙時之最短距離（X）」。

第四：應調查當地之速限。因D反＝速限×T反，而T反（反應時間）以至少取4秒之工程反應時間才較爲合理。

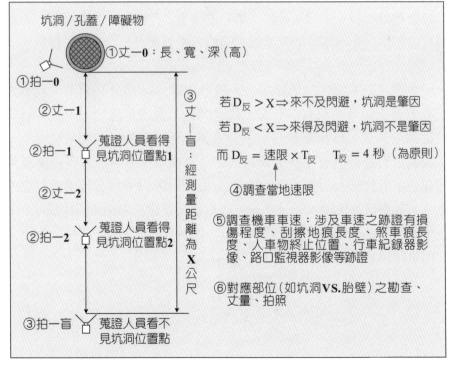

註：①～⑥是蒐證方法、蒐證內容之說明。

圖10-1 障礙物（如坑洞等）能否來得及閃避之蒐證示意圖

第五：應調查機車之車速。涉及機車車速之跡證，主要有刮擦地痕之長度（應含位置）、人車物之終止位置、損傷程度、煞車痕長度、影片（CCTV監視器、行車紀錄器）等。

第六：「對應部位」之勘查、丈量與拍照。道路障礙若為坑洞，則對應部位會存在於「坑洞周圍VS.胎壁或胎面」。若為人孔蓋，則會存在於「孔蓋周圍VS.胎壁或胎面」。若為細石或小磚塊，則通常「胎壁有不明對應痕」，因為細石或小磚塊可能已彈跳離開現場，調查人員應往彈離之方向仔細尋找。若為路邊電箱，則對應部位比較會存在於「電箱周圍VS機車車體或人體之突出部位」。

(2) 關於「可能來不及閃避」之蒐證：應追查「對應部位」

於事故現場，若無法確定「能否來得及閃避」，或懷疑「可能來不及閃避」時，則應如上述第六項所言，應積極對（車）損（體）傷部位之特徵加以比對、查證及蒐證（拍照或採集生化機證或光影攝影），以尋找確認出「對應部位」，用以證明機車能否來得及閃避該障礙物。

案例（表3-1案序3切腿案）：機車駕駛人（19歲）稱：「我看到正前方老先生時，我有向右閃，我有閃過，我沒有撞到老先生；我若有撞到老先生，為什麼我的車頭會完整無任何車損（如照片10-1），所以我沒有撞到老先生。」警詢問：「您車車速多少？於多遠處看到老先生？」駕駛人回：「車速約80公里／小時，約於9公尺前看到老先生。」警察續查發現：一、老先生之左足脛有切割傷（如照片10-1），後來氣胸死亡（無法詢問筆錄）；二、現場有其他小型車經過，但無其他機車經過。

照片10-1　切腿案（表3-1案序3）騎士傷處與傷勢、對造機車車損

　　問題：一、該傷勢會是被小型車撞出來的嗎？二、年輕人之機車究竟有無閃過老先生？三、若未閃過，則「對應部位」可能位於機車之哪一部位？

　　分析：一、該傷勢不會是被小型車撞擊所造成的，因為小型車最突出的部位是保險桿，然而不但保險桿的高度與該受傷的高度不吻合，而且若被保險桿撞到，也不會撞成這種切割傷的傷勢；二、年輕騎士之緊急反應距離（D反）約為8.9～11.1公尺（80×0.278公尺／秒×（0.4～0.5）秒＝8.9～11.1公尺），由於D反8.9～11.1公尺幾乎是大於看到老先生時之9公尺，所以年輕騎士來不及閃避該老先生；三、綜合上述兩項分析，可得知機車有撞到該老先生；但會是以哪一部位撞上老先生之左足脛呢？調查人員若勘查該機車左側、同傷勢之高度、從前往後最突出之部位，則在該「對應部位」必然會發現有屑肉（人體組織），則可對該「對應部位」及其屑肉的特徵加以拍照、丈量高度，甚至採集屑肉送驗；四、該「對應部位」可能存在於機車前輪輪軸左側之車體，該部位之車體有輪軸端點處、六角螺絲、ㄇ字型鋼板、煞車鋼條。試想，該「對應部位」之機車車體若以時速80公里／小時劃過老先生之足脛，其所產生之傷勢不就是這種切割傷嗎！很可惜地，當時蒐證人員漏掉了對「對應部位」及其屑肉的勘查與蒐證。

2. 關於「是否來得及閃避」：閃避？變換車道？

　　機車駕駛人遇到前方有障礙物時，究竟應採取緊急煞車或向左閃避之行為呢？本文以為「不能要求機車如同小型車那樣的採取緊急煞車的反應」，因為小型車車前有引擎蓋之車身保護著駕駛人，而機車沒有保護之車身，同時機車緊急煞車必然偏滑或倒地，而小型車不見得會偏滑或倒地。所以，機車騎士下意識的緊急反應通常會是「閃避優先於緊急煞車」。

　　又當機車向左偏移時，這是屬於「閃避行為」或「變換車道」之行為呢？由於「變換車道」時，至少應先打方向燈3秒之後才開始變換車道，所以若要求機車駕駛人做「變換車道」之行為，則當騎士發現障礙物時起，於現場中，必須至少能提供6秒的行車距離給機車騎士始能要求之[9]，否則機車向左偏移的行為，是屬於「向左閃避行為」，而不是屬於「向左變換車道行為」，自不能要求騎士要打方向燈，也不能因騎士未打方向燈，而逕自認定騎士為「未依規定使用方向燈，任意變換車道」。因此，調查蒐證或肇因初判或肇事鑑定人員，應仔細對相關之跡證加以調查蒐證或鑑定。

（四）以「反應距離」應用於查證（得知）碰撞前之行車軌跡線

1. 應用於煞車痕起點之前

　　從煞車痕起點開始，反方向至少連結上反應距離，該線段所座落之位置即是車輛於煞車前所行駛之軌跡線，該行車軌跡線可用以釐清車輛於肇事前「是否有越線行駛」、「當時所行駛之位置」等。

　　案例（表3-1案序2近滅門案）：大貨車駕駛人稱：「我車的煞車痕在自己的車道上，我車沒有跨越雙黃線，是對方小客車侵入我車道來撞我的。」另，警察查證後：(1)對該煞車痕之位置拍照，如照片10-2所示；(2)於現場圖標示該煞車痕為大貨車左後車輪所留下，而且其長度為L。

---

[9] 該6秒的行車距離包含兩段距離：第一段為反應障礙物訊息所需要之時間3秒，第二段為打方向燈至少應有3秒之時間。

照片10-2　煞車痕歸屬、長度、位置等跡證，能得知行車軌跡線

　　問題：大貨車煞車前，究竟有無跨越雙黃線行駛？

　　分析：一、從照片10-2中，在「煞車痕尾端」與「雙黃線」之間，出現像「匚」字型之白色噴漆，這白色噴漆可以確定是警察爲標示大貨車左後車輪位置時所噴繪者（因爲大貨車單側之後車輪通常有「內外兩輪」），所以可以得知該煞車痕爲大貨車「左後內輪」所留下；二、從「煞車痕起點」（假設稱爲A點）開始，反方向至少加上「反應距離」的長度，該長度的端點（假設稱爲P點）即爲大貨車駕駛人發現危險時其左後內輪的座落點（感知地點）；三、從該P點向左加上一段寬度（PW），PW爲「內外輪之輪胎間距」及「外輪胎面寬度」之和（寬度於路面上之最左側點假設稱爲W點）；四、經過驗算後，發現大貨車駕駛人於發現危險時，其左後外輪之位置（W點）已跨越雙黃線一段距離；故得知「大貨車煞車前，有跨越雙黃線行駛」。而大貨車跨越雙黃線行駛的原因爲「於向左之彎道行駛時，採取『截彎取直走直線』之操作策略」。

2. 應用於撞擊地點之前

駕駛人若來不及煞車就已經發生撞擊的情況下，則現場不會有煞車痕，但仍會有散落碎片、散落物、落土（距離撞擊地點較遠），或刮擦地痕、落塵、掉落痕、液體滴落痕（距離撞擊地點較近），或液體噴濺痕（距離撞擊地點更近），或轉折痕、固定物被撞痕、行人雨傘終止位置（就是撞擊地點）等與撞擊地點有關之跡證。透過這些跡證與反應距離、車速的連結，也能獲得車輛於撞擊之前的行車軌跡線。甚至是透過車輛的行進方向、車道配置、人車終止位置等跡證，再與車速連結，也能獲知車輛於撞擊之前的行車軌跡線。

第二節　交通行為基本2：停車視距特性與蒐證

壹、停車視距（Stopping Sight Distance）

車輛運行過程中，駕駛人從發現危險時開始，經過反應煞車，到車輛完全停止時為止，在這段期間車輛運行及滑行所需的距離稱為停車視距或停車距離。所以，當發現危險時，若來得及於危險地點前停車則不會發生碰撞，若來不及停車則會發生碰撞。

停車視距（停車距離）是下列三段距離之和：反應距離（D反）、煞車延滯距離（D延）、煞車距離（D煞）。亦即：

$$D停＝D反＋D延＋D煞 \qquad \text{…公式10-1}$$

D停：停車視距（停車距離）。駕駛人從發現危險時開始，到車輛完全煞停時為止，車輛所行經之距離。

D反：反應距離。駕駛人從發現危險時開始，到車輛煞車器產生作用時為止，車輛所前行之距離。

D延：煞車延滯距離。車輛從煞車器產生作用時開始，到輪胎鎖死時為止，車輛所前行之距離。

D煞：煞車距離。車輛從輪胎鎖死時開始，到車輛完全煞停時為止，車輛所滑行之距離。

一、反應距離

駕駛人發現危險時，有一定的PIJR，也有其需要的一般反應時間與緊急反應時間，由於影響反應時間的因素、反應時間的長短，及反應時間於蒐證上之應用等內容，已於第一節加以說明，於此不再贅述。但由於反應距離等於駕駛人反應時間與行車速度的乘積，所以調查或蒐證人員對於有關反應距離的種種相關訊息、因子、跡證或特性，若能有深入的瞭解，則將更有助於查明駕駛是否有疏忽甚或故意之情形。

反應距離（D反）＝行駛車速（V）×反應時間（T反）　…公式10-2

反應時間（T反）：單位，秒（s）。
一般反應時間（T一反）＝2.5～4秒。
緊急反應時間（T緊反）＝0.5～0.75秒。

二、煞車延滯距離（D延）

車輛從煞車器產生作用開始，到輪胎鎖死時為止，這段期間車輛所前行之距離稱為煞車延滯距離。在這過程中，有兩種狀況會發生煞車延滯的情形：

（一）機件延滯（機件煞車延滯、煞車系統延滯）

煞車系統包含踏板系統、傳輸系統（如機械式、液壓式、氣壓式等）、鎖輪系統（如碟式或鼓式）等三個子系統，在駕駛人踩下煞車踏板後，若這三個子系統完全正常，則不會產生機件煞車延滯之情形；但若這三個子系統中有任何一個機件之功能產生減損或故障之情形，則可能會發生機件煞車延滯甚或煞車故障之情形。

一般而言，正常的車輛不會發生機件煞車延滯的情形；但聯結車有一個煞車制動調整閥，以調整曳引車（先煞車）與拖車（後煞車）之煞

車間隙。因此，若有拖車比曳引車後煞車之情形，而且在該煞車間隙之時間範圍內，則亦屬正常之情形。

一般正常行駛中之車輛，比較常見之機件煞車延滯情形，例如情境1：輪胎之來令片變薄了，使得摩擦阻擋之制動力變小了，造成輪胎鎖死之時間延後了。情境2：車輛於長陡下坡時，因踩煞車時間過長，造成來令片因過度摩擦產生超高溫度而使得摩擦係數突然下降，導致發生煞車失靈之情形。情境1是屬車輛保養不足的因素，而情境2是屬人為操作不當的因素。情境1透過機件檢查可以發現來令片變薄了，然而情境2若透過機件檢查，則會發現煞車系統完全正常。因此，在情境2中之煞車失靈，若欲瞭解是屬機件故障或操作不當之因素，則應先確認煞車系統是否完全正常（應扣車，請具有專業證照者加以檢測）；假如煞車系統完全正常，而且當地確實有長陡下坡之情形，則以操作不當之因素最為可能，若再佐以其他證據（例如行車紀錄器內之車速的變化VS.行駛距離的變化、目擊者之陳述等），則可以確認。

（二）鎖死延滯

煞車器產生作用時（煞車燈啟亮時），輪胎並非立即鎖死，而是從原來之轉動速度逐漸變成鎖死不轉動之狀態，該過程稱為鎖死延滯。鎖死延滯是每一正常車輛於緊急煞車過程中必然會發生之情形，若車速愈快則鎖死延滯之時間愈長，反之則愈短。

例如，本文透過臺灣高速公路上行駛車輛之行車紀錄器影片分析，在該影片中A廂型車行駛於內側車道，B小客車行駛於A車右後方之中線車道（兩車前後之間也具有安全距離）。從A車左後輪爆胎開始到B車煞車燈亮為止之時間間距約為2.0秒（即B車之反應時間約為2.0秒）；而從B車煞車燈亮開始到B車輪胎開始冒煙瞬間為止之時間間距約為2.3秒（即B車之鎖死延滯時間約為2.3秒）。故本文依該影片推估：1.車速100KPH時（在高快速公路上），鎖死延滯時間約為1.5～2.3秒；2.車速60～80KPH時（在市區快車道或省道上），鎖死延滯時間約為0.5～1.0秒。

煞車延滯距離（D延）＝行駛車速（V）×延滯時間（T延）

$\cdots$公式10-3

T延≒1.5～2.3秒（V≧100KPH）。

T延≒0.5～1.0秒（60KPH≦V≦80KPH）。

三、煞車距離（D煞）

車輛煞車後（經過鎖死延滯），從輪胎鎖死不轉動時開始，輪胎以同一胎面於路面上滑行，直到滑行終止時為止（車輛停止不動時），該段時間車輛所滑行之距離稱為煞車距離。

（一）煞車距離之公式

煞車距離是車輛之動能用以作功之距離

即

$$\frac{1}{2}mv^2 = FD煞 \qquad \cdots 公式10\text{-}4\text{-}0$$

而

$$f = 摩擦係數 = \frac{最大靜摩擦力}{物體之重力} = \frac{Fmax}{W} = \frac{ma}{mg} = \frac{a}{g} \qquad \cdots 公式10\text{-}4\text{-}1$$

因為

$$FD煞 = maD煞 = mfgD煞$$

所以公式10-4-0轉為

$$\frac{1}{2}mv^2 = FD煞 = mfgD煞$$

左右兩邊之m互相抵銷，變為

$$\frac{1}{2}v^2 = fgD煞 \qquad \cdots 公式10\text{-}4\text{-}2$$

將公式10-4-2中v的單位設定為公里／小時（KPH），代表符號轉為S，而且將g＝9.8公尺／秒²帶入公式10-4-2中，得到

$$S = \sqrt{254 D\,煞\,f}$$ …公式10-5-0

若考慮到坡度e，則

$$S = \sqrt{254 D\,煞\,(f \pm e)}$$ …公式10-5-1

或

$$D\,煞 = \frac{S^2}{254(f \pm e)}$$ …公式10-5-2

在公式10-5-0到10-5-2中

　　D煞：煞車距離（公尺，m）

　　S：煞車前之車速（公里／小時，KPH）

　　f：輪胎與路面間之摩擦係數

　　e：坡度。上坡取＋，下坡取－

（二）煞車距離之心算式

　　在一般平面道路上，瀝青或混擬土之非新築（乾燥）道路上，輪胎與路面間之摩擦係數f≒0.8，將f＝0.8、e＝0帶入公式10-5-2中，得到

$$D\,煞 = \frac{S^2}{254 \times 0.8} \cong \frac{S^2}{200} \cong \frac{S}{20} \times \frac{S}{10}$$

所以

$$D\,煞 \cong \frac{S}{20} \times \frac{S}{10}$$ …公式10-5-3

貳、煞車距離與煞車滑痕

一、煞車滑痕之形成

（一）傳統煞車系統

輪胎鎖死後開始滑行，滑行時輪胎以同一胎面與路面互相摩擦而生熱，因生熱而快速產生高溫，當溫度高到一定程度時會將輪胎的物質與路面的物質熔解而烙印在路面上，這因輪胎鎖死摩擦而熔印在路面上的痕跡，稱為煞車滑痕（Braked Skid Marks）。煞車滑痕通常為黑色。同時，輪胎用以摩擦之胎面處也會產生摩擦痕，稱為胎面摩擦痕，該胎面摩擦痕之顏色與其他部位之胎面的顏色會有所不同，而且該胎面會留有一些摩擦後產生的粉粒或顆粒。

（二）防鎖死煞車系統ABS

車輛之煞車系統若屬防鎖死之ABS（Anti-Braked System）者，輪胎從鎖死到車輛停止時為止，由於輪胎並非一直處於鎖死之狀態，而是處於鎖死→轉動→鎖死→轉動→鎖死等不斷重複的狀態，而且該鎖死、轉動的時間都極為短暫，所以於路面上不見得會產生清晰可見的煞車滑痕；即使有產生，不論是清晰可見或隱約可見，也都是斷斷續續的。因此，肇事現場若未發現煞車滑痕，並不可以立即斷定車輛速度慢或沒有煞車或未加以查證，應進一步查明肇事車輛有無ABS之煞車系統。

二、煞車滑痕於蒐證上之應用

（一）查明煞車滑痕之歸屬

1. 應優先查證煞車滑痕之歸屬

在鑑定重建案中，有多個案件是因蒐證的警察將某條煞車滑痕標示（歸屬）為甲車所留下，但實際上卻是乙車所留下，因警察的錯誤標示（歸屬）而形成冤案，或經過複雜的軌跡重建後才釐清案情的案件。這些案件都嚴重地影響了當事人的權益，也耗費了不少的鑑定、司法資源。因此，於查明煞車滑痕的涵義之前，務必須先查明煞車滑痕是由哪

一部車輛所留下，不可主觀的逕自認定。

2. 如何查證煞車滑痕之歸屬

　　查證煞車滑痕是由哪一部車輛所留下，可透過下列特徵加以比對及蒐證之：

(1) 寬度比對：痕之全寬比對胎面寬度，如照片10-3。

(2) 紋路比對：痕紋比對胎紋，並再針對條紋之數量、寬度、順序等加以比對，如照片10-3。

(3) 輪距比對：左右兩條胎痕之間距比對輪距，如照片10-4。

(4) 軸距比對：前後兩條胎痕之距離比對軸距。

(5) 軌跡比對：胎痕終止位置、方向比對車輛行進位置方向、終止位置方向。

照片10-3　煞車滑痕歸屬之比對：痕寬VS.胎寬、痕紋VS.胎紋等

（二）瞭解煞車滑痕之涵義1：一般滑痕之涵義

一道煞車滑痕，若對之蒐證完整，則可以知道下列訊息：

1. 煞車前之車速

透過丈量煞車滑痕之長度、瞭解路面之狀態（如乾或溼、上坡或下坡、柏油或砂石路面等），運用公式10-5-1計算之。

2. 行車方向

透過下列特徵可瞭解其行車方向，但須對之拍照蒐證：

(1) 前端有煞車隱跡，如照片10-4。

(2) 前端顏色較淡、不整齊；後端顏色深濃而且整齊，如照片10-4。

(3) 凹（扁）胎滑痕是由前輪所留下，如照片10-5；凸胎滑痕是由後輪所留下。

(4) 煞車滑痕終止位置在上游，車輛終止位置在下游。

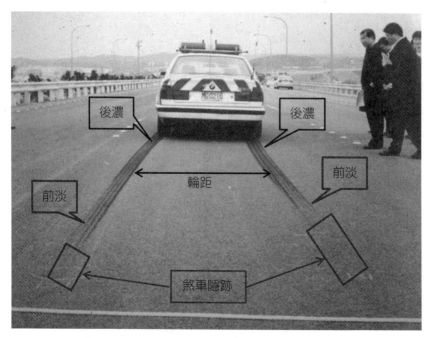

照片10-4　以煞車隱跡、顏色淡濃來研判行車方向

照片10-5 前輪所留下之凹（扁）胎滑痕

3. 行駛跡線（行車軌跡線）

透過煞車滑痕留於路面上之位置、形狀、長度、方向等特徵，不但可以獲知該車輛於煞車時、煞車後之滑行軌跡，而且也可以推知該駕駛人於發現危險時，該車輛確實之行駛車道與位置，進一步可用以瞭解該車輛有無越線（跨越道路中心線或車道線），參見照片10-2。

在實際之鑑定重建案例中，有多個案件是員警疏漏了整條煞車滑痕之拍照，而筆者必須耗費許多時間重建行駛跡線始釐清案情者。

（三）瞭解煞車滑痕之涵義2：變異滑痕之涵義

若以小型車來舉例，一般煞車滑痕之形狀通常是筆直不彎曲的（直線型）、連續不斷的（連續型），而且四輪所留下之滑痕長度是一樣長的（等長型）。但有時也會出現彎曲型、不連續型、不等長型等變異的形狀，這些變異的形狀都是因一些特有的原因所形成的，因此於調查或蒐證上應加以留意。

在尚未說明這些變異的原因之前，先來解釋兩個名詞：「煞車制動力」、「輪胎摩擦力」。一、煞車制動力：是指煞車踏板踩到底之後，能將輪胎鎖死令其不再轉動之力量，稱為煞車制動力，簡稱為制動力。二、輪胎摩擦力：是指輪胎鎖死之後，車輛向前滑行時，輪胎胎面與路面互相摩擦所產生之阻力。

1. 彎曲型（偏滑型）滑痕之涵義

　　當各輪之煞車制動力、輪胎摩擦力都相同大小時，則其煞車滑痕的形狀是筆直不彎曲的（直線型）；但當各輪之煞車制動力或輪胎摩擦力不相同時，則可能會出現彎曲型（偏滑型）的煞車滑痕。又影響煞車制動力的因素主要是在於煞車系統的相關問題上，而這關係到車輛的設計、保養的作為等。另輪胎紋路的深淺、各輪承受的重量（涉及車輛的裝載）、路面的材質與滑澀狀況等，也都會影響到輪胎摩擦力。故同樣一道彎曲型或偏滑型的煞車滑痕，由於其形成的原因可能各有不同，因此蒐證人員須依狀況仔細調查蒐證，才能瞭解真正造成偏滑之原因。

　　圖10-2是在說明輪胎鎖死與車輛滑行軌跡之關係，茲再補充下列狀況，說明彎曲型（偏滑型）煞車滑痕形成之原因：

(1) 當某一輪先鎖死時，則向該輪所在的方向偏滑，而出現彎曲型之煞車滑痕。而且該輪若是前輪，則其偏滑程度會較後輪者劇烈；同時若車速更快，則偏滑程度也會更劇烈。

(2) 當後兩輪先鎖死時，則會出現劇烈甩尾之偏滑煞車痕；但當前兩輪先鎖死時，則仍出現向前滑行之直線煞車滑痕。

(3) 當車輛轉彎或閃避時（例如向左彎或向左閃），離心力方向之輪胎（右輪）會承受到比較大之重力，而向心力方向之輪胎（左輪）會承受到比較小之重力，因此向心力方向之輪胎（左輪）會先鎖死而

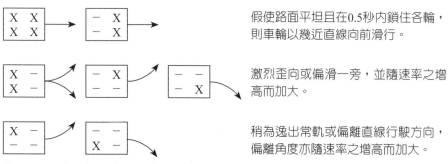

假使路面平坦且在0.5秒內鎖住各輪，則車輪以幾近直線向前滑行。

激烈歪向或偏滑一旁，並隨速率之增高而加大。

稍為逸出常軌或偏離直線行駛方向，偏離角度亦隨速率之增高而加大。

註：「X」表示輪胎鎖死，「－」表示輪胎轉動
資料來源：王文麟（1993：52）。

圖10-2　輪胎鎖死與滑行軌跡之關係

向左偏滑，留下朝向心力方向偏滑（偏左）之煞車滑痕。同時若車速更快，則偏滑程度也會更劇烈。

2. 不連續型滑痕之涵義

不連續型煞車滑痕可分為三類，其形成之原因分別說明如下：

(1) 跳斷型煞車滑痕：跳斷處仍有煞車

跳斷型煞車滑痕之主要特徵為不連續處之間距通常遠小於1公尺，而產生的原因有兩種。第一種為車輛煞車過程中，因路面顛簸而形成跳動所致。第二種為聯結車重踩煞車時所留下，因為聯結車煞車時，通常是後面的拖車先煞車，前面的曳引車慢煞車，因此造成曳引車與拖車間車速之不同，因而形成拖車不斷推擠曳引車之情形（類似彈簧推擠情形），故會留下這跳斷型的煞車滑痕（如照片10-6）。

照片10-6　聯結車留下之跳斷煞車痕

(2) 間斷型煞車滑痕：間斷處無煞車

間斷型煞車滑痕之主要特徵為不連續處之間距通常遠大於1公尺，而產生的原因為駕駛人緊急重踩煞車踏板之後，於滑行過程中，因某些因素（例如緊張、滑脫、放開等）鬆開煞車踏板而重新踩煞車所形成之

煞車滑痕。由於重新踩煞車這階段並沒有煞車作用，而且車輛尚有速度（餘速）往前行，因此不連續處之間距通常會遠大於1公尺，而且餘速若愈大則間距愈長。

(3) 折斷型煞車滑痕：折斷處即是撞擊地點

　　駕駛人於煞車過程中，於與對方發生撞擊時，通常腳會從煞車踏板上滑走，而使得車輛突然失去煞車作用；同時車輛也會突然往合力方向偏滑，因此煞車滑痕會出現兩個特徵：一、突然中斷，不再出現煞車滑痕；二、中斷處前之輪胎痕會突然轉變方向或變寬。如照片10-7。

照片10-7　折斷型煞車滑痕：折斷處即是撞擊地點

第三節　碰撞力學基本：作用力VS.對應位點

　　事故發生之當下，必然產生互相碰撞的「對應部位」（分別顯現於兩車體或物體上）、「撞擊地點」（顯現於路面上），這兩者合稱為「對應位點」。又由於碰撞當下是屬於作用力的現象，因此作用力的原理必然產生於「對應部位」及「撞擊地點」的相關跡證當中。所以，從「對應部位」或「撞擊地點」的相關跡證中，即能發現符合作用力原理

的現象或特徵，藉以解釋事故型態及肇事的過程。這樣的解釋，須符合自然法則，這肇事過程也須符合自然法則，若有不符合之處，即有人工造假之嫌。

壹、力的基本原理

以下針對牛頓三大運動定律、力的三元素與交通事故間的關聯性，做一簡要的說明：

一、牛頓三大運動定律與交通事故的關聯性

（一）第一定律（$\vec{F}=0$）：慣性

存在某些參考系，在其中，不受外力的物體都保持靜止或勻速直線運動（參見維基百科）。亦即「靜者恆靜，動者恆動」。

例如撞擊前之等速運動時，是慣性運動；又如撞擊後之瞬間，是合力之等速運動，也是慣性運動。慣性運動即是直線運動，因此機車於倒地後滑行時，若無外力介入，機車質心是直線前行，其刮擦地痕原則上會是直線型態，而不會是弧線型態或曲線型態；若出現弧線型或曲線型之機車刮擦地痕，則表示機車於倒地後有受到外力的介入，而不是自行滑行。

（二）第二定律（$\vec{F}=m\vec{a}$）：作用力原理

對質量m的物體施以作用力$\vec{F}$，必然產生加速度$\vec{a}$。

例如車輛加油時，因汽油於引擎室內燃燒而產生推動力，使車輛產生加速度，車速將愈來愈快。例如，當車體或人體或物體受到外力撞擊時，因被施以一道作用力，這將使得該車（人、物）體產生一個加速度，而產生速度的變化。又如，兩相同重量之汽車發生對撞時，車速較小的車輛會因此而倒退，車速較大者則會前進；兩相同車速之汽車發生對撞時，車重較小的車輛會因此而倒退，車重較大者則會前進。

（三）第三定律（$\vec{F} = -\vec{F}$）：反作用力原理

當兩個物體互相作用時，彼此施加於對方的力，其大小相等、方向相反（參見維基百科）。

1. 反作用力與彈性碰撞

因為反作用力的原理，所以兩物體互相碰撞之後通常會因反作用力而反彈開來，這種碰撞反彈的現象稱為彈性碰撞。而彈性碰撞有完全彈性碰撞、不完全彈性碰撞、完全不彈性碰撞（視彈性係數[10]的大小而定）（陳高村，2004：229）：

(1) 完全彈性碰撞（e = 1）

如輪胎對撞、鋼珠對撞、桌球撞桌面。交通事故中，若是機車的輪胎與大貨車的輪胎互相碰撞，則會是比較接近於完全彈性碰撞的情形，碰撞後，兩輪胎會完全分開來，不應該密合在一起，若密合在一起，則極有可能是人工造假的。

(2) 不完全彈性碰撞（0 < e < 1）

在交通事故中之碰撞，大部分是屬於不完全彈性碰撞，碰撞後，反彈分開的距離或長或短則視兩碰撞物體的彈性而定。

(3) 完全不彈性碰撞（e ≦ 0）

如人掉入水裡、人撞安全氣囊（或安全帶）。

2. 反作用力與反彈方向（法線、入射角 = 反射角）

反作用力的方向與作用力相反。例如機車車頭與小客車前保險桿發生撞擊，若小客車前行方向名為法線方向，而機車前行方向為入射線方向，該兩方向（線）之夾角為θ，當兩車發生撞擊後，機車會往反射線之方向滑行，而反射線與法線之夾角亦為θ，而且位於入射線之對面。

---

[10] e = f/F，e為彈性係數，F為作用力之大小，f為反作用力於被碰撞物體吸收後剩餘力量之大小。

二、力的三元素（位點、大小、方向）與交通事故的關聯性

作用力必然有作用的位點、大小、方向，交通事故發生碰撞時也不例外，彼此之間一定都會有「對應部位」，而且在「對應部位」上，也存在著碰撞力的大小、方向。

（一）事故中碰撞力位點、大小、方向之關係

事故發生時，車（人、物）體於碰撞前、碰撞後之各自當中其與碰撞力之位點、大小、方向的關係，以表10-1簡要說明之。

表10-1 力三元素與交通事故之關係表

力三元素 ＼ 肇事	發生前之證據		發生後之證據
位點	車體、人體		對應部位
	物體、路面		撞擊地點
大小	車重		所載人數、物重
	車速		車損程度、傷勢程度、路面痕長度（如煞車痕、刮地痕、擦地痕等）、刮地痕深度、掉落物飛落之距離（含終止位置）、行車紀錄器或路邊監視器影像等
方向	前進或後退 左轉或右轉 上坡或下坡	合力方向	兩個作用力合（加）起來的方向
		是否旋轉	作用力通過質心，不會旋轉；作用力未通過質心，則會旋轉

註：1.有關對應部位、撞擊地點等跡證之說明是本節之重點，將於後續內容中提出，於此不說明。

2.有關合力方向、是否旋轉等跡證之說明，由於時間有限，本文僅此說明。

（二）事故中對應部位、大小、方向查證之舉例：殺人魔假車禍案

1. 案情緣起

殺人魔陳瑞欽18年內[11]（民國74～92年）殺了六個人，分別是二妻三子一女友。於殺了第六人後才被警方逮獲，逮捕之後，也因警方找到了當時在車禍現場附近讓陳瑞欽搭便車的同事郭姓駕駛夫婦，陳瑞欽才俯首認罪，並承認第四案是假車禍。

媒體報導之後，筆者於上課時經常對學生說「於第四案發生時，警察若能及時發現是假車禍，將陳瑞欽抓起來，則後面的2人不會被殺害了！」民國97年，一位二技的學生，於課堂上舉手說「老師，第四案子就發生在我服務的分局」，筆者回應說「您把第四案調出來，我們來分析看看，能否看得出是假車禍，並當成您的畢業專題，如何？」這位學生答應了！但於寫作時，由於原卷已送地檢署，而且分局已搬家，事發也經過10餘年了，所以分局內找不到現場照片，只能找到一些文字的資訊，該名學生原本想放棄，但經筆者瞭解其找到的相關資訊後，筆者對其說「足夠了，這可以分析了」。因此，該名學生乃將第四案列為畢業之寫作。

2. 案情摘要[12]（發生於民國85年8月19日晚上）

(1) 報案人是陳瑞欽，陳瑞欽向警察稱：

　　A. 「我太太開車，從家中出發欲到新港訪友」。

　　B. 「我來現場處理車禍，處理後，沒車回家。攔車時，剛好攔到同事的車，就搭他的便車回家，回家之後再以家中電話來報案」。

(2) 警察於事故現場發現：

　　A. 「小客車左轉彎時，右車角撞到外側車道（有內、中、外三個車道）旁之水泥矮牆，造成保險桿凹陷，方向燈破裂，但路面無任

---

[11] 重大歷史懸疑案件調查辦公室，陳瑞欽連續殺人案18年殺二妻三子，黑鰥夫的保險詐欺，https://ohsir.tw/3788/。

[12] 吳正緯（2009），假車禍之分辨—以殺人魔陳瑞欽案為例，中央警察大學交通系學士學位專題。

何輪胎痕」；現場狀況如圖10-3陳瑞欽案事故現場概況簡圖。
  B. 「車內方向盤、排檔桿有血跡，其餘部位（含擋風玻璃、車窗等等部位）完整無血跡」；
  C. 「其太太坐於駕駛座上，左顳部有4×2×2裂傷」。
(3) 法醫驗屍稱「死因腦挫傷」。

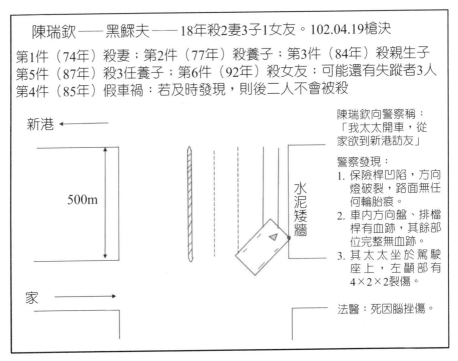

圖10-3　陳瑞欽假車禍案事故現場暨概況簡圖

3. 本文對案情疑點之分析

(1) 從力之三元素來分析：違反自然法則

A.關於力之位點：受傷位置、型態不吻合

　　駕駛人左顳部受傷，但左車窗、左A柱、前擋風玻璃、駕駛座前方或右前方等堅硬之物體都完整，沒有任何撞擊之痕跡，甚至於右置物箱、右車窗也沒有任何撞擊之痕跡，那駕駛人左顳部撞到哪裡呢？是撞

到方向盤或是撞到右邊之排擋桿嗎？右邊之排擋桿比駕駛人頭部之左上部位（左顳部）還低，駕駛人的左顳部撞不到右邊排擋桿的位置。而駕駛人左顳部雖然可能撞到方向盤，但方向盤是圓形之物，其左顳部是4×2×2的裂傷，受傷型態與方向盤形狀是不吻合的。

B.關於力之大小：人車之速度不吻合

車輛撞擊後保險桿凹陷而不是裂開或碎裂，證明撞擊時車速並不快。而且路面無任何輪胎痕，也證明車速不快。既然車速不快，為何駕駛人會撞成左顳部是4×2×2的裂傷，而且死因是腦挫傷呢？這樣的傷勢是遭受大力（快速）的撞擊所致。然而，駕駛人是坐在車上，人車的速度是一致的，為何現場卻是車速不快、人速極快呢？！顯然人車速度不一致，違反自然法則。

C.關於力之方向：傷在左側、離心力往右，方向不吻合

車輛左轉彎，離心力是向右；即使車輛是在快速的情況下左轉彎，而駕駛人未繫安全帶的情況下，撞上右前側之水泥矮牆，則駕駛人將向右飛出，受傷部位會位於駕駛人之右側，然而事實上卻位於駕駛人之左側（左顳部），左右方向不一致，違反自然法則。

又，左顳部受傷，卻是右邊排擋桿有血跡，這左右方向也不一致，同樣違反自然法則。

D.綜上：現場是假的，而且對應部位（致命物）不在車內

經上述分析，明顯得知，該事故現場違反力之自然法則，該現場是人工製造的假現場。而且得知造成駕駛人左顳部受傷之物體不在車內，而是在車外。至於致命之物是什麼，則有需要依受傷的型態、傷勢的嚴重度等特徵進一步的追查！這可能是一件假車禍、真謀殺案，應該積極追查，不可輕視！

(2) 從起訖行為來分析：違反經驗法則

陳瑞欽告訴警方：「我來現場處理車禍，處理後，沒車回家。攔車時，剛好攔到同事的車，就搭他的便車回家……。」從這段話中，很容易發現有以下一些問題，不知當時的警察有無針對這些問題加以查證：

A.陳瑞欽是如何知道他太太在此地發生車禍的？

當時只有呼叫器，還沒有手機。呼叫器只能顯示呼叫者的電話號碼，還無法互相通話。為何陳瑞欽能知道他太太在此地發生車禍？是剛好走路經過？還是跑步經過？還是搭別人的車經過？

B.陳瑞欽是如何抵達事故現場？為什麼要攔車搭便車回家？

若是搭別人的車抵達現場，那為何別人沒幫他處理或先去報案，這違反經驗法則。若是跑步經過現場，那當時有穿運動服嗎？若是剛好走路經過現場，那是從哪裡出發？欲往何處？目的地是哪裡？出發地或目的地離此現場有多遠？出發地與目的地之間有多遠？走路所花的時間符合事實嗎？依他所回答的內容查證是否符合經驗法則？又查證其走路路線之景象是否與其所言相符？其走路過程有無遇到人？查證其所言是否符合經驗法則？

綜上，很容易得知「陳瑞欽於警方之說詞不符合經驗法則」。

(3) 結合「力+行為」層面來分析：要求其提出不在場證明

從力之三元素來分析，得知「現場是假的，而且對應部位（致命物）不在車內」；而報案人是陳瑞欽，從陳瑞欽對於事故現場之起訖行為來分析，也很容易得知「陳瑞欽之說詞不符合經驗法則」。結合上述兩項分析之證明力，故警察可依法要求陳瑞欽提出不在場證明；若提不出來，因現場是假的，而且陳瑞欽涉嫌重大，則可依法申請拘押以繼續追查他的行蹤及關鍵之致命物。

貳、對應部位的蒐證至為重要與關鍵

對應部位的勘查與蒐證，之所以顯得至為重要與關鍵，是因為從對應部位可以獲知下列訊息，茲說明如下：

一、從對應部位可以獲知碰撞力的作用位點、大小，尤其是方向

因為作用力有三個元素：位點、大小、方向，所以從對應部位不但能知道碰撞力的作用位點，也同時能知道碰撞力的大小與方向。但由

於碰撞力大小的確知，涉及車損的程度、車體的結構、車款的不同等眾多不同的變相，所以若單純僅從對應部位之車損情況來分析碰撞力之大小，一般而言，並無法精準的確知。但碰撞力的方向，若從對應部位之車損特徵來分析，往往可以獲得釐清的效果。

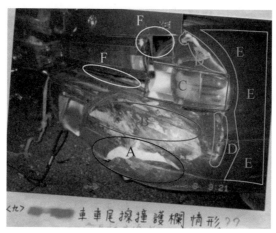

註：從碰撞力方向分析，該部位撞不到護欄。

照片10-8　碰撞力方向：左後→右前（以駕駛人之方向為基準）

　　例如，從照片10-8後右車尾之車損觀察：
（一）A區內之左邊已破裂，而右邊尚未破裂，這表示左邊先撞到（因為剛開始時碰撞力比較大，所以會裂開比較大），右邊慢撞到（因為碰撞後期，其碰撞力會比較小，所以還沒裂開），所以撞擊力的方向是由左向右。
（二）C區內有三個燈面，最左邊之燈面已完全破裂並掉落不見了，右邊兩個燈面仍完全存在，這也表示左邊先接觸到，碰撞力方向也是由左向右。
（三）再由D區觀察，D區內最右邊有隆起之皺褶痕，這稱為擠壓痕，是非接觸性痕，這是作用力之尾端方向所造成的擠壓痕，所以碰撞力方向也是由左向右。

（四）又從右後側（E區）觀察，該區完全沒有任何痕跡，表示該區沒有和其他物體發生接觸。

（五）綜合上述分析，該後右車尾之碰撞力的方向是由左後往右前（以駕駛人之方向爲基準）。

二、從對應部位可以獲知碰撞型態、彼此夾角

由於從對應部位可以知道碰撞力的作用位點與方向，所以能知道碰撞型態與彼此夾角。

例如車頭碰車頭，這是對撞，由於從對應部位之車損特徵可以知道碰撞力的方向，所以可以知道兩車對撞時彼此間之夾角，是正面對撞抑或是斜角對撞；若是斜角對撞，夾角大概是多少。

例如車頭碰車尾，這是追撞型態。從照片10-8中之後右車尾的車損，得知其「碰撞力方向是左後→右前（以駕駛人之方向爲基準）」，據此加以分析，該車車尾是撞不到護欄的，但警察卻做了錯誤的標示——「車尾擦撞護欄情形」。因爲：

（一）該車若是前進碰撞到外側護欄，則該右車角E區部位應該要有接觸性痕跡，而且碰撞力之方向是由（右）前往（左）後。但事實上，該E區不但沒有接觸性痕跡，而且碰撞力方向也不吻合，所以這不會是該車前進時碰撞到外側護欄所留下之痕跡。

（二）該車若是後退碰撞到外側護欄，則該右車角碰撞力之方向應該是右後往左前，但事實上卻是左後往右前，所以這也不會是該車後退時碰撞到外側護欄所留下之痕跡。

（三）同上面（一）、（二）之分析道理，可以得知「該車無論是前進或後退，該後車尾之車損也都不會是碰撞到內側護欄所留下之痕跡」。

（四）小結：該車無論是前進或後退，無論是撞到外側護欄或內側護欄，都不會留下碰撞力方向是由左後向右前之車損；所以，該車尾之車損不是碰撞到護欄所形成者。

由於照片10-8中之該車輛是行駛於高速公路上，既然該車尾之車損

不是碰撞到護欄所形成的，也就是被其他車輛追撞所形成者，而且其他車輛不是正面追撞，也不是以右前車角追撞，而是以左前車角來追撞。

三、從對應部位可以獲知碰撞前行駛跡線、碰撞後滑行跡線

由於從對應部位可以獲知「碰撞力的作用位點、方向、大小」，及「碰撞型態、彼此夾角」，若再搭配該車輛原來行駛位置、方向、車速，則可以進一步獲知：（一）他造車輛於碰撞前之行駛位置、方向、車速；（二）兩車碰撞後之滑行跡線、可能之終止位置與方向。

例如，照片10-8中之該車輛若是行駛於高速公路之外側車道上，由上述一、二之分析，在已確知其是遭後方之車輛以左前車角追撞的事實下，則可以進一步再得知下列情境：

（一）該紅色車輛於被追撞後，由於碰撞力未通過該車輛之質心，必然造成該車輛旋轉，而且是逆時針朝向中線車道旋轉。因此，於外側車道與中線車道之間的路面上，應該會出現車輛突然逆時針旋轉之不規則的輪胎痕，該輪胎痕的產生點處就是撞擊地點。同時，也極可能被於中線車道後行的車輛視為「前方突然出現逆向行駛的車燈（凌晨）」，並再與後行車輛發生碰撞的情形。

（二）該紅色車輛於被追撞後，因逆時針旋轉之故，會與追撞之車輛分開滑行；而且由於來追撞車輛之車速比紅色車快速，來追撞車輛若緊急煞車煞停也至少需要30公尺以上的距離。所以，該兩車於碰撞後之終止位置不會在一起，至少會分開30公尺以上；同時，終止的方向，也有可能出現車頭是相背的情形。

四、從對應部位可以獲知現場眞僞（透過終止位置、終止方向）

由於從對應部位可以獲知碰撞前之行駛跡線、碰撞後之滑行跡線，進一步可以再得知車輛於碰撞後之終止位置、終止方向，因此可以得知現場之眞僞。

例如，照片10-8中之紅色車終止於中線車道、內側車道之間，並與中線車道之大貨車、內側車道之小客車終止在一起；而且該中線車道之

大貨車、內側車道之小客車均指稱「該紅色車的車燈逆向而來」。由現場之終止現象、當事人之陳述，再搭配上述一～三之分析，可進一步得知：

（一）該紅色車雖被指稱「車燈逆向而來」，但該紅色車「不是逆向行駛」。然而，從警察、行政鑑定者（含覆議）、檢察官等都認定該紅色車是逆向行駛，但其家屬不服，向檢察官申請學術鑑定，本校分派由筆者負責鑑定，筆者終於還紅色車之死者一個清白。

（二）事故現場之與該紅色車終止在一起的大小兩輛車，都不是追撞該紅色車的肇事車輛，該肇事車輛已逃離現場，負責蒐證之國道警察並未發現該案是肇事逃逸案（註：筆者鑑定時，距離案發時間已3年多了，已無法追查到肇逃車輛了）。

五、從對應部位可以獲知是否為肇事逃逸案，並證明肇逃之車輛

甲車體或甲人體之損傷部位，若非來自於現場環境或現場車輛所造成的，則該事故之肇事車輛乙或致傷（命）物乙不在現場，即使該案不是屬於肇事逃逸案，也將屬於人工加工之假車禍案。因此，對車體或人體之每一損傷部位的查證，尤其是對其對應部位存在於何處的查證，是非常重要且關鍵的。

一旦發現對應部位乙或對應物體乙不存在於現場，則除了應積極繼續追查之外，也應立即請求鑑識人員前來採證，針對在現場的甲車（人）體對應部位加以採證，因為肇逃車輛乙或致傷（命）物乙的成分或細微型態特徵會留於甲車（人）體之該部位上。調查人員若未積極繼續追查，或未及時申請鑑識警察之採證，都將可能使得該案成為懸案或冤案，負責調查或蒐證之人員不可不慎！

六、在同向擦撞型態中，從對應部位可以獲知兩車之前後關係

在同向擦撞型態中，首應釐清兩車之前後關係，因為於路權的規範上，後車有注意前車的義務，而前車沒有注意後車的義務；除非前車進行變換車道或變換方向（如轉彎）才有注意後車的義務。因此，在同向

擦撞型態中，若缺乏影像紀錄之事故，往往會出現「兩造都說『我是前方車』」的爭議。

在同向擦撞型態之事故中，留存於被超越車輛之擦撞力的方向是由後往前，而留存於超越車輛之擦撞力的方向是由前往後。由於從對應部位能獲知擦撞力的方向，因此對於兩造車輛之對應部位的蒐證就顯得極其重要且關鍵。

綜合上述說明，茲將對應部位於蒐證上的重要性與關鍵性再以圖10-4說明之。

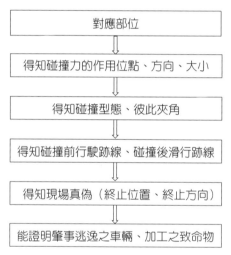

圖10-4　對應部位於蒐證上之重要性與關鍵性示意圖

參、如何從對應部位得知碰撞力的方向

由於從對應部位分辨碰撞力的方向很重要，所以本段針對損傷部位的分類、碰撞力的分類、如何從對應部位得知正向碰撞力的方向、如何從對應部位得知切向碰撞力的方向等內容加以說明。

一、損傷部位的分類

事故發生後，若以兩車（物、人）體有無發生接觸所形成的毀損或

受傷情形來分類，可分為接觸性痕及非接觸性痕兩類：

（一）接觸性痕：撞擊痕、擦撞痕、壓印痕

1. 撞擊痕

　　碰撞力方向與被碰撞物體表面是有角度（夾角 θ 是遠大於0度，或遠小於180度）的發生碰撞時，其接觸部位所形成之痕跡稱為撞擊痕。如車損中之車體變形痕、凹陷痕、碎裂痕等；路邊物之變形痕、傾斜痕、缺損痕等；體傷中之挫傷、撞傷、剷（挖）傷、切（割）傷、瘀傷、撕裂傷、扭裂（斷）傷，甚至於手肘之瘀痕等。在照片10-8中之A區、C區，及照片10-9中之A區等均為撞擊痕。

2. 擦撞痕

　　碰撞力方向與被碰撞物體表面幾乎是沒有角度（夾角 θ 是接近於0度或180度）的發生碰撞時，其接觸部位所形成之痕跡稱為擦撞痕。如車損中之摩擦痕、刮擦痕、擦拭（抹）痕等；路面（邊）之擦地痕（摩擦痕）、刮地痕等，如體傷中之擦傷等。在照片10-10、10-11中，其車側之碰撞痕均為擦撞痕。

3. 壓印痕

　　兩物接觸後沒有移動，但因軟硬度不同，而且重物往下壓所形成之模型痕稱為壓印痕。如體傷中之輪印痕、大貨車輪胎面之機車車牌文字痕、輾壓痕、推壓痕等。

（二）非接觸性痕：擠壓痕、牽引痕、震動痕

　　事故發生時，車體雖然沒有互相接觸，但由於受到碰撞力的影響，也會造成結構力比較弱的車體產生變形的情形。這些未接觸的變形痕（損毀痕）大體上可分為三類，而且與碰撞力的方向都有連帶關係。

1. 擠壓痕

　　擠壓痕位於碰撞力尾端的延伸區，一般而言，會有皺褶的現象。小皺褶的現象為表面（板金）隆起，如照片10-8（後右車尾）中之D區、

照片10-9（左正前）中之D區；大皺褶的現象爲表面（板金）彎折，表面（車）漆並可能因劇烈彎折而脫落，如照片10-9（左正前）中之C、E兩區。

2. 牽引痕

牽引痕位於碰撞力方向之兩側，該兩側之結構力若比較弱，則通常會產生裂開的痕跡，如在照片10-9（左正前）B區中，引擎蓋前右側與右前大燈之縫隙線已裂開，但右前大燈並沒有接觸（沒有破裂）；在照片10-8（後右車尾）中之F區，後行李箱已掀開（原本是蓋起來的），但後行李箱並沒有被接觸到（後行李箱似乎完整無損）。

註：A區爲撞擊痕，B區爲牽引痕，C區、D區、E區爲擠壓痕。A區中有黑、白兩支保險桿，黑色爲本車所有。撞擊力方向由撞擊痕區→擠壓痕區，由正左前→正左後。撞擊後，本車會逆時針旋轉，也會倒退（因車速比對造車輛慢）。

照片10-9　車損對應部位痕特徵VS.碰撞力方向說明：左正前→正左後

3. 震動痕

事故發生時，車體若受到強大力量的撞擊，可能產生震動的現象，車體中若有容易鬆脫的物件，可能因此震動而鬆脫了。可能鬆脫的物件，例如有車燈、輪弧蓋、輪圈蓋、排氣管等。

二、碰撞力的分類VS.碰撞型態

碰撞力主要可區分成正向碰撞力、切向碰撞力兩類，而該兩類與碰撞的型態有關係。

（一）正向碰撞力：簡稱正撞力、對撞力

1. 定義：碰撞力與受力面成直角90度者稱為正向碰撞力。
2. 發生之碰撞型態：常見於對撞（車頭←→車頭）、角撞（車頭←→車側）、追撞（車頭←→車尾）等型態。

（二）切向碰撞力：簡稱切撞力、擦撞力

1. 定義：碰撞力與受力面成平行之0度或180度者稱為切向碰撞力。
2. 發生之碰撞型態：常見於同向擦撞（車側←→車側）、對向擦撞（車側←→車側）之型態。

三、如何從對應部位得知「正向碰撞力」的方向

主要是透過接觸性痕中之撞擊痕，與非接觸性痕中之擠壓痕及牽引痕來解讀。另，可參照照片10-8（後右車尾）、照片10-9（左正前）之說明。

（一）碰撞力的方向：由「撞擊痕區（受力面）」往「擠壓痕區（主要擠壓區，皺褶痕會比較多）」，因為「擠壓痕區」位於碰撞力尾端之延伸區之故。
（二）牽引痕區位於碰撞力方向之旁側。

四、如何從對應部位得知「切向碰撞力」的方向

（一）同向擦撞，「對應部位」的蒐證至為重要與關鍵

在同向擦撞型態中，最常有的爭議點是「誰是前車？誰是後車？」或「誰是超車者？誰是被超車者？」由於兩車擦撞時，一定有互相擦撞到的毀損部位，既有毀損的對應「部位」，那就能從力三元素的原理中得知力的「方向」。故在同向擦撞的事故型態中，有關「對應部位」的蒐證就顯得極其重要與關鍵。

例如，甲車從乙車之右方超車，假設甲車於超越時與乙車發生擦撞，擦撞後，則「甲車」車損對應部位之擦撞力的方向是「由前往後」，因為甲車從後面來，所以前面先碰到，後面慢碰到；而「乙車」者的方向則為「由後往前」，因為乙車在前面，所以後面先碰到，前面慢碰到。因此，從兩車「對應部位」力的方向可以得知「乙車在前，甲車從後面來，甲車正在超越乙車」。故從對應部位力的方向能得知誰是超車者（如甲車）、誰是被超車者（如乙車），其相關情形整理成如表10-2。

表10-2 「車損擦撞力方向VS.前後關係」對應表

車損對應部位之擦撞力方向	前後關係
由前往後	後車、超車者
由後往前	前車、被超車者

（二）如何從車（物）損部位得知「切向碰撞力」的方向

1. 從毀損部位名稱之示意圖來說明

若毀損部位位於車（物）體中之七種形狀處者，如表10-3所示，則可分別從其痕跡的型態特徵中得知擦撞力的方向。有關其擦撞力方向、蒐證方法之說明，詳如表10-3之說明。

表10-3 「車（物）損部位VS.擦撞力方向」圖示示意表

代號	車（物）損部位名稱	圖示	說明
		車行方向：→	
1	高低差		兩個特徵：①崖邊有痕時為迎力面，無痕時為順力面；②有間斷時，力由高到低；無（小）間斷時，力由低到高。
2	縫隙處		主特徵：①崖邊有痕者為迎力面；無痕者為順力面。
3	直立處		迎力面有痕：如後視鏡鏡面有痕時，則為被超車者；後視鏡鏡背有痕時，則為超車者。又如機車騎士左手肘有痕跡時，則為被超車者。
4	裂開處		往力去的方向裂開。

（接下頁）

代號	車（物）損部位名稱	圖示	說明
5	堆積處		若有堆積之現象，是為力之尾端。
6	橫狀處（機慢車涉入）		機車與汽車同向擦撞後，一定會倒，而且從高往低處倒；左圖稱為後高前低，是機車從汽車後面而來。
7	光滑面	① ② ② ①	①細毛傾向：往力去的方向傾。②若有堆積：是為力之尾端。
圖示說明		1.各種形狀：為本體（車、物）部位 2.各形狀上之 ▬：為外來痕 3.淺灰色之 ⟶ 或 ⟵：為碰撞力方向	
蒐證方法說明		1.關於代號1～6之部位：均採用部位攝影＋特徵攝影 2.關於代號7之部位：至少需採用20倍以上之微距攝影	

2. 從毀損照片之舉例來說明

茲舉照片10-10（前後門縫、輪弧周圍擦撞）、照片10-11（機車擦撞門縫）、照片10-12（機車座墊後方）、照片10-13（前高後低、尾端堆積）等加以說明之。

註：1.高低差處：C部位；崖邊無痕，爲順力面；且痕有間斷；故力由左往右；2.縫
　　隙處：A、D部位；有痕的迎力面（崖邊）在右邊，故力由左往右；3.裂開處：
　　E部位，往右裂開，故力由左往右；4.光滑面：B部位，肉眼看不出來，至少需
　　採用20倍以上之微距攝影，方能看出細毛傾向（應該也是左往右傾）；5.綜合分
　　析：該車從後而來，在超越某物（車）時形成之痕跡；6.蒐證方法：應採用部位
　　攝影（能顯示受損部位位於車體之何區位）＋特徵攝影（能顯示受損痕跡之型
　　態特徵），但該照片僅採用部位攝影而已。

照片10-10　前後門縫、輪弧周圍擦撞力方向說明：左→右

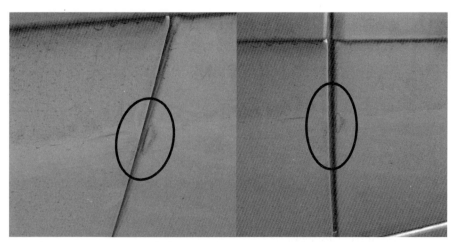

註：前後門縫隙處，右崖邊有痕，故擦撞力方向：左→右。

照片10-11　機車倒地後前車輪對向擦撞汽車門縫情形

註：機車座墊後方有擦撞痕（直立處），故機車在前方，大貨車從後而來

照片10-12　機車座墊後方擦撞大貨車車輪輪胎壁情形

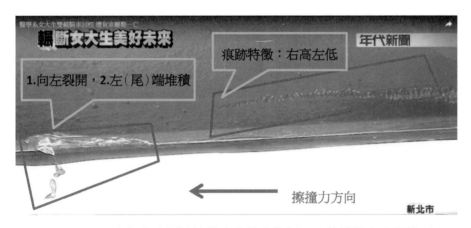

照片10-13　大貨車右側擦撞機車後前高後低、尾端堆積之車損情形

肆、如何尋找對應部位

可依據下列三種特徵尋找，並加以比對而確認之。這三種特徵為：外觀特徵、物理特徵、生化特徵；茲說明如下。

一、外觀特徵（肉眼特徵）

一般人用肉眼就能分辨，所以也可稱為肉眼特徵。在事故現場，蒐

證人員應先針對外觀特徵加以尋找、比對以確認。在比對過程中，應將比對的過程加以拍照存證。

（一）痕跡新舊

可依是否生鏽、有無灰塵、光亮程度等加以分辨。

（二）空間關係

可依高低、左右、凹凸、前後、內外、夾角等空間關係加以比對，看看是否吻合而分辨之。

（三）顏色軟硬

兩車（物）體互相接觸時，表面的顏色會互相傳遞，堅硬的物質會對較軟者產生刮壓的現象，故可依顏色、物料、軟硬、凹損、開裂、刮抹等外觀情形加以比對，分辨其是否吻合之。

二、物理特徵（法眼特徵）

一般而言，外觀特徵就能排除許多不是互相碰撞的車（物）損部位，但若還有幾個可能是互相碰撞的「可疑對應部位」，無法透過外觀特徵加以排除，則可以再比對下述的物理特徵，比對得愈詳細、愈深入，則能愈早確認彼此的「對應部位」。這些物理特徵的內容比較細微，需要專業知識才能發現，於此也可稱為法眼特徵。

同樣，在比對的過程中，仍應將比對的過程加以拍照存證。一般而言，經過型態特徵的比對後，即能確認「對應部位」；若還有無法確認者，再經軌跡特徵的比對，必定能加以確認。

（一）型態特徵

1. 型態特徵內容的比對

型態特徵的比對，主要是先看「車（物）損形狀」是否吻合，進而比對「痕線的線型（直線？曲線？）」、「痕線的數量」、「痕線的寬窄」、「痕線的間距」、「痕線的長短」、「痕線的深淺」、「痕線的

顏色」等之「痕線所組合出來的形狀」是否吻合。

2. 型態特徵VS.力三元素的比對

前述已說明力的三元素為位點、方向、大小，車（物）損部位既是屬於「對應部位」，則其碰撞力的方向、碰撞力的大小（損傷程度）也都要能吻合，才能確認其為真正的「對應部位」，假如有方向或大小任何一項的不吻合，則其仍不是真正的「對應部位」。

（二）軌跡特徵

對應部位的型態特徵與軌跡特徵有密不可分的關係，由於從對應部位的型態特徵能得知碰撞力的碰撞部位、方向、大小，所以能連結到碰撞前的行駛軌跡、碰撞後的滑行軌跡。碰撞前的行駛軌跡包含各時間點的行駛位置、方向、車速，例如碰撞前瞬間行駛的車道與位置、車頭朝向、行車速度；碰撞後的滑行軌跡包含各時間點的滑行位置、方向、車速，例如滑行過程所留下之痕跡位置、方向、距離，又如車（物）滑行最後終止的位置、方向及兩車（物）相距的距離。故「對應部位」的痕跡特徵必須與「軌跡特徵」互相吻合，若未吻合，則該車（物）損部位就不是「對應部位」。

例如在第三章表3-2之案序29北市救人卻被誣指撞人案中：

1. 案情摘要

甲機車行駛於乙小客車之右前方，法官認同覆議會之意見，「乙小客車以右後視鏡鏡背擦撞到甲機車之左手把端，導致機車倒地摔滑受傷」，但乙小客車駕駛人堅稱「我沒有撞到機車，是機車自行摔倒，我是停在機車旁邊幫忙打電話報案與救護的」。警察於現場圖中的肇事摘要所記錄之內容也如同乙小客車所說者；同時於現場圖中發現「機車之刮地痕由路邊滑向路中間（左滑），機車向左邊倒（左倒）」。

2. 對應部位與案情分析

(1) 若乙小客車有撞到甲機車，則機車會因左邊有汽車車體擋住之關係而向右滑行，不會向左滑行，故滑行軌跡不吻合。

(2) 若乙小客車以右後視鏡鏡背擦撞到甲機車之左手把端，則機車被撞後，手把會向右轉，而導致機車向右滑行，也不會向左滑行，故滑行軌跡也不吻合。

(3) 經由上述分析，得知「因滑行軌跡不吻合，所以乙小客車沒有撞到甲機車，而且乙小客車右後視鏡鏡背與甲機車左手把端『不是對應部位』」。

三、生化特徵（電眼特徵）

（一）路卡交換原理與應用

「路卡交換原理」（Locard's Exchange Principle）[13]：「當兩個物體發生接觸時，就會產生相互轉移作用，使得其中一物體上之物質轉移至另一物體上。」「凡走過必留下痕跡」，這句話背後的原理，是法國一位鑑識科學家路卡所提出的「路卡交換原理」——兩物體接觸必產生微量跡證轉移。路卡還因為提出這個原理，被稱為「微量證物的鑑識大師」[14]。因此，當兩車（物）體發生碰撞時，兩車（物）體上之微量物質必定會互相轉移。

假設在事故現場有某處重要且關鍵之痕跡，但該處痕跡之來源為不明車輛時（如肇事逃逸車輛），或當其來源不確定是屬現場哪一車輛之哪一部位（或哪人）時，則通常需要請鑑識警察前來對該處痕跡加以採證，於採證後再進入實驗室以電子顯微鏡等儀器分析，而得知生物的DNA或化學的成分內容，以方便日後的追查與比對肇事車輛。為對稱前述肉眼特徵、法眼特徵之說法，於此將生化特徵也稱為電眼特徵。

（二）事故現場生化特徵之來源與分析

1. 生物特徵：成分分析、DNA分析

例如車（物）損部位上之血跡、肉屑、毛髮、指紋、汗液等與該人

---

[13] 陳顯明（2011），培養變色力疑似槍擊彈孔之研判，刑事雙月刊，第44期，頁49。

[14] 李承龍（2014），為什麼會留下指紋，科學少年天天問，擷取日期：2020年8月5日，https://ys.ylib.com/AskCont.aspx?ID=13。

之DNA是否吻合。

2. 化學特徵：成分分析

例如車（物）損部位上之車漆（外來痕）、現場之碎片[15]。

（三）採證應用時應注意、研究事項

1. 應注意事項

(1) 關於生化特徵分析結果之應用目的

本項生化特徵應用之目的，是能證實該兩車（物）損部位是否為對應部位，但不能證實該兩部車輛（物體）沒有發生接觸。因為，若採證的來源處不是兩車（物）體的對應部位，則成分分析的結果會出現「不同」；但這「不同」僅能表示「該兩部位沒有發生接觸」，並不能代表該兩車（物）體沒有發生接觸，因為尚可能以其他部位發生接觸。

(2) 採樣前務必要先確認對應部位，當無法確認時應有之作為

由於第(1)點之說明，所以於採（車漆）樣本之前，務必要先確認彼此的對應部位。若於採用物理特徵比對時，雖已盡力但仍無法確認對應部位是位於何處時，則建議「可疑對應部位」的樣本也都應要採取，以預防遺漏了真正對應部位的樣本，以避免造成無法補採樣本的遺憾。至於實驗室內的分析，不見得全部「可疑對應部位」的樣本都要分析，可於送進實驗室之前，將「可疑對應部位」標示優先順序，請實驗室分析人員先分析第一優先者，若第一優先者不相同時，再分析第二優先者，逐次進行分析。

2. 蒐證待研究事項：當車漆量不足時，如何蒐證以顯其型態特徵

當車漆量可能不足時，可改採「美國女警臂章印紋攝影法」[16]（近

---

[15] 現場若留有非屬於現場車輛之碎片，則應將之撿拾回來，除了可供拼圖以檢視有無文字編號等資訊之外，亦可進行成分分析。

[16] 筆者於聆聽國際鑑識大師李昌鈺教授演講時，曾聽過這樣的案例：「美國一位女警站於路邊執勤，被呼嘯而過的聯結車撞死，聯結車肇事後逃逸，女警的臂章有遭撞的痕跡。李昌鈺時任該州之警察局長，乃依臂章上外來之顏色，發動攔查該色系列之聯結車，於傍晚時分，線上警察發現了該部肇逃之聯結車，因為該聯結車右側車身有該女警臂章的完整印

距側光攝影法），試著將輕微接觸部位之「型態特徵」拍照下來。茲將其理由說明如下：

(1) 於實驗室進行成分分析時，若才發現車漆量不足，無法進行成分分析，則已無法據此微物跡證以證實兩車（物）體之該部位是否為對應部位了。

(2) 在肇事重建之實務上，筆者曾發現車漆量不足之案件、多起疏漏機車騎士手肘跡證之案件，以及多起類似第三章案序29北市救人卻被誣指撞人案之案件[17]，筆者曾將這些案件之對應部位於蒐證上所遭遇到的困境，提出來與張維敦教授[18]討論。

由於討論時間很短，所以張教授當時回應了一個「可以再深入研究」的重點，並親自示範了「美國女警臂章印紋」攝影法，同時大概說了這些內容：「用這種近距側光攝影的方法試看看，這方法較易增加立體感以及陰影，能使得被拍照物體或痕跡的輪廓更加突出明顯。可以在比較昏暗的環境下，利用低角度的斜光光源打光，試著調整拍攝時之距離、方位與角度，設法將這輕微接觸部位的型態特徵拍照下來。」筆者暫且將這攝影法稱為「臂章印紋攝影法」，或「近距側光攝影法」。而這輕微接觸的對應部位如小客車後視鏡VS.機車手把端或手肘、聯結車拖車右側車頭（角）VS.機車手把端或後視鏡外緣或手肘等。

對車漆量不足之「對應部位」採用「近距側光攝影法」時，會遭遇到的困境可能有：A.要在昏暗的環境下進行；B.要利用低角度的斜光光源打光；C.如何將汽車或機車開進昏暗的環境，並對「對應部位」打光，打低角度的斜光。

紋。」演講時，李教授將聯結車車側的女警臂章印紋（字號清晰可見）、女警臂章同時展示出來。

17 案序29北市救人卻被誣指撞人案之案情摘要、對應部位案情分析，可參見本節之肆之「軌跡特徵」內之說明。

18 張維敦，現職：中央警察大學鑑識科學學系教授，李昌鈺博士物證科學教育基金會董事，台灣鑑識科學學會理事長；專長研究領域：微量塗料鑑識、火災調查與殘跡鑑定、藥毒物定量分析技術、刑事攝影、真偽酒鑑識、刑事化學。

第十一章

政府應重視蒐證錯漏所關聯之社會問題

　　所關聯之問題有：蒐證品質欠佳錯漏、爭訟流程冗長複雜、肇事責任仍欠相當、交通犯罪占有三成等，這些問題不但是交通問題，更是一個社會問題。政府應加以重視，設法改善，不應放任不管，而完全交由警察機關自行負責，警察機關能負起的責任很有限！

第一節　蒐證品質欠佳錯漏之問題

　　在臺灣，於交通事故法律責任處理流程中，不但體系複雜，也因此產生了許多失當的問題，這其中主要的原因，表面上分析是「發生量多，處理人才不足，才造成蒐證品質差」，深入分析則是「警察蒐證不完整」，更細膩的分析則是導因於「民國91年之前，有權者（含主事者或主官）不重視交通刑案（交通犯罪）」，才形成當今這些現象或問題，茲將這些問題中較重大者分析如下。

壹、有「量多、人少、質差」的根本問題

一、每年發生的交通事故量高達54萬件相當驚人

　　在臺灣，道路交通事故的發生量，自民國94年開始統計A3類[1]以

---

[1]　警政署，道路交通事故處理規範第一～(七)點規定：「交通事故各類如下：1.A1類：造成人員當場或二十四小時內死亡之交通事故。2.A2類：造成人員受傷或超過二十四小時死亡

來，每年從94年的32萬2,030件（A1：2,767件，A2：15萬3,047件，A3：16萬6,216件），上升到104年的54萬2,646件（A1：1,639件，A2：30萬3,774件，A3：23萬7,233件）；同該年度，也分別造成20萬3,087人、41萬0,073人的受傷或死亡[2]。每年，不但所發生的這些數量，相當驚人！因此而造成的總財產損失也約高達4,318億元（102年4,750億元），約占GDP的3%（100～102年，2.8～3.3%[3]），更是驚人！

二、轄區發生事故量多，負責處理之員警人少，有處理不完之壓迫感

（一）案件多，處理費時，員額不足，導致負擔沉重（或稱掛號之壓迫感）

依據筆者於民國101年之田野調查[4]，及之後每年課堂上與二技生之再核對，發現第一線員警於處理交通事故時，每件交通事故實際上花費的時間，平均約為：A1類3～4小時、A2類1～2小時、A3類30～40分鐘，詳細時間則為：

1. A1類（到相驗為止，不包含移送以後之時間）

(1) 市區約3～4小時。

(2) 郊區約5～6小時：視家屬聯絡、到達快慢之情形而定。

之交通事故。3.A3類：僅有財物損失之交通事故。」

[2] 依衛福部統計，機動車交通事故94年死亡4,735人，104年為2,922人；2,922人為歷史新低，史上最高則是民國78年的7,584人。歷史新低雖為2,922人，但每10萬人之死亡率仍高達12.5人，仍為開發同等級或以上國家中最高者（英國3.0人、日本3.3人、德國3.5人、新加坡3.8人、南韓9.0人）。顯然，我國之交通安全仍有許多的進步空間，不能以此為已足！

[3] 徐台生（2016.9），專題演講，105年道路交通安全與執法研討會，中央警察大學。

[4] 筆者教學期間，於民國101年時，曾請交通系二技的15名學生，利用暑假實習時，於實習單位調查下列三大項目：第一，專責小組vs派出所之權責如何劃分？第二，在專責勤務之派遣模式中：1.專責分隊模式／專責隊員模式？2.單警勤務／雙警勤務？3.專責人員消化得了轄區內之事故嗎？(1)A1（不含相驗）、A2（不含起訴）、A3各約耗時多久？(2)轄區內：發件數／月？處理件數／人·月？處理件數／人·班？第三，專責人員之資歷與訓練如何？1.專業學歷（或下勤務前專業訓練時數）？2.下勤務後專業訓練時數？

2. A2類（不含提告，若提告則再加2小時）

(1) 1小時以內：鳳山、大安等市中心。

(2) 約1小時：市區、輕傷。

(3) 約2小時：郊區、重傷。

(4) 約3小時：國道送醫。

3. A3類

(1) 大部分約1小時以內，但桃園、雲林、彰化、鼓山約1小時以上。

(2) 現場和解者（實務上稱A4類）：約40分～1小時。

　　第一線負責處理事故之員警，有兩項基本工作，一為交通管制與疏導之工作，另一為現場調查與蒐證之工作。這兩項工作的分派，依各警察局甚至是警察分局的規定而有所不同，有派出所警察負責交通管制、專責警察負責交通事故調查蒐證者（以下簡稱「所專雙警」勤務模式），也有交通管制、調查蒐證同為專責警察（交通分隊或分局小隊之警察）負責者（以下簡稱「專責雙警」勤務模式），更有由單獨一名專責警察負責現場所有工作者（以下簡稱「專責單警」勤務模式）。

　　無論採用「所專雙警」、「專責雙警」或「專責單警」之勤務模式，在臺灣現有事故發生量如此驚人的情況下，總不時會產生下列三種狀況，讓現場負責處理的員警，必須犧牲勤餘時間（已超過報加班費之時數限制）或休假時間，來繼續處理原來已接手之事故，而產生時間緊急的壓迫感：(1)轄區事故量多，長期以來，勤務機關現有警力不足；(2)正在處理事故時，因又發生事故，而勤務機關已無備勤警力可前往處理；(3)在服勤時段結束前約30分鐘，接到前往處理A2或A1之案件。

（二）因警察交通專業素養不足，導致產生處理時間緊急的壓迫感

　　交通事故現場調查與蒐證工作，是一項專業的工作，並非具備警察的身分即能勝任，欲擔任此項調查與蒐證之工作者，必須受過專業之教育或訓練始能勝任。在民國101年之前，警察大學非交通系的畢業生、警察專科學校非交通科的畢業生，並未受過交通事故處理之專業教育，

於畢業後，若未受過專業的訓練，在實務上，即可能由於在警力不足的情況下，被分派前往處理事故蒐證之工作，甚至於雙警服勤一兩週後，即單警負責事故蒐證工作。

在未受過足夠的專業教育或訓練情況下，當被派遣前往交通事故現場蒐證時，由於蒐證完整與否，關係著當事人的權益，初始時可見員警內心緊張與良心不安的程度，時日一久，員警發現內心緊張與良心不安並不能解決專業不足與事故發生量多交錯而成之問題，故該名員警在蒐證時間有限或緊迫的情況下，容易造成「蒐證錯漏」之情形。

三、由於上述之壓迫感，極易造成「蒐證錯漏」、「無暇追查」之情形

由於負責交通事故調查與蒐證之專業警察員額、專業素質不足，導致線上負責者可能形成時間緊急之壓迫感，該壓迫感雖不至於讓負責者草草了事，但卻也容易因歷練不足、趕快完成、思慮不周等綜合因素，而形成「蒐證疏漏」、「主觀錯誤」，甚至是「無暇追查」等影響釐清肇事真相的情形。在「無暇追查」之情形中，也不難發現有「假車禍，真謀殺卻未發現」、「肇事逃逸案卻未發現，錯失追查良機者」、「假現場卻未發現，造成懸案」、「蒐證錯漏，渾然不知，造成冤案」等情形。

貳、肇事真相難釐清，當事人爭訟不斷，累積民怨

一、申請鑑定率1.3～7.0%、申請覆議率約20%、覆議不同意見約20%

依據中央警察大學趙崇仁先生之整理，民國98年各縣市（不含專業單位）所發生之交通事故總件數為32萬5,540件，而申請鑑定之百分比最低者為台北市1.28%，居中者為竹苗區3.09%，最高者為台北縣（現改為新北市）區7.03%，平均約為3.63%。

另，同趙崇仁先生之整理，在民國94～98年期間，因不服鑑定

而再申請覆議之比例，臺灣省20.2%、台北市23.8%、高雄市19.6%。又，維持原鑑定之比例則爲臺灣省83.5%、台北市79.0%（高雄市無統計）；於覆議之案件中，約有20%之案件與原鑑定意見不相同者。

二、監察院第一次的糾正：民國91年

監察院於中華民國91年1月17日審議，以91交正03案號發出糾正案文。被糾正機關有內政部警政署、中央警察大學、臺灣警察專科學校及交通部。糾正案由爲「交通管理有關機關未能妥善辦理道路交通事故相關業務，影響人民權益，損害政府形象，爰依法糾正由」。

在上述糾正案文中，對警察機關處理道路交通事故之缺失，分別於運作面提出了五大項15小項之缺失，管理面提出了五大項8小項之缺失，制度面則提出了五大項7小項之缺失。茲將其大項缺失摘錄如下：

（一）警察運作面之缺失

1. 處理品質未獲當事人及鑑定機關認同。
2. 員警交通事故處理專業能力普遍不足。
3. 裝備器材不足。
4. 訊問筆錄品質尚待提升。
5. 事故通報統計不眞實。

（二）警察管理面之缺失

1. 道路交通事故處理長期受到忽視。
2. 專業訓練形式化而效果欠佳。
3. 交通警察體系不健全。
4. 交通警察專業警力不足。
5. 交通事故調查報告表填寫不便應予簡化。

（三）警察制度面之缺失

1. 未建立專責制度，由一般員警處理高度專業業務，影響人民權益甚鉅。
2. 通報統計不確實。

3. 審核制度尚未健全。

4. 待遇結構與績效評比制度失衡。

5. 養成教育與在職訓練不切實際。

三、監察院第二次的糾正：民國102年

經過11年，監察院於中華民國102年3月12日審議，以102交正0005案號發出糾正案文。被糾正機關有交通部、內政部暨內政部警政署。糾正案由為：「交通部主管之道路交通事故鑑定機關及其鑑定作業之組織及法制面迄未健全，人事結構嚴重損及鑑定品質，經費拮据運作困難，鑑定意見書基礎不明，缺乏因果論證，屢生爭執及纏訟；又內政部暨內政部警政署對於警察機關交通事故處理屢有測繪、蒐證不確實等缺失，於該項業務之運作、組織、法制及管理方面，迄未確實辦理及督促改善，洵有嚴重違失。」

在上述糾正案文中，共提出了3大項之缺失，其中有2大項是針對警察機關處理道路交通事故之蒐證缺失而提出者。茲將其重要缺失摘錄如下：

（一）警察機關交通事故現場處理屢有蒐證及肇因分析不確實，鑑定機關之鑑定作業亦因陋就簡，品質不穩，致當事人間爭議纏訟不斷，積累民怨，交通部、內政部暨該部警政署顯未善盡主管機關職責，核有怠失。

1. 經抽樣檢視，警察、各鑑定機關間關於同案肇因、肇責之分析、鑑定意見，約半數出現分歧。

2. 鑑定機關間鑑定意見品質不穩，造成長年纏訟，形成當事人家庭龐大負擔，及對警察、司法不信任，積累民怨。

3. 交通事故處理及鑑定機關之業務品質，因警察機關處理粗糙，蒐證品質低落，影響鑑定基礎，且鑑定機關存在諸多問題，鑑定作業因陋就簡，品質不穩（均敘述於後），其所造成誤判或纏訟多年，形成當事人家庭龐大負擔，加劇不幸，對警察、交通及司法等公權力之不信任，積累民怨，內政部及交通部顯未善盡主管機關職責，核

有怠失。

（二）鑑定機關及其鑑定作業方面，組織及法制面迄未健全，人事結構嚴重損及鑑定品質，經費拮据運作困難，鑑定意見書基礎不明，缺乏因果論證，屢生爭執及纏訟，交通部顯有違失。

1. 鑑定機關之組織及法制面，迄未健全。
2. 鑑定機關之人事結構，嚴重損及鑑定品質。
3. 經費拮据，無力添購科技設備，亦乏科技專業人才。
4. 鑑定機關對於蒐證不足，多未尋求補救，以滿足鑑定所需。
5. 鑑定意見書所作鑑定意見基礎不明，致當事人各有所執，纏訟不休。
6. 涉及號誌管制各執一詞之肇事案件，未積極謀求補強。
7. 鑑定機構鑑定意見書雖無推翻警察肇因分析或拘束司法機關之效力，如與警察或其他鑑定機構相左之案件，迄無論證機制。

（三）內政部暨內政部警政署對於警察機關處理交通事故業務之運作、組織、法制及管理方面，仍有重大缺失，迄未確實辦理及督促改善。

本院於91年調查「我國交通管理機關未能妥善辦理交通事故相關業務，影響人民權益，損害政府形象，應予調查導正」乙案，並糾正內政部警政署、中央警察大學、臺灣警察專科學校及交通部（本院「91交正03」），並持續追蹤該等機關檢討改善情形。警察機關自93年1月起，全面實施交通事故專責制度，配置專責警力處理交通事故；各警察分局設置交通組，交通（大）隊設置交安組，辦理交通事故統計、事故特性分析、事故審核（交通事故相關表件資料、現場圖及照片之檢核、案件列管）及肇事原因分析等，以確保現場蒐證與勘察資料之完整與正確；在裝備、教育訓練、獎懲等均已大幅改善。在服務民眾方面，事故現場提供「交通事故當事人須知」、「道路交通事故當事人登記聯單」，以利當事人處理後續事宜，並於事故7日後受理民眾申請閱覽或提供「現場圖、現場照片」，事故30日後得申請提供「道路交通事故初步分析研判表」。故就基本條件及便民而言，較諸以往已有顯著進展。惟經本案檢視40件個案及相關調查，發現警察機關於交通事故處理業務

之缺失，仍涵蓋前案大多缺失在內，顯見該署規劃、督考動能減弱，亟待積極改進之違失包括：

1. 現場跡證測繪蒐證不全，審核作業補救機制不彰。
2. 案件資料零落分散，未建立完整檔案機制。
3. 筆錄條列要項問題，失之於僵化及形式。
4. 以和解或車輛移動為由，未確實偵查造成纏訟。
5. 肇因研判過於簡略，未以證據因果論證。
6. 法制不備，職權、機制、專業及組織迄未健全。
7. 警察機關執行事故處理及紀錄資料之完整性、正確性仍有不足，應持續改進。
8. 勤務制度運作，有時影響現場處理作業品質。
9. 交通事故審核制度不健全，未發揮功能。
10. 警察缺乏交通事故偵查之職權授予，無法建立事故蒐證之專業組織。
11. 交通警察體系不健全，組織分散，專業人才流失，影響業務發展。
12. 事故傷亡統計資料，迄今距真實面仍有相當差距，不利交通工程及法令之檢討改進。

第二節　爭訟流程冗長複雜之問題

　　當事人自案發報案後，即進入肇事責任處理的流程中，該流程複雜的程度已於第一章第三節中加以說明，茲再將當事人於責任處理過程中所遭遇的問題，擇要分析於後。

壹、爭訟過程時間冗長，遲來的正義恐已非正義

　　當事人於案發後30日，得向警察機關申請提供「道路交通事故初步分析研判表」（以下簡稱「初判表」），之後即可能進入調解或申請鑑定之流程。在有人受傷之案件中，若調解不成，受傷者若認為對方有

錯，可於6個月內向對方提出刑事告訴。在筆者受理司法機關囑託肇事重建之案中[5]，發現各行政區出具鑑定報告書之時間，距離案發日約6個月～1年多，而各覆議會出具覆議鑑定報告書之時間，距離案發日約8個月～1年半。地檢署請求本校實施學術鑑定的發文日期，有距離案發日高達2年5個月者，而第一次判決距離案發日有5年7個月[6]、6年半[7]，甚至12年才最終判決確定[8]。

該爭訟過程，隨訴訟程序之進行而一再送不同鑑定機關鑑定，極易形成爭執不休及纏訟多年之現象，若該過程冗長，不但造成當事人長年經濟與精神負擔，也耗費大量社會成本。即使最終判決確定，還給受害者公道，也因纏訟多年，受害者精神折磨加劇，加害者責任延宕甚至逃之夭夭，最後公平正義的效果也大打折扣！

貳、體系複雜，當事人難入其門，更須拖著病體奔走，甚是折磨！

民國94年7月，筆者協助一位彰化高中未婚的女老師釐清案情時，筆者請其前往警察單位申請現場照片，她告知筆者「先前向洪警員要求閱覽照片未果，但肇事對方有照片，洪警員說底片已銷毀，且他的照片不知為何遺失了，要我去交通大隊影印」、「當時我騎機車，車禍發生後，我下半身受傷嚴重，骨盆及下肢均接受開刀治療，目前仍坐輪椅，不知何時可自行走路，身心承受著極大的傷害與痛苦」、「我必須坐著輪椅，親自前往閱覽筆錄，申請照片，卻在兩個警察單位間移動，上下車時實在是很痛苦！」

又民國99年9月，筆者協助一位在台北市任教，約50多歲的女老師

---

5 筆者擔任「中央警察大學鑑識科學研究委員會」委員，受司法機關（各級檢察署或法院）之委託，擔任道路交通事故案件之鑑定人，從事交通事故之肇事重建（學術鑑定）；自民國86～104年，共鑑定過58件刑事案件。另，本校受理之案件都是已經過地區鑑定及省市覆議之案件。

6 57樹林案。

7 52大里案。

8 53監察院案。

釐清案情時，電話中與筆者對話如下：「我現在左小腿仍打著鋼釘，步行困難、尿失禁、無嗅覺，警察初步分析研判之肇事原因與事實完全不符，我該怎麼辦？」「您可申請鑑定。」「萬一鑑定結果還是與事實完全不符，我該怎麼辦？」筆者就將整個流程一步一步慢慢地告訴她，也反問「這樣說，您瞭解了嗎？」她回覆：「瞭解是瞭解，但好複雜！而且，我不是要騎機車的年輕人賠我錢，我只是想說事實不是這樣。我現在生活起居很不方便、很辛苦，還要帶著病體在這些單位間跑，實在是雪上加霜！」

參、受傷案件，以刑事逼民事，浪費訴訟資源

在受傷之交通事故案件中，若當事人調解不成，受傷者又不確定自己應擔負之責任比例，往往可能因此而提出傷害告訴，透過刑事訴訟過程，來確定雙方過失之責任比例。在兩造當事人中，即使受傷者之過失比例比較大，未受傷者（對造）之過失比較小，但於刑事責任上，過失比例比較大的受傷者卻反而無罪，而過失比例比較小的未受傷者卻犯有「過失傷害」之罪。又，提出傷害告訴之刑事訴訟，萬一輸了，也無須負擔訴訟費用；若贏了或可能贏，則可藉此判決結果或透過調解（或和解）而撤回告訴之結果，來向對方要求比較高額之理賠費用。因此，常有交通事故受傷之當事人，在無需負擔刑事訴訟費用的情況下，利用此一管道，俗稱「以刑事逼民事」或「以刑逼民」模式，來達到向對方要求理賠比較高額（或合理）費用的目的。

在受傷案件中，受傷之被害者，其訴訟目的其實並非要讓對方「去關（在監獄裡）」，而是能獲得合理的理賠；但由於打民事官司，萬一輸了，則要負擔訴訟費用，因而先打刑事官司，萬一輸了，並無須負擔訴訟費用，也不會觸犯「誣告」之罪。因此，「以刑逼民」之打官司模式，在這司法案件量已如此之多，而司法資源有限的情況下，政府實在應該設法改善。

肆、政府未設置「責任快速處理中心」，責任處理延宕費時

由於筆者有前述「體系複雜，當事人難入其門」之體會，也有聽到當事人爭訟過程中「更須拖著病體奔走，甚是折磨」之痛苦聲音，這時筆者才驚醒，「政府為什麼不設一個『責任快速處理中心』呢？」

該中心設置的目的，是整合警察、鑑定師、保險單位、調解人士、法律人（譬如法律碩士、律師、司法人員、法律教師）等專業人士，以公平、公正、公開、整合、快速的方式，共同協商議定當事人的責任比例。

至於該中心的作為，主要是整合上述責任處理的相關人員，與雙方當事人共同協商與調解肇事責任，以專業知識幫助當事人調解肇事賠償問題，使得當事人於肇事後，能經過中心一次或二次的綜合調解就能把民事責任快速定案。

這種「肇事責任快速處理」的模式，在公平、公正、公開、整合的前提之下，其效益有：

一、可以避免民事責任處理延宕費時的問題。

二、可以幫助雙方當事人，尤其是帶著病體的當事人，在現有冗長的爭訟流程中，減少穿梭於警察、鑑定、保險、調解、刑事庭、民事庭等多個單位之間的次數，這是政府體恤苦難民眾的仁慈作法之一。

三、可改善「時程冗長」、「以刑逼民」、「耗費司法資源」、「體系複雜」等問題。

四、政府提供了一個「迅速、體貼、有效、適當」的處理措施，這會是一個有效能又仁慈的政府，將會受到民眾的讚許。

第三節　肇事責任仍欠相當之問題

肇事責任定讞的結果，能嚇阻交通事故的再發生嗎？嚇阻力量有多

大？這是一個相當值得省思的課題！

　　肇事責任的處理體系複雜，前面已述及；而在這複雜的體系中，相關體制處理肇事責任的結果，能否讓肇事者及所有駕駛人產生為自己行為「負責」的想法，而這「負責」的想法是否能「完全負起自己應負的責任」，以嚇阻其不再發生交通事故，這是一個極其重要的課題。若駕駛人於製造危險或發生交通事故後，可以不用為自己的行為負起應負的責任，這不但是一件不公平、不正義的事，而且似有間接鼓勵其可以於日後再發生事故之疑慮。若發生事故可以不用負責，或可以只負到輕微的責任，則這社會將不安定或失序。因此，讓駕駛人為自己的行為結果「負責——負起完全的責任」，是一個很根本、很重要，也很值得重視、省思與隨時檢討的交通倫理課題。

　　所以，筆者於此提出「權責是否相當」的觀點，來檢視這複雜的體系，期望在這苦難的交通社會上，「做一個負責任的人」能愈來愈多，交通事故的發生量能愈來愈少；進而能讓在第一線調查事故的蒐證者，有比較充足的時間來蒐證，幫助邁向「完整蒐證」的境地。更期望能因此而有助於減少事故的發生量，則這將對「交通安全」、「交通正義」的維護有另一層的助益。

　　故，本節從個人責任（肇事者法律責任）的層面加以檢視省思之，檢視分析的結果是「個人責任（法律責任）與肇事者似乎不相當、（易）肇事者似乎不擔心再肇生事故」，詳細分析如後。

壹、刑事責任面：起訴占有率達30%，但服刑者輕，民眾不怕

一、95～104年，交通案件之起訴占有率高達約30%

　　依據法務部之檢察統計資料，在民國95～104年間，起訴及緩起訴之情況（以下簡稱為起訴）說明如下：

（一）每年起訴之總人數介於18萬9,943～23萬1,813人之間，年平均總起訴量為21萬4,743人。

（二）每年交通案件起訴人數介於4萬4,881～8萬6,828人之間，年平均
　　　起訴量為6萬4,260人。

　　而交通案件則包含下列兩類，一為「肇事致人死傷」案件，另一為
「公共危險」[9]案件：

1. 每年肇事致人死傷起訴人數介於1萬1,954～1萬8,014人[10]之間，年平
　均起訴量為1萬4,894人，年起訴占有率平均為7.0%。

2. 每年公共危險起訴人數介於3萬2,262～6萬7,330人之間，年平均起訴
　量為4萬9,366人，年起訴占有率平均為22.9%。

（三）每年，在起訴案件中，交通案件之占有率介於23.6～39.6%之
　　　間，年平均占有率為29.9%。

　　從上可知，交通案件在所有刑事案件中約占了三成的比例，可見警
察、檢察官在交通案件上的負擔是很重的。為了能提升交通案件或交通
犯罪的蒐證品質，並減少交通犯罪的發生，看來警察機關、檢察機關對
於交通犯罪的瞭解與預防，是一值得關注與省思的課題。

二、肇事致死者之「發生入監服刑率」[11]低，並不擔心失去自由

（一）95～104年，肇事致人死亡者之「發生入監服刑率」不到41.4%

　　於民國95～104年，衛福部統計之機動車交通事故死亡人數年平均
為3,522人，假設每有一人死亡就有一個案主遭到起訴，而該期間年平
均入監人數不到1,458人[12]（520+938=1,458），則肇事致死之入監服刑

9　民國88年4月增訂刑法第185條之3「酒醉駕駛罪」並開始實施，當年法務部公布「公共
　危險」之起訴人數，隨即由87年之977人竄升為88年之1萬925人，依次又竄升為2萬2,283
　人、3萬4,214人，每年約增加1萬人；民國97年、100年底、102年修法執行時，又分別升
　為4萬3,268人、4萬5,610人、5萬6,075人。故於本章節中，將「公共危險」推定為「酒醉
　駕駛」，而且推定「酒醉駕駛起訴人數／公共危險起訴人數」之占有率約為90%以上。

10　法務部全球資訊網／法務統計／統計分析／統計短文／肇事致死傷逃逸及未逃逸案件之差
　異分析——賴威宇（臺灣高等法院檢察署統計室書記官），該文舉出民國95～104年間，
　每年肇事致人死傷（肇逃＋未肇逃）遭檢察官起訴及緩起訴之人數，最低者為1萬1,954人
　（96年），最高者為1萬8,014人（104年）。

11　發生入監服刑率＝當年入監服刑人數／當年發生該類案件之肇事件數。而該類案件如致
　死案，或致死傷（A1＋A2）案。

12　民國95～104年，交通事故肇致死傷罪經判決有期徒刑6月以上者之年平均人數為1,458人

率爲41.4%。雖刑法第276條規定：「因過失致人於死者，處二年以下有期徒刑……。」但因肇事致人於死者，最高不會超過41.4%的犯罪者入監服刑，該機率不到一半，故駕駛人並不擔心肇事致人於死時會受到自由刑之處罰，也因此而不會警惕自己應小心駕駛。

（二）95～104年，酒駕（含肇事）者之「起訴入監服刑率」也僅約爲12.1%

於民國95～104年，因公共危險罪入監服刑之年平均人數6,665人[13]，年平均起訴人數爲4萬9,366人，故起訴中之入監服刑率爲12.1%，數值也是很低，或許也因此，有一些心存僥倖的駕駛人，於酒駕前，不但不擔心被警察抓到，即使被抓到遭受處罰時，也不擔心會受到自由刑之處罰，故酒醉肇事之事件仍頻繁。依筆者所蒐集之資料得知，酒醉駕駛一直是肇事致死原因之首位，而且占有率也都很接近於50%[14]。故有關酒醉駕駛的防治課題，是一個頗值得持續關注與刻不容緩的嚴重問題。

（三）100～104年，肇事逃逸（致死傷）發生率達2.2%，未破率達20%，然而在102年後，才修法重罰

1. 100～104年肇事致死傷而逃逸之發生率約爲2.04～2.16%

(1)關於當年肇事逃逸件數之說明

從內政部警政署全球資訊網／資訊公開／OPEN DATA或警政統計之相關資料中，本文並未發現年度肇事致死傷而逃逸之發生件數；但

（同註21之說明，引用計算所得數值係屬高估後之「肇事有罪入監服刑率」）。

13　民國95～104年期間，因公共危險罪入監服刑之年平均人數爲6,665人，其中有多少人是因純酒駕或酒駕肇事致死傷而入監服刑者，本文從所蒐集之資料中無法詳細得知；但從註17酒醉駕駛罪歷年修法與起訴人數之說明中，本文推定因公共危險罪入監服刑者，至少有90%是屬於酒醉駕駛罪。

14　蔡中志、陳高村、陳家福等（2007.7），桃園縣易肇事地點改善規劃，桃園縣政府交通局委託計畫，頁6-26撰明「酒後駕車案件占全體A1案件數53%」。蔡中志、陳家福、曾平毅、李淑花等（2008.8），酒駕肇事特性與道安防制措施之研究，交通部補助，頁3-2撰明「A1酒駕肇事案件約占全部A1案件的30%」，並於同頁說明「註80之53%」與「註81之30%」爲何不同之原因，30%者係依據警政署資料庫計算而得，53%係依據研究案當場調查統計而得，而以53%比較接近事實。

於賴威宇（2016）之專題分析中，能發現95～104年肇逃與未肇逃之人數，但該肇逃人數僅屬「肇逃破獲」之案件，並未包含肇逃未破獲之案件。同時，該文中之「肇逃破獲」案件數亦僅有95年之3,001件、100年之4,703件及104年之4,168件；101～103年則付之闕如，但本文以對起訴之平均占有率26.3%加以推估，則分別為4,378、4,301、4,529件。故自100～104年「肇逃破獲」之年平均件數為4,416件。

　　為瞭解肇逃未破獲之件數，乃前往特別補償基金之開放資料查詢，經電話詢問與查詢相關法規後，發現申請特別補償案件中之「無法查究」者，即係屬「肇逃未破獲」之案件。然而，「無法查究」之件數卻只公布了101～103年，而在這3年當中，「無法查究」件數約占申請特別補償總案件[15]之36.7%，故100年、104年之「無法查究」件數，即依36.7%分別推估為1,113件、1,155件。故自100～104年「肇逃未破獲」（即「無法查究」者）之年平均件數為1,119件。

　　因此，100～104年之年平均肇事逃逸件數：

　　＝肇逃破獲起訴之件數＋肇逃未破獲件數（即「無法查究」者）
　　＝4,416件＋1,119件＝5,535件

(2) 關於當年所有肇事件數之說明

　　當年所有肇事件數是指肇事致人死亡或受傷者，其件數來源有二：一為在強制險理賠資料中，保發中心已發生賠款之件數，年平均為25萬6,590件；二為在警政署肇事資料中，A1＋A2之件數，年平均為27萬5,377件。

(3) 關於肇事逃逸發生率之計算（100～104年）

　　肇事逃逸發生率＝肇事逃逸件數／肇事致死傷件數
　　　　　　　　＝55,35/256,590（強制險理賠）＝2.16%
　　　　　　或＝55,35/275,377（A1＋A2）＝2.01%

15　申請特別補償之案件有四種在101～103年所占之比率如下：1.未投保車（61.1%）；2.無法查究者（例如肇逃未破者）（36.7%）；3.未經被保險人同意使用或管理者（如失竊車）（0.4%）；4.無須訂立強險之契約者（如拼裝車）（1.8%）。

(4) 肇事逃逸（致死傷）未破率達20%

肇事逃逸未破率＝肇事逃逸未破獲案件數／肇事逃逸總案件數
＝1,119/5,535＝20.2%

2. 肇逃案件刑期1年以上者，在102年後，才由3.6%增至65.7%

在賴威宇之一文結論中，提到：「肇事後逃逸經檢察官緩起訴處分的比率占38.6%，其中約有4成的案件係過失傷害罪撤回告訴的情形。」顯然，肇事致人受傷而逃逸者，若願賠償對方並取得對方之諒解而撤回告訴，則容易受到緩起訴之處分。

在上文中又提及：「肇事逃逸案件有期徒刑『1年以上』的比率在102年修法後，由3.6%大幅增至104年65.7%。」顯然，在102年之前，刑法對於肇事逃逸者之處罰有過於輕微之現象，這或許有讓肇事者因不擔心肇逃受罰，而促動其肇事逃逸動機之可能，對於肇事逃逸之嚇阻，難生效果。但願在修法之2～3年後，肇事逃逸的案件能明顯減少。

另，肇事致人死傷之「發生入監服刑率」僅不到0.64%，其中肇事逃逸者僅為0.41%，肇事未逃逸者則為0.23%。

（四）肇事致人死傷之「發生入監服刑率」極低，不到0.64%

1. 「發生起訴率」[16]僅為6.7%、「起訴有罪率」[17]不到50%

駕駛人肇致交通事故之後，最擔心者是害怕失去自由。在臺灣，一直以來，若肇事致人死亡或受傷者，頂多受到5年（業務過失致

---

[16] 發生起訴率＝當年起訴人數／當年A1＋A2之肇事件數。

[17] 起訴有罪率＝當年確定有罪人數／當年起訴人數。法務部全球資訊網／統計資訊服務／常用統計查詢／檢察統計，及政府資料開放平台／關於平台／資料分類統計／機關別分類統計／第5頁法務部統計處等兩處網址，均可查到歷年「表10.地方法院檢察署偵查起訴案件罪名」、「表11.地方法院檢察署偵查案件不起訴處分情形」、「表13.地方法院檢察署執行裁判確定有罪案件罪名」、「表48.監獄新入監受刑人入監時罪名」之統計資料，本文所引用之資料是透過「政府資料開放平台」下載而得；至於起訴者中確定有罪之比率，則是經過製表計算而得。由於資料、表件繁複，各種比率計算過程所連結之數據眾多，而該過程與主文關係又不強，故於本文中不擬製表將計算過程加以呈現。

死[18]）、3年（業務過失重傷[19]）、2年（過失致死），或1年（業務過失
傷害、過失重傷）、6個月（過失傷害）之刑期，然而由於發生案件量
相當驚人，在95～104年間，每年發生16～30萬件以上[20]，其中遭起訴
及緩起訴者每年約有1.2～1.8萬人；又由於這只是過失犯，而且監獄刑
房數量有限，以民國95～104年爲例，其起訴率平均僅爲6.72%，起訴
者中確定有罪之比率平均又降爲46.39%。

2.「有罪入監服刑率」[21]21.4%、「發生入監服刑率」[22]不到0.64%

而確定有罪者中之「有罪入監服刑率」（本文較實際者高）平均
又再降爲21.4%（肇事未逃逸者平均不到11.4%，肇事逃逸者平均不到
41.6%）。最後，每年眞正入監服刑的人數，於肇事未逃逸者平均不到
520人，而於肇事逃逸者平均亦不到938人。故肇事致人死傷之「發生
入監服刑率」僅不到0.64%，其中肇事逃逸者爲0.41%，肇事未逃逸者
又爲0.23%。

18　中華民國刑法第276條：「因過失致人於死者，處二年以下有期徒刑、拘役或二千元以下
　　罰金。（第2項）從事業務之人，因業務上之過失犯前項之罪者，處五年以下有期徒刑或
　　拘役，得併科三千元以下罰金。」民國108年5月29日，第276條已將業務過失犯刪除，並
　　修正爲「因過失致人於死者，處五年以下有期徒刑、拘役或五十萬元以下罰金」。

19　中華民國刑法第284條：「因過失傷害人者，處六月以下有期徒刑、拘役或五百元以下罰
　　金，致重傷者，處一年以下有期徒刑、拘役或五百元以下罰金。（第2項）從事業務之
　　人，因業務上之過失傷害人者，處一年以下有期徒刑、拘役或一千元以下罰金，致重傷
　　者，處三年以下有期徒刑、拘役或二千元以下罰金。」民國108年5月29日，第284條已將
　　業務過失犯刪除，並修正爲「因過失傷害人者，處一年以下有期徒刑、拘役或十萬元以下
　　罰金；致重傷者，處三年以下有期徒刑、拘役或三十萬元以下罰金」。

20　警政署自民國87年開始登錄A2類之案件，當年A1、A2類合計之死傷件數爲3萬434件，88
　　年爲3萬2,134件，次次則逐年竄升爲5萬2,952件（89年）、6萬4,264件（90年）、16萬807
　　件（95年）、23萬5,776件（100年），到了103年更高達30萬7,842件（104年爲30萬5,413
　　件）。

21　有罪入監服刑率＝當年入監服刑人數／當年判決確定有罪人數。而當年肇事入監服刑人
　　數，由於本文截至目前爲止尚未尋獲發現，故暫以「判決有期徒刑6月以上者」加以累計
　　計算之。因爲判決6月以下者，通常會判決緩刑，而且判決6月以上者，也可能是易科罰金
　　而不用入監服刑。故本文所指之「肇事有罪入監服刑率」並非是實際之入監服刑率，其入
　　監服刑率有高估之情形。另，在未肇逃者中，其有罪入監服刑率爲11.4%，約相近於傷害
　　罪之12.5%，於此特別註明。又肇事確定有罪人數之引用來源爲賴威宇之專文。

22　發生入監服刑率＝當年入監服刑人數／當年A1＋A2之肇事件數。而當年肇事入監服刑人
　　數之引用，同註21之說明，故本文中之發生入監服刑率係屬高估之數值。

3. 肇事致人死傷者，並不擔心會受到自由刑之處罰

顯然，交通事故肇事致人死傷之肇事者受到自由刑處罰之機率極低，不到0.64%。或許就因該機率極低，故駕駛人並不擔心於肇事致人死傷時會受到自由刑之處罰，因此不會警惕自己應小心駕駛。

貳、民事責任面：出險後保費未明顯增加、未考量駕駛人因素

駕駛人肇事辦理出險後，按理，翌年其所投保之責任險，無論是強制責任險或任意責任險，所繳之保費均應增加，而且應增加到能令其「有感」的程度，以約束其行車時疏忽的放任，或增加其注意力，俾預防事故的再發生。同理，駕駛人當年若未肇事，則翌年之保費也應減少到令其「有感」的程度。若能如此設計，則對整體交通安全的提升，必然有明顯的影響力。

然而，目前臺灣汽車駕駛人責任險的保險制度，是「從車因素——以汽車所有人的背景條件進行投保」，而不是「從人因素——以汽車駕駛人的背景條件進行投保」；同時，逐年加重保費或減輕保費的制度，幾乎是沒有實施，當然更不可能出現「有感」的程度。因此，目前臺灣汽車駕駛人責任險的保險制度，關於提升交通安全的影響力方面，必須做大力的改革，仍有許多進步的空間。

目前的時代，已進步到行動資訊時代，駕駛人幾乎人人都有手機，而且車輛所有人不一定就是駕駛人，因此若再不將汽車責任險的保險制度，由現行的「從車因素」修改成「從人因素」，則「保費有感」的制度將難以實施，臺灣也將繼續成為交通安全是落後、不安全的國家。

參、行政責任面：吊扣或吊銷期間，仍違規（無照）繼續駕駛

一、肇因不明時，警察通常未開單舉發，則不會受到吊扣或吊銷之處分

《道交條例》第90條：「違反本條例之行為，自行為成立之日起；行為有連續或繼續之狀態者，自行為終了之日起，逾二個月不得舉發。但汽車肇事致人受傷或死亡案件，因肇事責任不明，已送鑑定者，其期間自鑑定終結之日起算；未送鑑定而須分析研判者，逾三個月不得舉發。」一般而言，駕駛人肇事致人受傷或死亡者，會受到吊扣或吊銷駕駛執照的處分[23]；但對交通違規行為不明確，而且肇事原因不明者，警察機關通常會於鑑定終結日後才舉單告發。但鑑定終結結果若沒有通知警察機關，或警察機關未轉知具有交通違規舉發權之單位據以舉發，或具有交通違規舉發權之單位疏忽舉發，則肇事者並不會受到吊扣或吊銷駕駛執照之處分。

筆者詢問過多名基層員警，他們都曾有這種因肇事原因不明，送鑑定後未再開單舉發的經驗；甚有1名員警告知，他送出這類案件後，全部都沒有再開單舉發的經驗。這類「違規行為不明確，肇事原因不明者」的死傷案件有多少，而鑑定終結後有受到開單舉發的總案件又有多少，而其比例是少到何種程度，實有進一步瞭解的必要。

23　《道交條例》第61條第1項：「汽車駕駛人，駕駛汽車有下列情形之一者，吊銷其駕駛執照：……四、違反道路交通安全規則、第三十三條之管制規則，因而肇事致人死亡。」同條第3項：「汽車駕駛人，駕駛汽車違反道路交通安全規則、第三十三條之管制規則，致人重傷者，吊扣其駕駛執照三個月至六個月。」而參見第62條得知肇事逃逸者，至少會受到吊扣其駕駛執照1個月至3個月的處分。另參見第35條得知酒駕者，至少會受到吊扣其駕駛執照1年至2年的處分。另依《違反道路交通管理事件統一裁罰基準及處理細則》第2條第6項，也有「因而肇事致人受傷者，記違規點數三點」的規定。

二、吊扣或吊銷期間不能開車，但繼續開車者大有人在

（一）無照駕駛（含吊扣或吊銷期間開車）有普遍的現象

1. 駕照被吊銷，還是照樣開車

(1) 警察遭撞案例

　　民國105年7月16日，新北市蘆洲交通隊1名陳姓員警，為了因應行政院長林全視察行程，受命前往台65線快速道路上執行交通管制，於正在擺置交通錐以管制車流時，即遭到1名酒駕陳姓女子，高速追撞。員警被撞後，雙腿粉碎性骨折，送醫搶救後，經截肢處置得以救回生命。而警方調查，這名女駕駛先前就曾酒駕，被吊扣駕照，這次再無照酒駕撞人，酒測值甚至高達0.87。又傷者家屬也質疑：「酒駕撞死三個，駕照被吊銷，還是照開照撞，這是整個社會的問題，包括法律什麼的。」（華視晚間新聞）。

(2) 酒駕累犯高達約13%

　　依據警政署之警政統計資料顯示，104年對酒駕者共舉發10萬7,372件，移送6萬5,480件（占61.0%），酒駕累犯1萬3,828件（占12.9%）[24]。

2. 學生實習時，勤務時段內發現無照駕駛與警察對其處置之情形

　　民國108年，帶領學生於台北市實習時，一位學生於實習日誌大概記錄如下：「（松山交通分隊）今天下午4個小時的稽查取締勤務，我們都在路口守望，約換了3個路口，有一特別的事，我們總共發現了5名無照駕駛者（機車騎士）；其中1名竟然於接受過違規通知單之後，即當著我們警察的面，將通知單揉成一團，並將之丟棄於路旁，騎車揚長而去，留下了驚愕的我。隨後學長帶我到另外一個路口繼續執勤。」可見機車無照駕駛普遍或嚴重之情形，也看到了警察對無照駕駛者未依法「當場禁止其駕駛」之處置情形。

24　依《道交條例》第35條規定，酒駕累犯原來是指5年內有二次以上酒駕違規者而言，但民國112年5月3日修正為指10年內有二次以上者。

（二）無照駕駛（含吊扣或吊銷期間開車）普遍的原因

1. 吊扣或吊銷期間若繼續開車，不容易被警察發現

四輪汽車，即使肇事致人受傷或死亡，受到吊扣或吊銷駕駛執照處分的駕駛人，於受吊扣或吊銷期間仍可能心存僥倖繼續開車，因為只要不違規或不發生事故，幾乎就不會被警察發現無照駕駛。而機車無照駕駛比四輪汽車容易被發現，在台北市四個小時的勤務時段內，尚且發現5件機車無照駕駛，對於更難發現的汽車無照駕駛者，推測可能會有更多人。

2. 警察未對其採用「逕行移置保管其車輛」的措施

警察對無照駕駛者開單舉發後，由於「法律授權欠明確」的原因，通常難以再採用「逕行移置保管其車輛」的措施，而僅能採用無嚇阻作用的「口頭式當場禁止駕駛」。對於一位不害怕只有罰鍰的無照駕駛者而言，他（她）當然會存著僥倖的心理繼續無照駕駛，也因此像上述實習學生所見之「當著警察面，將舉發單揉成一團並丟棄，騎車揚長而去」的情形，就可能出現。

綜上，無照駕駛（含吊扣或吊銷期間開車）是個問題，應亟思改善！

三、警察未能對無照駕駛者「當場逕行移置保管其車輛」的原因分析

（一）《道交條例》對無照駕駛者已有「當場得逕行移置保管其車輛」的規定

《道交條例》為了防止無照駕駛者繼續開（騎）車容易肇致事故的危險，已明定「當場禁止其駕駛」、「當場得逕行移置保管其車輛」。

1. 當場禁止其駕駛

《道交條例》第21條（汽機車無照駕駛）、第21條之1（大型車無照駕駛）均明文規定「當場禁止其駕駛」。

2. 當場得逕行移置保管其車輛

《道交條例》第85條之2第1項規定：「……應予禁止通行、禁止其行駛、禁止其駕駛者，交通勤務警察或依法令執行交通稽查任務人員應當場執行之，必要時，得逕行移置保管其車輛。」

（二）對無照駕駛者「得」逕行移置保管其車輛的規定，法律有授權欠明確之情

1.《道交條例》第85條之3對移置主客體做了規定，卻遺漏了對無照駕駛者的車輛

《道交條例》第85條之3第1項規定：「第十二條第三項、第四項、第三十五條、第三十五條之一第一項、第二項、第五十六條第四項、第五十七條第二項、第六十二條第六項、第七十一條之一第二項、第三項、第七十二條之二第一項、第七十三條第二項、第三項及前條第一項之移置或扣留，得由交通勤務警察、依法令執行交通稽查任務人員逕行移置或扣留，其屬第五十六條第四項之移置，得由交通助理人員逕行為之。上述之移置或扣留，得使用民間拖吊車拖離之。」

從第85條之3第1項所規定的內容來分析，發現這是《道交條例》對於需要移置的車輛（移置客體）、執行移置的人員（移置主體）、得使用民間拖吊車輛（移置介體）之彙整的補充規定，但該規定內容中卻遺漏了第21條、第21條之1無照駕駛者之車輛。

2.《裁處細則》未見有對無照駕駛者車輛如何移置的補充規定

警察實施交通違規稽查取締的程序，主要是規定於《違反道路交通管理事件統一裁罰基準及處理細則》（以下簡稱《裁處細則》）。在《裁處細則》中，有第18條之完全針對無照駕駛應如何處理的規定[25]，但卻未發現有如何移置其車輛的補充規定。又，雖然第16條第1項第5款

---

[25] 《裁處細則》第18條：「稽查未領有駕駛執照駕駛汽車時，除填製通知單外，並依下列規定處理：一、當場禁止其駕駛。二、汽車所有人或駕駛人允許未領有駕駛執照之人駕駛其車輛，經未領有駕駛執照駕駛人指證或交通執法人員查證屬實者，應同時舉發。三、汽車所有人與駕駛人隨車同行者，推定其有故意或過失，逕行認定其允許未領有駕駛執照者駕車之事實。」

有提到「當場暫代保管其車輛」的規定，但無照駕駛的情形也未列入該款中。

因此，對無照駕駛者如何當場禁止其駕駛，如何移置保管其車輛，《裁處細則》缺乏相關的補充規定。

3. 《移置辦法》與《道交條例》第85條之2的規定也僅是相同

《道交條例》第85條之2是對無照駕駛者「當場得逕行移置保管其車輛」的主規定，而在《道路交通違規車輛移置保管及處理辦法》（以下簡稱《移置辦法》）中，也未見對無照駕駛者「當場得逕行移置保管其車輛」有任何的補充規定；《移置辦法》第8條的規定[26]，也僅是比《道交條例》第85條之2多出「或動力機械」這幾個字而已。

4. 綜上，對無照駕駛者如何移置其車輛，法律有授權欠明確之情

《道交條例》第85條之2對無照駕駛者雖已有「當場得逕行移置保管其車輛」的規定，但第85條之3對移置客體的規定，卻又遺漏了無照駕駛者的車輛。同時，《裁處細則》、《移置辦法》也都缺乏對無照駕駛車輛應如何移置的規定。

（三）實務面上警察於執法欠缺明確依據下，只好便宜行事，採用「口頭式當場禁止駕駛」的措施

警察對無照駕駛者發動移置其車輛的時機，目前法律是以「必要時，得逕行移置保管其車輛」來規定，而不是規定「當場移置保管其車輛」。因此，在實際執法過程中，就形成了諸多問題。

1. 要發動移置其車輛前，值勤警察所面臨的諸多不確定問題

(1) 何時發動移置其車輛之作為？在現場能等多久？

A.若無照駕駛者說「親友約10分鐘到」

經查是謊稱或等10分鐘仍未到，就可以發動移置作為了嗎？又，

---

26 《移置辦法》第8條：「車輛或動力機械所有人或駕駛人依本條例規定應予禁止通行、禁止其行駛、禁止其駕駛者，交通勤務警察或依法令執行交通稽查任務人員應當場執行之，必要時，得逕行移置保管其車輛或動力機械。」

等親友的時間無論是10分鐘、15分鐘，甚至30分鐘，都是公權力的執勤時間，將這值勤時間耗在道路上（旁）看守一位無照駕駛者，這值得嗎？

B.若駕駛者說「我目的地就在前方不遠處，我牽車走過去」

經查若是真實的不遠處，那距離此地幾公尺才是合理的不遠處？又，放無照駕駛者自行牽車過去，他（她）真的不會再騎上車嗎？或要保護（跟著）他（她）牽車走過去嗎？

C.若駕駛者說「我將車輛停在路邊，等待親友來開車」

這裡又有幾個問題：(A)誰將車輛開到路邊停？允許無照駕駛者來開或是警察進入他（她）私人領域開車皆不適合；(B)不妨礙交通的路邊距離此地有多遠？(C)當警察離開現場後，他（她）真的會繼續等待親友而不會又開車上路嗎？

(2) 拖吊車到現場（執行移置作業）目前幾乎都要半小時以上。

(3) 發動移置其車輛之作為後，拖吊車輛來到現場前，其親友抵達現場時，要放行還是不放行？

2. 若發動移置無照駕駛者車輛之作為，形同給自己及長官製造麻煩

由於目前的法律對無照駕駛者「得」逕行移置保管其車輛的規定，有授權欠明確的情形，所以各警察機關幾乎沒有規劃平時勤務之拖吊車[27]；因此，在第1點「值勤警察所面臨的諸多不確定問題」的情況下，值勤警察若突然請求支援拖吊車，等同於是給自己及長官製造麻煩。

3. 在兩難的情況下，只好便宜行事，採用「口頭式當場禁止駕駛」的措施

在職責上，警察必須對無照駕駛者「當場禁止其駕駛」，若未「當場禁止其駕駛」，則其有可能被檢舉或被告訴失職。但在現有「若發動移置無照駕駛者車輛之作為，又形同給自己及長官製造麻煩」的兩

---

27 各警察分局幾乎沒有配置公用拖吊車，若規劃使用民用拖吊車，也會因拖吊績效不佳而遭到業者的拒絕，或以配合困難的說詞「還要約半小時才能到」而實質回絕了。

難情況下，只好選擇便宜行事，採用「口頭式當場禁止駕駛」的措施，對無照駕駛者說「不可以再騎了！」並加以錄音，以證明自己有執行「當場禁止其駕駛」的作爲，以保護自己。

4. 便宜行事「口頭式當場禁止駕駛」後，所產生的問題

在無照駕駛不容易被警察發現，及被發現後僅受到罰鍰處罰，未再受到「當場移置其車輛」的雙重影響之下，對於一位不害怕只有罰鍰的無照駕駛者而言，他（她）當然會存著僥倖的心理繼續無照駕駛，這就是無照駕駛（含吊扣或吊銷期間開車）普遍的原因

（四）「法律授權欠明確」的原因，顯見是立法疏漏，不是故意排除

《道交條例》第85條之3之移置客體遺漏了無照駕駛車輛，這是有意抑或無意的遺漏呢？若從「原條文有無『移置』明文」、「傷害交通法益之大小」兩個層面來分析，筆者以爲這是立法疏漏，不是故意排除。理由說明如下：

1. 從移置客體之原條文中，有無「移置」之明文來分析

(1) 第85條之3移置客體之原條文中，均有「移置」之明文

第12條第3項及第4項：關於號牌吊銷、吊扣、無牌照等仍行駛或道路停車之違規，都有「禁止其行駛，汽車當場移置保管」之明文。

第35條：關於酒後駕駛，有「禁止其駕駛，當場移置保管該汽機車」之明文。

第56條第4項：關於違規停車，有「責令……移置」，「或不在車內時，得由該交通勤務警察……爲之（移置）」之明文。

第57條第2項：關於汽車買賣業等之違規停車，有「令……將車移置」或「……業者不予移置，應由該交通勤務警察……逕爲之」之明文。

第62條第6項：關於肇事後妨礙交通之車輛，有「得逕行移置」之明文。

前條第1項：關於A3肇事後妨礙交通之車輛，有「標繪移置路邊」之明文。

(2) 查無照駕駛之原條文第21條、第21條之1中，均沒有「移置」之明文，只有「當場禁止其駕駛」之明文。

綜上，筆者以為這可能是於《道交條例》第85條之3的修法過程中，幕僚人員於電腦Microsoft Word作業系統中，以「移置」兩字來「尋找」原條文文號所造成的疏漏。

2.從無照駕駛對交通法益傷害的大小來分析

無照駕駛比違規停車容易肇事，無照駕駛對交通法益的傷害遠大於違規停車，也遠大於肇事後妨礙交通者，既然傷害交通法益小者都已規定移置其車輛了，則傷害法益大者之無照駕駛，更須移置其車輛，故本文以為這是立法疏漏所造成的，而不是有意遺漏的。若真是有意的遺漏或排除，則其原意應該是要設計「當場特別的處理」，但其結果還是遺漏了。

綜上，《道交條例》第85條之3之移置客體遺漏了無照駕駛車輛，若從「原條文有無『移置』明文」、「傷害交通法益之大小」兩個層面來分析，遺漏的原因可以顯見這是立法疏漏，不是故意排除。

第四節　交通犯罪占有三成的社會問題

交通犯罪占總起訴之30%的問題，雖然已於本章第三節之壹加以說明過，但由於這是一個新發現，而且是一個重要的社會問題，所以於本節再以結論的方式加以呈現如下。

壹、交通案件對總起訴案件之占有率平均約為30%

交通案件包含肇事致人死傷罪、酒醉駕車（公共危險）罪，依法務部檢察統計資料得知，交通案件在所有刑事案件中約占了三成的比例。可見警察、檢察官在交通案件上的負擔是很重的。為了能提升交通

案件或交通犯罪的蒐證品質，或減少交通犯罪的發生，警察機關、檢察機關、交通機關、教育機關等各級政府機關，對於交通犯罪的瞭解與預防，是一值得關注與省思的課題。

貳、肇事者「發生入監服刑率」極低，不太可能因此而警惕自己

一、肇事致人死傷者：「發生起訴率」僅為6.7%。

（一）「發生起訴率」僅為6.7%、「起訴有罪率」不到50%。

　　肇事致人死傷而未受到起訴者高達93.3，其未受到起訴之原因究竟是已和受害者「和解而未提出告訴」或「證據不足」，以及其所占比率各約為多少，因本文並未加以探討，故不得而知。但倘若是「證據不足」比率高的話，則不是一個好現象。

　　又，肇事致人死傷於遭到起訴後，更有超過五成之案件「確定無罪」，其「確定無罪」之原因究竟是已和受害者「和解而撤回告訴」或「證據不足」，及其所占比率各約多少，本文亦未加以探討，同樣不得而知。依筆者從事肇事重建20多年之經驗判斷，「確定無罪」之原因屬「證據不足」之案件，其所占之比率有可能也在50%左右，因為肇事者於被起訴後，良心上若覺得自己沒錯，一定會極力爭取「確定無罪」，其原因為「證據不足」；良心上若覺得自己有錯，則會爭取「和解，對方撤回告訴」。

　　無論如何，若「證據充足」，早就有利於「確定鑑定」、「完成和解」、「確定起訴」、「確定有罪」之處理了。而證據充不充足，主要是警察及檢察官的責任。

（二）「有罪入監服刑率」21.4%、「發生入監服刑率」不到0.64%。

二、肇事致人死亡者：「發生入監服刑率」不到41.4%。

三、酒駕（含肇事）者之「起訴入監服刑率」也僅約為13.5%。

參、酒駕起訴率、確定有罪率約高達97.8%,但累犯仍有12.9%

依據法務部之檢察統計資料得知:公共危險罪之起訴率、確定有罪率均高達97.8%,顯然,警察於執法程序與實質蒐證上都能依法執行,其執法品質很不錯。然而,入監率則僅為12.1%,站在刑事政策的觀點,法官或許有考慮到監獄人滿為患的情形。

警察對有關酒醉駕駛者之逮捕,雖然能依法執行,取得明確之證據,但在103年仍有169人被酒駕者撞成A1(24小時內死亡)[28]。同時,依據警政署之警政統計資料顯示,104年對酒駕者共舉發10萬7,372件,移送6萬5,480件(占61.0%),酒駕累犯1萬3,828件(占12.9%)。顯然,關於酒駕肇事之預防,臺灣還有很大的努力與改善的空間。

肆、肇事逃逸發生率高達2.2%,未破率達20%,值得留意與重視

依本章第三節關於「刑事責任」單元之分析,得知「100~104年肇事致死傷而逃逸之發生率約為2.04~2.16%」、「肇逃案件刑期1年以上者,在102年後,才由3.6%增至65.7%」,肇事逃逸者似乎有不怕被捕獲、被科處刑責的僥倖心理,此肇事逃逸案件的發生與發展,值得留意與重視。

---

[28] 陳國恩/警政署長,回響─重罰酒駕見效更須移風易俗,中國時報論壇,2015年5月13日。

第十二章

代結論：完整蒐證VS.
交通安全改善

　　道路交通事故之蒐證是否完整，會直接關係到是否能查明肇事原因；而肇因分析，不但直接影響到個人之權益，而且也關係到整體的交通安全改善。本章將討論完整蒐證與整體交通安全改善彼此之間的關係。

　　第十一章第三節從個人責任（肇事者法律責任）的層面加以檢視分析，本章則從政府責任（公共行政或政治責任）的層面加以檢視省思之。臺灣交通事故宛如一場「交通戰爭」，國際上於開發同等級以上的國家中幾乎是最嚴重的，而且交通犯罪比例高、肇因分析欠精準、專責組織位階低、駕照管理制度鬆散等。這些有關交通安全的根本問題，需要政府積極的面對與處理，才能為臺灣的用路者再塑造一個更安全、不落後國際水準的用路環境。茲再將這些問題與改善策略說明如下。

第一節　「交通戰爭」亟待改善

　　「交通事故」宛如一場「交通戰爭」，而臺灣幾乎最嚴重。

壹、臺灣：每年死、傷人數，及總財產損失均比八二三砲戰還高

　　在臺灣，道路交通事故的發生量，自民國94年開始統計A3類以來，從每年的32萬2,030件（A1：2,767件，A2：15萬3,047件，A3：16

萬6,216件），上升到104年的54萬2,646件（A1：1,639件，A2：30萬
3,774件，A3：23萬7,233件），上述年度，也分別造成20萬3,087人、
41萬0,073人的傷亡（死亡：4,735人、2,922人）。綜上，事故死亡人數
年均約3,632人、受傷人數年均約29萬4,347人（皆為94～104年），而
造成的總財產損失也高達約4,318億元（102年4,750億元），約占GDP
的3%（100～102年，2.8～3.3%[1]），比八二三砲戰[2]的損失還嚴重，真
是驚人！

　　因此，「交通事故」的發生與結果，可以「交通戰爭」來比喻
之；而過去的「馬路如虎口」也可修改成現今的「道路如戰場」、「汽
車如炸彈」[3]等話語來警惕世人。

貳、國外

一、日本：1949～1970年車禍死亡比二次大戰戰死者還多，但已改善

　　日本從1948年開始有車禍死亡的相關數據可資比較，日本史上
車禍死亡人數最多的一年是1970年，將近1.68萬人[4]。日本天皇發現
「1949～1970年車禍死亡比二次大戰戰死的人還多」，乃請首相發動
改革措施[5]。因此，日本在1970年制定《交通安全對策基本法》[6]，根據
基本法從中央到地方各級政府，設置「交通安全對策會議」，並從1971
年起，每5年制定一次「交通安全基本計畫」，相關部門每年應制定

---

[1] 徐台生（2016.9），專題演講，105年道路交通安全與執法研討會，中央警察大學。
[2] 中國的紀錄是「……斃傷國軍中將以下官兵千餘人，……，傷亡官兵460餘員、民兵群眾
218名。」詳維基百科／八二三砲戰，https://zh.wikipedia.org/wiki/金門炮戰。
[3] 以「汽車如炸彈」來比喻，而不是以「汽車如子彈」來形容，是因為一次事故可能造成多
人之傷亡，而子彈大都僅造成1人之傷亡而已。
[4] 壹讀（2017.1.6），日本車禍死亡人數67年來首次低於4,000人，https://read01.com/
ODLO54.html。
[5] 陳家福（1989），交通學習筆記。
[6] 楊迎春（1986.3），日本交通安全對策基本法（附施行細則），警學叢刊，第16卷第2
期，頁127-134。

「交通安全業務計畫」，長期推動交通安全工作[7]。目前正推動2016～2020年「第十次交通安全基本計畫」，2016年已將事故死亡人數降低至3,904人（3.07人／10萬人），已下降爲最高1970年的四分之一以下，改善成效非常顯著。目前日本政府正朝著「世界第一安全」的道路交通環境邁進，並以「零交通事故之社會」爲終極目標。

二、美國：1900～1955年車禍比八次內戰多死約2萬人

美國，1900～1955年車禍死114萬9,414人，比開國以來（1775～1955）之八次內戰戰死的113萬393人，還多出約2萬人。1955年，傷亡135萬人，死3萬8,500人[8]。

車輛是最厲害的殺人利器，美國每年車禍死亡的人數約4萬人，比越戰陣亡的人數還多[9]。

三、世界衛生組織

世界衛生組織（World Health Organization, WHO）曾言「開發中國家最大的死亡威脅，是交通事故而不是疾病」[10]，並於2010年3月指出「全球每年交通事故死亡130萬人，受傷2～5,000萬人，15～29歲群組的首要死因；若不採取相關行動，預計到2020年，全球每年交通事故死亡將達190萬人」[11]；同時要求會員國制定「2011-2020道路安全行動十年」（Decade of action for road safety 2011-2020）[12]，以遏止道路交通死亡與受傷事故的上升趨勢。

---

7 蔡中志（2009.3.3），台灣的道路可以更安全，中國時報。
8 梅可望（1997.9），警察學原理，中央警察大學，修訂八版，頁326。
9 蔡中志、陳家福、曾平毅、李淑花等（2008.11），酒駕肇事特性與道安防制措施之研究，交通部補助，頁226。
10 蔡中志口述。
11 葉匡時（2014.4.23），爲愛啓程—全國道安扎根強化行動計畫，中國國民黨中常會專題報告簡報。
12 張勝雄、吳繼虹、張開國、曾平毅（2011.9.29～30），當前道路交通安全問題戰略研擬，中央警察大學，100年道路交通安全與執法研討會論文集。

參、國際比較

一、我國死亡率是開發同等級或以上國家中最高者，是東亞第一

我國每10萬人口死亡率為17.5人（2007）、12.2人（2016），是開發同等級或以上國家中最高者。英國為2.8人（2016）、日本為3.7人（2016）、德國為3.8人（2017）、新加坡為3.8人（2011）、南韓8.1人（2017）、美國11.6人（2016）。我臺灣之死亡率是東亞第一[13]。

二、我國死亡率為經濟合作暨發展組織40個會員國平均值的近2倍，排名第38

我國每百萬人口事故死亡率於2008年已下降至155人，但仍是經濟合作暨發展組織（Organization for Economic Cooperation and Development, OECD）40個國家平均值的近1.89倍；若依衛生署之統計值，則為OECD國家平均值的1.94倍，排名第38[14]。

三、我國死亡率之下降率，亦低於歐盟，僅為其59%（同7年內）

再以事故死亡率之變動情形而言，我國道路交通事故死亡率年平均下降率約為3%，亦即2003年至2009年總下降率為18.2%，但同時期歐盟27個會員國總計之道路交通事故死亡下降率則為30.9%[15]。

---

13 陳淨詒（2017.2.20），台灣交通事故死亡率東亞第一，天下雜誌，http://bit.ly/2kTleyb。
14 交通部運輸研究所（2011.5），道路交通事故特性與對策比較（1/2），頁133-135。
15 同上註。

第二節　總體肇因分析尚欠精準

壹、肇因分析資料來自「道路交通事故調查報告表」，其可信度值得探究

一、「道路交通事故調查報告表」是由「現場處理員警」負責填寫

目前，中央政府（主要為交通部或警政署）或地方政府於擬訂交通安全改善策略之過程中，所實施之總體肇因分析，其所依據之肇事資料的主要來源，是各地方警察機關現場處理人員所填寫之「道路交通事故調查報告表」（以下簡稱為報告表（一）或報告表（二））。

二、填寫報告表（二）之「34肇因研判」，目前疑似缺乏檢核與校正之機制

（一）填寫「34肇因研判」時，人員有急迫、非其重要職責之感

各地現場處理員警於填寫該表之肇事原因時，是在「有許多與事故相關又必須儘快處理的事務，內心常會有壓迫感，但該肇事原因若填寫錯誤並不影響當事人權益」的情境下，所做出的無關緊要，但主觀的判斷。而且無論肇事原因明確或不明確，又必須於3～5日內完成判斷與填寫，往上級單位送審[16]。職是之故，若要求現場處理人員於填寫該「34肇因研判」時，必須重視、謹慎、不得偏離事實，似乎有相當的難度。

（二）「34肇因研判」是否接近事實，疑似缺乏檢核與校正之機制

筆者擔任司法鑑定人20多年之經驗中，發現有許多案件之「道路交通事故初步分析研判表」[17]（以下簡稱「初判表」）內「初判肇因」[18]的內容，與報告表（二）「34肇因研判」的內容不相同。

在實務運作中，是否有檢核與修正報告表（二）「34肇因研判」

16　警政署，道路交通事故處理規範第44點，104年3月5日發布。
17　「道路交通事故初步分析研判表」由各警察局交通（大）隊之審核小組負責提供。
18　「初判肇因」之完整名稱為「初步分析研判可能之肇事原因（或違規事實）」。

之機制，查閱警政署發布之《道路交通事故處理規範》，第46點雖對審核小組有如下之規定，「相關表件資料……之檢核，……對於檢核資料如發現錯誤疏漏情形，應以書面交辦原處理單位修（補）正並回覆之」，但由於審核小組之主要職責爲完成提供「初判表」，以審核小組目前工作量負擔之重，筆者以爲審核小組不太可能再執行「校正報告表（二）34肇因研判」之工作，因爲該項工作與本身職責並不大相關。

又，筆者於民國100年7月參訪高雄市交通警察大隊審核小組時，該小組的成員是依「行政區」來分配所負責之案件。當時，經以99年度轄區事故的發生量加以計算，發現該小組成員從「檢核資料」、「比對跡證」、「肇因分析」，到「製作初判表」，「完成一個案件」的平均時間僅能有10分鐘，才能將自己轄內所發生之案件完成消化，可見其負擔之重，與肇因分析品質之一般。筆者於從事司法鑑定或協助民衆過程中，經常發現「初判表」之「初判肇因」有偏離事實，甚至離譜錯誤之情形；也經常發現「初判肇因」幾乎都「只依據路權，未依據跡證」之思維。由於其負擔是如此之重，也難怪其品質難以再提升。

貳、現場處理員警於填寫「34肇因研判」時有其困難度

現場處理員警爲填寫人員，於填寫「34肇因研判」時，其主要困難有二：一爲肇因研判爲「駕駛人因素」者，可能參雜有「交通管制（理）不當」之因素。二爲肇因研判爲「43不明原因肇事」、「其他」者，有偏高之情形。茲再說明如下。

一、肇事原因是屬「駕駛人因素」還是「交通管制（理）不當」

（一）於未劃分幹支道路口發生事故，原因是爭搶或是交通管制不當

依《道路交通安全規則》第102條第1項，「汽車行駛至交岔路口，其行進、轉彎，應依下列規定：……二、行至無號誌或號誌故障而無交通指揮人員指揮之交岔路口，支線道車應暫停讓幹線道車先行。未

設標誌、標線或號誌劃分幹、支線道者，少線道車應暫停讓多線道先行；……同為直行車或轉彎車者，左方車應暫停讓右方車先行……。」然而，下列狀況交通事故之肇事原因，真的都是駕駛人之「06未依規定讓車」（爭搶）、「23未注意車前狀況」（疏忽）嗎？抑或也有「65交通管制不當」之情形呢？

1. 當兩車為「多線道車」VS.「少線道車」關係時

上述法定內容，乍看似乎合理，因此現場處理員警於填寫「34肇因研判」時，通常會填寫為「06未依規定讓車」，但仔細思考該條文並未務實；而且代表國家之交通管理機關，似有未極盡能力以保護其人民用路者生命財產安全之疑。

例如，肇事者若為外地人，當臨近該路口時，如何得知鄰街為多線道或少線道？若交通管理機關能於該些路口，設置標誌，尤其是標線，以清楚劃分幹支道，讓駕駛人清楚知道自己為幹道或支道，以減少駕駛人猶豫判斷之反應時間，則該交通事故或許能因此而避免。

又例如，「二個快車道」VS.「一個快車道＋一個機車優先道」之路口，這車道數是相同或不同？不但駕駛人難以認定，連現場處理員警也難以認定。因《道路交通安全規則》第102條第2項：「前項第二款之車道數，以進入交岔路口之車道計算，含快車道、慢車道、左、右轉車道、車種專用車道、機車優先道及調撥車道。」這種不透過標誌，尤其不透過標線來清楚劃分幹支道，僅以「行政法規」來規範「誰應該讓車」的做法，實在是一種脫離現實的思維，完全忽略了駕駛人於行駛至路口時，必然需要較長「反應時間」的事實。

故交通管理機關於該些路口，每一路口均應設置標誌，尤其是標線，完全清楚劃分幹支道，讓駕駛人清楚知道自己為幹道或支道，以知所遵行或讓道，進而避免事故之發生。故，國家若已完全盡到此方面之責任，當員警填寫「34肇因研判」為駕駛人「06未依規定讓車」（爭搶）或「23未注意車前狀況」（疏忽未注意標線），則是合情合理的研判；否則有部分肇因應該是「65交通管制不當」。

2. 當兩車為左右方車關係時

駕駛人行駛至路口，還要判斷自己是左方車或是右方車，即使容易判斷，也不見得知道有這款行政法規。政府即使有宣傳，駕駛人也不見得都有將宣傳聽看進去。政府為何不於該些路口之每一路口，劃設標線以清楚劃分幹支道呢？到底民眾於該類路口發生事故導致傷亡及其損失較多，還是於該類路口劃設標線所需的經費較多呢？愚者取不劃標線，智者取劃標線。

（二）「前車轉彎VS.後車直行」發生事故，原因是爭搶還是無知

依《道路交通安全規則》第102條第1項第7款「轉彎車應讓直行車先行」，在路口發生該類型之事故，填寫「34肇因研判」之員警可能是記錄為「08或09之左（右）轉彎未依規定」（轉彎不當），或「06未依規定讓車」，但真實之肇事原因有一部分是「視野死角」或「內輪差」所引發。

1. 視野死角

視野死角，指駕駛人透過車內後視鏡及車外照後鏡觀看，仍舊是觀看不到的範圍。該範圍，小型車位於駕駛人座位後方約10公尺，距左或右車身約15°～45°，目前有些小型車於出廠時已裝設有「視野輔助系統」，方便駕駛人於右轉彎時，觀察視野死角範圍內是否有人車；大型車則位於右側車頭附近、左右兩側車尾附近，然而由於大型車車身長約10～20公尺，駕駛人實更不容易觀看到兩側車尾附近之機車或腳踏車或行人，目前大型車裝設有「視野輔助系統」之車輛並不多。

在「前汽車轉彎VS.後機車直行」的情境下，當直行機車正好處於前行擬右轉彎汽車之視野死角範圍內時，右轉彎之汽車若沒有轉頭向右後方看，則會因沒看到直行之機車而未讓機車先行；同時，機車騎士若依路權規定，認為轉彎車應讓直行機車先行，而未減速繼續直行，則該事故極可能發生。

這種事故之原因，表面上是「轉彎車未讓直行車先行」，現場

處理員警填寫「34肇因研判」時，極可能是記錄為「09右轉彎未依規定」，或「06未依規定讓車」，然而實際上之肇事原因是視野死角所引發。

關於化解視野死角之方法，除了車輛裝設先進的「視野輔助系統」之外，於傳統上，更有：(1)教導汽車駕駛人：A.於轉彎或變換車道時，應養成轉頭向右（左）後方看車側的習慣；B.於進行路考考照時，駕駛人若未轉頭向右（左）後方看車側，則列為不及格項目；(2)教導機車騎士認知這種潛在危險以自保：A.認知視野死角之範圍；B.把對方當成沒看到自己的方式來騎車，以免當自己進入對方之視野死角範圍時，還以為對方有看到自己；C.最好是先減速，準備讓轉彎汽車先行以求自保。

以上這些化解視野死角之方法，交通管理機關無論是於傳統方法上（對駕駛人之教導與考照之措施），或於先進方法上（鼓勵並要求車輛裝設「視野輔助系統」）等相關管理層面，都有其應該積極改善之空間，實不能盡將此類型事故之原因，都歸諸於是「駕駛人」的爭搶或疏忽，交通管理機關也有其應盡責任之處。

2. 內輪差

車輛於慢速轉彎時，後輪前進的軌跡會比前輪軌跡更往圓心方向位移，此現象稱為「輪跡內移」；而前後兩輪軌跡分別與圓心距離之差距稱為「內輪差」。「內輪差」的大小，受到車速、轉彎角度、車輛軸距之影響，若車速愈慢、角度愈大、軸距愈長，則內輪差愈大。聯結車之內輪差可能高達5～6公尺。

年輕的機車騎士、腳踏車騎士或行人，往往不知道汽車於慢速轉彎時必然形成內輪差之現象，尤其更不知道聯結車之內輪差可能高達5～6公尺。而聯結車於轉彎後，也無法從後視鏡再觀看到後面拖車後輪擬前行之軌跡。若騎士或行人因無知而誤闖內輪差範圍內，而大型車駕駛人又因視野死角之因素而未能及時發現該騎士或行人，則該事故必然發生，其結果也通常是慘死，幸運者無幾。

這種事故，現場處理員警填寫「34肇因研判」時，極可能是記錄為汽車「09右轉彎未依規定」，或「06未依規定讓車」，或騎士（行人）「23未注意車前狀態」，然而實際上之肇事原因卻是汽車內輪差與視野死角兩者之交互作用所引發，及騎士（行人）對所引發之危險缺乏認知之故。

若要預防這類事故，交通管理機關應積極以下作為，方能有所進展：(1)鼓勵並要求大型車輛裝設「視野輔助系統」；(2)肇事致人重傷或死亡，而且原因歸屬於大型車輛者，加重其法律責任；(3)機車騎士於取得駕照之前，應完成「防衛駕駛」講習，講習內容包含「內輪差之危險與預防」等，講習後並應舉行測驗，於測驗及格後，方能取得駕照。

職是之故，這種交通事故的原因，不能全歸類於駕駛人之爭搶或疏忽，交通管理機關亦有其應該積極改善之處。

（三）機車自摔（撞），原因是「道路障礙」、「肇事逃逸」或其他

1. 單一機車死亡事故高過30%

交通部運輸研究所於《機車交通政策白皮書初稿》頁57顯示，「在機車自撞部分，依據101年機車事故統計，單一機車涉入A1類事故占31.6%」。另於《機車交通政策白皮書》[19]頁10亦稱，「路段中單一機車死亡事故亦高過30%，其中撞路側設施、翻車／摔倒、衝出路外等事故原因約占20%，顯示機車於路段中超速及操作失控者亦甚多」。

2. 30%的單一機車死亡事故原因，不見得都是自撞

在約占20～31.6%的單一機車涉入A1案中，真的如交通部所言，20%的「撞路側設施、翻車／摔倒、衝出路外等」案件，都是機車於路段中超速及操作失控所引起的自摔或自撞嗎？筆者以為不是！這些案件中，可能仍有屬於「肇事逃逸」而未被發現者；也有可能屬於因「道路

障礙」（如顛簸、碎石、坑洞、高低差等）所引發之單一機車事故；甚至這些被交通部歸類為超速或操作失當以外的11.6%的單一機車A1案中，也存在著高比例的肇事逃逸案、道路障礙案或其他案。

3. 單一機車死亡事故原因，尚可能是肇事逃逸、道路障礙等

這是一個值得再進一步探究，而且政府應力謀改善的課題！筆者再舉幾個案例並將理由說明如下。

筆者手中有四個鑑定案，山東里老人案、長庚器捐案、疏洪道器捐案、開棺驗屍案，這四個個案警察都是以「機車自摔（撞）」致死結案。然而，鑑定結果卻分別是「疑似肇事逃逸案」、「路面顛簸造成之摔滑案」、「彎道，疑似突然遇路面積水之向左偏滑摔倒案」、「肇事逃逸案」，這四個個案可以說幾乎都不是自摔（撞）案。

依筆者肇事重建之經驗，可以進一步推定「在現有警察認定之機車自摔（撞）案中，必然存在有一些是非自摔（撞）案者，其可能是屬肇事逃逸案（含被大型車氣流推倒者），也可能是屬道路障礙案（例如顛簸、碎石、積水、坑洞等），也可能是屬閃車（人、動物）案，只是其所占比率為多少，無法確知」。

若屬道路障礙而形成之單一機車致死事故，尤其是路面顛簸而肇致之死亡事故，則肇事責任極可能在於道路主管機關，而不在於駕駛人；若因此而錯置肇事責任，則肇事事件將不斷發生。

筆者於鑑定「長庚器捐案」中，曾到事故發生地點訪查住戶，該住戶說「捷運施工近尾聲，路面已被壓得凹凸不平了，因而常常發生車禍，但施工單位都不管」。筆者訪查後，於觀察行進之車流時，突然發現顛簸之機車，乃取錄影機攝錄車流動態，之後發現所攝錄1分鐘之車流中，有9部會形成顛簸；其中有1輛機車被1部大型貨車超越時，差一點被大型貨車的氣流所推倒，幸好大貨車之時速僅約為40公里而已。之後，筆者又向警察調查了該路段、該地點（地址之前後1號）之「歷史肇事紀錄（A1+A2+A3）」，竟然發現「98～100年，該路段（長3.6公里）每年都分別發生242件、305件、243件之事故，該地點每年也都

分別發生1件、2件、3件之事故,而於100年發生該件A1事故」。看到這事實之後,筆者心裡感到痛心,認為「政府應有所作為!應設法改善!」因而深深覺得道路管理機關、交通管理機關、警察機關,尤其是地方政府首長,實在不能再漠視施工路段之交通安全維護與秩序維持的問題了!應積極的要求相關單位提出「交通維持計畫——施工路段之交通安全維護與秩序維持」,並透過監督以要求落實執行。若缺乏這些積極的作為,民眾的生命與財產安全將繼續不保!

(四)機車於Y型路口左轉被撞,原因是闖紅燈或號誌設計失當

民國96年10月,筆者因某種機緣到彰化芳苑王功福海宮附近的台17線,與派出所所長去會勘一處發生A1的事故地點,發現該處為Y型路口。同時發現:1.由南往北右彎之綠燈24小時都亮著;2.由南往北左彎是村民耕作結束時,騎機(自行)車回家的方向;3.村民耕作結束騎車返家時,缺乏左轉保護時相,機車或自行車必然要利用車間空隙,爭搶時間左轉穿越台17線。因此,發生嚴重事故的機率很高,同時受害者大部分是村民。

當下筆者即告知所長要做兩件事,以為改善之道。第一,「由南往北左彎之方向,必須設計左轉專用之保護時相」,請交通號誌管理單位立即辦理。第二,「由南往北左彎之方向,必須設置機慢車左轉之『待轉區』」。但由於現場為彎道、車道邊線外即為水溝地,缺乏設置「待轉區」之適當地點,若欲有設置「待轉區」之適當地點,則必須協調水溝地之擁有者。約過半年後,該名所長因返學校受訓,帶了另外一名學員來見筆者,席間該所長稱「我們兩位是新舊任之所長,在交接那一週內,又發生了2件A1事故」,筆者追問為何沒改善?所長則稱「號誌設計改善了,但『待轉區』用地還未協調出來」。

類似這種事故,筆者於桃園、新竹也分別遇過1件。現場處理員警填寫這種事故之「34肇因研判」時,極可能將汽車記錄為「14未依規定減速」或「23未注意車前狀況」,將機車記錄為「25違反號誌管制」或「11橫越道路不慎」。然而,以筆者之觀點,這應是「65交通管制不當」。

（五）行人於綠燈時相內無法通過道路，是行人闖紅燈還是號誌設計失當

行人於綠燈時相內，進入路口橫越道路，於未完全通過道路時，不但號誌已轉變為紅燈，而且鄰街號誌也已轉變為綠燈，行人若於此時相中被綠燈之汽車撞擊，這是「52行人未依號誌穿越道路」，還是「23汽車未注意車前狀況」？而筆者以為這也是「65交通管制不當」。

（六）其他情境：是「駕駛人疏忽」還是「65交通管制不當」

情境1「誤闖單行道」：於單行道入口發生對撞事故，肇事原因表面上可能屬於駕駛人「04逆向行駛」，但實際上分析也可能是「未設置禁止左（右）轉標誌」或「禁止左（右）轉標誌不夠清楚明顯」，才導致駕駛人逆向行駛。若是標誌問題，則肇事原因為「65交通管制不當」，而不是駕駛人「04逆向行駛」。

情境2「車道突然縮減」：於兩車道變成一車道之起始處發生擦撞事故，肇事原因表面上可能屬於駕駛人「02爭（搶）道行駛」或「23未注意車前狀態」，但務實分析也可能是「車道突然縮減，漸變線距離不足」，所引起之擦撞事故。若是後者，則肇事原因為「65交通管制不當」。

情境3「超高不足」：於彎道處，於離心力方向，若經常發生事故，雖然事故現場上游設有速限降低之速限標誌，其肇事原因不盡然是「13超速失控」或「23未注意車前狀況」，也可能是「警告設施不足」或「路面超高不足」之「65交通管制不當」。筆者於96年參與「桃園縣易肇事地點改善規劃」案之現場會勘時，就曾發現一處死亡彎道，卻無任何人提報改善[20]。

---

[20] 該死亡彎道位於桃園市八德區新興路955號，該地點並非當時預定會勘之地點，而是筆者於完成會勘預定地點後，抬頭往上游觀察並詢問陪同之員警「那邊常發生車禍嗎」，員警回答「常發生，但最近不是A1類」。來到該現場會勘時，發現房屋鐵門終年深鎖，門前路肩外有許多機車車體碎片。因已接近下班時間，筆者請所有會勘人員先行離開，獨留筆者與另一位研究生於現場繼續會勘。於繼續會勘時，有一位民眾正在剪反射鏡前之樹葉，筆者乃趨前讚美其義行，該民眾竟然回答：「都已發生二三十件車禍了，都沒人要管，我只好加減做了！」

二、「43不明原因肇事」、「其他」有偏高之情形

筆者於104年7月訪查高雄市林園分局時，發現A1之「43不明原因肇事」排名第1（占32.7%），而A2之「44尚未發現肇事因素」排名第2（占11.54%）；同時全般（A1+A2+A3）之肇因「其他」排名第1（高達42.2%），這三者[21]都太高了，模糊了總體肇因分析之真正原因（陳家福，2015）。

筆者於106年7月訪查高雄市交通警察大隊時，大隊長也主動發現「43不明原因肇事」所占比例過高，例如106年4月林園、新興分局分別高達14.7%、14.5%，所有分局之平均為9.6%，故因此要求各分局檢討改善。

參、小結：過去政府對總體肇因分析之結果，尚不夠精準

一、交通部稱「駕駛人因素高達97.8%」並不可全信

道路交通事故傷亡之原因，若以人（駕駛人、行人）、車（機件故障）、路（含環境）三類來分，一直以來，政府均稱「駕駛人因素高達90%以上」；交通部於104年甚至稱「駕駛人因素高達97.8%，非駕駛人因素2.2%」[22]；而其前四大肇事原因分別為「未依規定讓車、未注意車前狀況、轉彎不當、違反號誌標誌管制」，而常見之肇事樣態包括「行駛速度過快、轉彎車未讓直行車先行、支道未讓幹道先行、未保持安全車間距、未打方向燈、違規紅燈右轉或左轉、闖紅燈、道路幾何設計與交通工程設施不完善或其他因素等」。

然而，交通部或地方政府所聲稱之肇事原因，其所依據之資料來源都是現場處理員警所填報之報告表（一）、報告表（二），且填寫報告表（二）之「34肇因研判」，目前仍缺乏完整之檢核校正之機制。尤其

---

[21] A1之資料期間為101年1月1日～104年6月15日，A2之資料期間為102年1月1日～104年7月5日，A1+A2+A3之資料期間為103年1月1日～104年6月25日。

[22] 葉匡時（2014.4.23），為愛啟程——全國道安扎根強化行動計畫，中國國民黨中常會專題報告簡報。

現場處理員警於填寫「34肇因研判」時有其困難度，研究發現有兩大問題：（一）肇因研判為「駕駛人因素」者，可能是「交通管制（理）不當」之原因而未被發現；（二）肇因研判為「43不明原因肇事」、「其他」者，有偏高之情形。

以上這些問題，若不確實檢討並改善，則對於總體肇因分析將產生失真之現象，依此資料而分析之結果亦將失準，依此而擬定之改善策略，恐亦難以對症下藥，故此些問題應力謀改善，並為當務之急。

二、機車死傷占率80%以上，交通部公布之肇因亦不可全信

（一）機車死傷占率：死亡高達約90%，受傷約80%

交通部運輸研究所於105年之《機車交通政策白皮書》第8頁稱，「依據內政部警政署事故資料，92～102年間各類運具死亡人數平均占率，以機車駕（乘）者死亡占率58.7%最高，同期各類運具受傷人數平均占率，機車駕（乘）者受傷占率更高達81.7%」。若將A1死亡占率58.7%換算成30天內死亡者，則可能高達92%（58.7×1.57 = 92%）[23]。

（二）路段機車自摔（撞）型態超過30%，當中可能有肇逃、路障或其他者

交通部運輸研究所於《機車交通政策白皮書初稿》第57頁顯示，「在機車自撞部分，依據101年機車事故統計，單一機車涉入A1類事故占31.6%」。另於《機車交通政策白皮書》第10頁亦稱，「路段中單一機車死亡事故亦高過30%，其中撞路側設施、翻車／摔倒、衝出路外等事故原因約占20%，顯示機車於路段中超速及操作失控者亦甚多」。

在這約占20～31.6%的單一機車涉入A1案中，真的如交通部所言，這20%的「撞路側設施、翻車／摔倒、衝出路外等」案件，都是機車於路段中超速及操作失控所引起的自摔或自撞嗎？筆者以為不是！這些案件中，可能仍有屬於「肇事逃逸」而未被發現者；也有可能屬於因「道

23　筆者換算：若R =（30天內車禍死亡人數／A1死亡人數），則92～102年之平均R值為1.57。

路障礙」（如顛簸、碎石、坑洞、高低差等）所引發之單一機車事故而未被發現者；甚至這11.6%的單一機車A1案中，說不定也存在著高比例的肇事逃逸案、道路障礙案或其他案。

（三）路口機車事故超過60%，肇因可能有「交通管制（理）不當」者

在《機車交通政策白皮書》第10頁亦稱，「機車事故地點中以超過60%發生在路口，其主要肇事因素為『未讓車』、『未減速』、『未注意車前狀態』等，顯示機車行經路口缺乏減速、禮讓觀念與危險意識」。筆者對交通部這肇事原因的歸類與改善意見，不完全認同。

主要理由有三：一為機車騎士於事故當中，不見得是製造原因的肇事者，有可能是受害者。二為即使機車騎士為製造原因的肇事者，而其肇事因素也不盡然全為未讓車、未減速、未注意車前狀態等，在上述歸因的這些案件中，「交通管制（理）不當」有可能也是肇事因素。三為若肇事原因是屬於或部分屬於「交通管制（理）不當」之因素，則交通部不能稱為「顯示機車行經路口缺乏減速、禮讓觀念與危險意識」，而將責任全歸諸於駕駛人因素。

綜上，交通部對在路口發生涉入機車之事故，不應將肇事責任全歸諸於機車騎士，其肇事責任也有可能在於交通管理部門。因此，這類型之事故若不深入探討肇事原因，並對症下藥以求改善，則這類事故將繼續發生，這將是政府之責任。

三、各鑑定機關對於同案肇因之分析、鑑定意見，約半數出現分歧

在監察院第二次（民國102年）的糾正文中，「經抽樣檢視，警察、各鑑定機關間關於同案肇因、肇責之分析、鑑定意見，約半數出現分歧」。

又，對於同案肇事原因而言，若鑑定終結報告書（含鑑定報告書或覆議報告書）、法院定讞結果，與報告表（二）「34肇因研判」有所不同時，筆者以為可能為未修正「34肇因研判」欄位填寫的內容。

四、綜上，過去政府對總體肇因分析之結果，尚不夠精準

因此，目前中央及各縣市總體肇因分析之可信度，實仍有很大的進步空間，尤其是在肇事資料庫的建立上，必須更接近真實面，方能有更精準的肇因分析與再利用。而在肇事資料庫的建立上，有下列兩點應跟得上時代的腳步：（一）死亡統計時間30天與肇事地點的數位化；（二）報告表（二）「34肇因研判」欄位的填寫與檢核。

第三節　結語：交通安全體質改善之建議

本節僅針對如何建構臺灣交通安全之整體體質提供建議，這是屬於治本的方法，至於治標的方法，絕大部分是屬於交通執法的層面，本節不討論，可以第八章之「警察交通執法倫理的未來」作為參考。

壹、以管理鼓勵之治本思維，代替過去嚴懲重罰之治標手段

過去幾乎都是採用「嚴懲重罰」的治標策略，很少採用改善體質的治本策略，如「管理鼓勵」的方法。

一、實際執行面的檢討

臺灣機動車交通事故，死亡人數從78年的7,584人降為104年的2,922人，安全似乎是大有進步，然而受傷人數卻從87年的3萬5,817人大幅上升為103年的41萬3,229人。受傷人數大幅上升的原因，或許不是事故發生量多造成的，而是警察真實統計所形成的結果。但若從機動車交通事故死亡人數大幅降低的層面來看，近30年來，臺灣的交通安全，確實很有進步！

近30年來，是臺灣交通安全進步的期間，而負責維護交通安全最主要的法律是《道路交通管理處罰條例》及《中華民國刑法》。又在這

期間當中，《道路交通管理處罰條例》經過25次的條文修正，《中華民國刑法》於公共危險罪章增訂了處罰酒後駕車、肇事逃逸的條文，並經過3次的修正；但無論如何修正，所採用的幾乎都屬於「嚴懲重罰」的策略，其他管理策略者微乎其微。而且，在法律增修訂的變革過程中，其主要的執法者可以說就是警察，是透過警察強力的執法，來嚇阻駕駛人酒後駕車及其他交通違規的行為，來達到改善交通安全的目的。若以對駕駛人管理策略的屬性而言，可說仍是一種「嚴懲重罰」的策略。但若一味的偏重於「嚴懲重罰」，而忽略了其他根本的管理策略，其終究只是一個治標不能治本的策略，則臺灣交通不夠安全的體質仍將難改善，進步的空間將仍很有限。

二、法律依據面的檢討

目前用以評斷駕駛人是否違規及受到何種處分的法律依據，可以說完全以《道路交通管理處罰條例》為準，其有「交通憲法」之稱，因為我國主要就是靠這一部法律在維持交通秩序，進而達到維護交通安全的目的。然而，從《道路交通管理處罰條例》的名稱中，我們可以看得出它是以「管理處罰」為手段；同時在《道路交通管理處罰條例》的所有條文中，共93條，也幾乎都是在規範如何處罰用路人，除了記點制度或計次制度帶有改過能減輕處罰，有一些些鼓勵一般駕駛人的精神之外，其他的條文都沒有鼓勵一般駕駛人的設計。即使第91條雖有明定獎勵「優良駕駛人」的文字，但於其授權法規《促進道路交通安全獎勵辦法》卻未見對「優良駕駛人」加以界定及如何獎勵。因此，《道路交通管理處罰條例》整部法律的設計，可以說就是以「處罰」來達到「管理」交通秩序與安全的目的。

管理的手段有管制、監督、考核、教育、宣導、悔過、獎勵、處罰等，然而《道路交通管理處罰條例》幾乎是以「處罰」的手段來達到「管理」的目的，而幾乎忽略了「教育」及「獎勵」的手段，難道國家把自己的國民（駕駛人、用路者）都看成是劣根性的人，用「教育」或「獎勵」的方法已沒有功效，而只能用「處罰」的手段來管理嗎？駕駛

人對交通警察的觀感若普遍不佳，這應該是重要的原因之一。

「與其只鼓勵警察執法，不如更鼓勵民眾守法」；警察執法是治標不治本，鼓勵民眾守法這才是治本之道，才是強化交通安全體質之道。而有哪些可以鼓勵民眾守法的方法呢？其相關者簡要分析於後。

貳、改善體質的治本策略：以「完善駕駛人的管理」為主軸

這些有關改善體質或治本的策略，是以「完善駕駛人的管理」為主軸，例如有「完善駕照管理制度」、「獎勵優良駕駛人制度」、「建構駕駛人合理的保險制度」、「建構社會信用安全網」等。

一、建構更完善的駕照管理制度

駕照的管理制度，是對駕駛人管理最基本的設計，目前在「駕照管理制度」方面，至少存有下列三個面向的問題，而這些基本問題應設法改善。

（一）機車駕駛人考照制度的問題與改善

1. 特有問題

(1) 機車死傷占80%以上

死亡高達約90%，受傷約80%。顯然，機車族群於道路上存有極大的死傷風險。

(2) 15～29歲之年輕人為第一死因、第一傷因（約占49%）

顯然，年輕人對於道路上存在的風險有認知不足的現象；而這些年輕人應該絕大多數是屬於機車族群。

A.101～103年，依衛福部資料統計分析，有上述之發現。另警政署也發現，近3年來（101～103年），機車A1死亡年齡以20～24歲之428人最多，占12.81%，其次15～19歲的396人次之，占11.85%。15～24歲死亡者共占24.66%。

B. 警政署也發現，近3年來（101～103年），機車交通事故受傷以20～24歲的17萬9,366人最多，占21.17%，其次15～19歲的13萬5,052人次之，占15.94%，另25～29歲之10萬450人再次之，占11.86%。15～29歲受傷者共占48.97%。

2. 改善之建議：路考前，增加「風險感知」、「防衛駕駛」課程與測驗

會騎機車不是只有會操作機車、會遵守交通規則而已；從過去的研究中發現，機車的事故，不見得都是去撞人，有時反而是被撞者多。這主要的原因是「新手騎士不認得車流中的風險」，而這些風險主要有「反應需要時間的風險」、「騎入對方視野死角的風險」、「大型車內輪差的風險」、「大型車氣流推吸作用的風險」、「機車穿縫的風險」、「機車緊急煞車會滑倒的風險」、「有人會違規而突然來撞我的風險」等。

所以，在現有的筆試之前，至少應增加「風險感知」課程，及如何避開這些風險的「防衛駕駛」課程共2小時，於授課完成之後，並將必須知道的授課內容列入考試範圍而加以測驗，通過測驗者始取得現場路考的資格。透過這新增的過程，來補足現有機車騎士養成教育的不足，以保護這些年輕騎士的生命安全。

（二）四輪汽車駕駛人考照制度的問題與改善

1. 存在之問題

(1) 考照前的室內課程未落實執行與考核的問題

考照前的室內課程未落實執行與考核，將導致已取得駕照者不認得「有視野死角的風險」、「有人會違規而突然來撞我的風險」、「機車車流的風險」等，而增加可能發生事故的機率。

(2) 取得駕照後，駕駛能力還未到位的問題

例如，變換車道或轉彎時，不知轉頭向左（右）後查看以避免產生視野死角，即為新手比較容易發生事故的問題等。

2.改善之建議：可參考澳洲「逐級駕照」，L、P、F三級考照制度

澳洲設有「逐級駕照」，分為L（Learn）、P（Provisional）──P1和P2、F（Full）等三級駕照。

(1)L學習駕照

A.申領資格：滿16歲即可申領。

B.申領後之要求：1年內至少練習開車120小時（含20小時夜間），但限地區；有效期5年；最高速限80KPH（標示在駕照右上角）。

C.可參加路試：符合要求後，參加35～40分之路試。

(2)P臨時駕照（酒測值0）

A.P1臨時駕照

(A)申領資格：通過L學習駕照之路試。

(B)P1臨時駕照於申領後之要求：至少1年，有效期18月；最高速限80KPH（標示在駕照右上角）；酒測值0。

(C)可參加測試：符合P1要求後，可參加「風險感知」之測試。

B.P2臨時駕照

(A)申領資格：通過P1之「風險感知」測試。

(B)P2臨時駕照於申領後之要求：至少2年，有效期30月；最高速限100KPH（標示在駕照右上角）；酒測值0。

(C)可參加考照：符合P2要求後，可參加「駕駛資格」之考試。

(3)F完全駕照

通過P2之「駕駛資格」考照，即取得F（Full）完全駕照。從16歲取得L學習駕照開始，到取得F完全駕照時為止，至少已20歲，且已有4年的駕駛經驗，也至少通過了限區駕駛、限速駕駛、限酒測值為0之駕駛，同時也通過了35～40分之路考、「風險感知」之測試、「駕駛資格」之考試。

（三）駕照管理制度的問題與改善

1. 駕駛能力已出現問題或已喪失，卻仍擁有駕照而繼續開車

(1) 問題所在

這種駕駛能力已出現問題或已喪失，卻仍擁有駕照而繼續開車的駕駛人，容易發生交通事故，尤其是已喪失駕駛能力者，更容易因此而自撞或撞人，對於駕駛人駕照的管理而言，這是另一個重要而根本的問題。

(2) 改善之建議：可參考日本的駕駛適性機制（李百川，1998）

在日本，有一套駕駛適性的駕照管理機制在處理此問題，以預防這些將喪失或已喪失駕駛能力的人繼續開車上路。茲簡要說明如下，以提供更考。

A.何謂駕駛適性

所謂駕駛適性，即擁有適合安全駕駛的一種特性或性格。如何甄選稱職的駕駛者，淘汰具有肇事傾向的人，以提高駕駛者的素質等問題，已成為發展工業與交通事業過程中極為重要的工作。在各先進國家中，尤其是日本之學者專家對駕駛適性已有相當深入的研究，已廣泛的應用與推廣於運輸企業、培訓中心、研究機關、警察及保險系統，而且效果良好，已為社會所接受。

B.職業駕駛利用再教育時實施駕駛能力檢測，並分為優秀、良好、警示、淘汰等四級

如運輸省的汽車事故對策中心，在東京和各府縣設立了52個檢測分支機構。20多年來對440萬人次進行了駕駛適性診斷檢測和再教育（或稱之幹訓），主要對象是運輸生產駕駛員。再教育的內容有交通心理學、交通危險學和職業道德等。每次幹訓檢測結果將駕駛員分為A、B、C、D四級，由計算機打出來（包括數據及忠告性結論）並反饋給企業領導。A級為優秀，B級為良好，C級則存在問題應注意，D級為不適合應予以淘汰。檢測機關對那些存在問題的C級駕駛員，除了一般性再教育外，還要為其分析講解存在的問題和今後在開車中應注意的事

項；對問題嚴重的駕駛員（如D級）則由心理學教授和其進行交談，解除顧慮，講清道理，為了自己、家人及他人的幸福，勸其改行另謀他業，不要再以開車為職業了。

C.5年內的新手（職業駕駛人），每年實施再教育檢測；老手則每3年實施之

據說這項工作開展初期，駕駛員有抵抗情緒，企業領導也不願花錢（每次參加再教育要繳交費用）。多年之後，他們學到了確實可使駕駛員素質得到提高從而導致事故下降的甜頭，現在都很主動，已成制度。有的大型運輸企業設有自己的再培訓中心（日本稱研修中心），對所屬駕駛員進行幹訓檢測，如大和運輸會社（公司）、京王帝都電鐵會社等。京王帝都電鐵會社的研修中心，對該社所屬公共汽車公司的670名駕駛員經常幹訓檢測，他們規定駕齡未滿5年的駕駛員，每年檢測受訓一次，5年以上駕齡的駕駛員每3年檢測受訓一次。一些行業性的組織也從事這項工作，如北海道卡車協會，也成立了一個研修中心，負責對北海道3萬餘名貨運駕駛員每隔3年檢測一次。

D.廣泛的應用於運輸企業、培訓中心、警察及保險系統，效果良好

另外警察系統和保險公司也設有檢測中心，前者定期對肇事駕駛員進行集中心理學檢測，後者則在駕駛員加入保險之前檢測診斷，以確定是否接收入保。由於各個系統運用這一理論和手段，狠抓駕駛員再培訓，促進了駕駛員全面素質的提高，達到了從根本上預防事故的目的。

2. 沒有駕駛執照者（含被吊扣或被吊銷者），卻仍開車上路的問題

無照駕駛管理的問題，也是另一個重要而根本的問題。

(1) 問題所在

A.無照駕駛者易肇致事故

這種駕駛能力尚未被國家認定允許，而自行開（騎）車上路的無照駕駛者，很容易發生交通事故，很容易因此而自撞或撞人，給個人、家庭、社會帶來較多的不安全感，應加以嚇阻[24]。

---

[24] 降低考照年齡的問題，事涉考照制度的變革，於此暫不討論。

　　又駕駛執照受吊銷或吊扣期間卻仍開車上路的類無照駕駛者，同樣也是容易發生事故。過去，因酒駕駕照被吊銷期間又開車上路，因而撞傷警察、撞死民眾的事故時有所聞。故這種類無照駕駛的情形也應加以嚇阻。

B. 無照駕駛者普遍的現象與原因

　　詳細請參見第十一章第三節「參、行政責任面」之說明，其簡要臚列如下：

　(A) 無照駕駛者普遍的現象

　　a. 酒駕累犯高達約13%，而且累犯肇致死傷之案件時有所聞。

　　b. 學生實習時，4小時勤務時段內，發現5名機車無照駕駛者。

　(B) 無照駕駛者普遍的原因

　　a. 無照駕駛者不容易被警察發現。

　　b. 由於「法律授權欠明確」，警察於開單舉發後，通常難以再採用「逕行移置保管其車輛」的措施，而僅能採用無嚇阻作用的「口頭式當場禁止駕駛」。

C. 警察對無照駕駛者，採用「口頭式當場禁止駕駛」的原因分析

　　詳細請參見第十一章第三節「參、行政責任面之三」之說明，其簡要則臚列如下：

　(A) 無照駕駛者「得移置保管其車輛」，有法律授權欠明確之情

　　《道交條例》第21條（汽機車無照駕駛）、第21條之1（大型車無照駕駛）已明文規定「當場禁止其駕駛」，第85條之2對無照駕駛者也已有「當場得逕行移置保管其車輛」的規定，但第85條之3對移置客體的規定時，卻遺漏了無照駕駛者的車輛；同時，《裁處細則》、《移置辦法》也都缺乏對無照駕駛車輛應如何移置的規定。

　(B) 因法律授權欠明確之情，才導致警察只好便宜行事，採用「口頭式當場禁止駕駛」的措施

　　實務面，導致警察便宜行事的主要原因有二：a.要發動移置其車輛前，值勤警察面臨諸多不確定的問題；b.若發動移置無照駕駛者車輛之作為，形同給自己及長官製造麻煩。

(C)法律授權欠明確的原因是立法疏漏

《道交條例》第85條之3之移置客體遺漏了無照駕駛車輛，若從「原條文有無『移置』明文」、「傷害交通法益之大小」兩個層面來分析，遺漏的原因可以顯見是立法疏漏，不是故意排除。

(2)改善之建議：法令修訂方面、警察機關方面、號牌連結方面

A.法令修訂方面

(A)關於《道交條例》

a.建議比照第12條（無牌照行駛）、第35條（酒後駕駛）之意旨，於第21條（汽機車無照駕駛）、第21條之1（大型車無照駕駛）之本條文中直接明定「汽車當場移置保管」。因：①無照駕駛者對交通法益的傷害性，與無牌照行駛者、酒後駕駛者相當；②目前的「得移置保管」有法律授權欠明確之情，警察執法作為無法達到嚇阻之效果。

b.建議將第21條（汽機車無照駕駛）、第21條之1（大型車無照駕駛）納入第85條之3第1項之移置客體的規範中。因第85條之3第1項對移置客體的規範遺漏了無照駕駛者的車輛。

(B)關於《裁處細則》、《移置辦法》

a.建議《裁處細則》第18條（對無照駕駛之處理）、第16條第1項第5款（當場暫代保管其車輛）應配合《道交條例》之修正而增訂「汽車當場移置保管」。

b.建議《移置辦法》比照第3條（無牌照行駛）、第4條（酒後駕駛）的規定方式，增訂第3條之1，以配合《道交條例》之修正而增訂「汽車當場移置保管」。

B.警察機關方面

(A)目前各警察分局於平時一般勤務中，幾乎沒有規劃移置無照駕駛者車輛之拖吊車，故分局應規劃增派拖吊車，以能立即支援現場員警之移置作業。

(B)肇致死傷案件，應依法落實開單舉發，以達吊銷吊扣之法定功效。理由：a.肇致死傷案件，當肇因不明時，警察通常未開單舉

發，若是則肇事者不會受到吊銷或吊扣之處分；b.依《道交條例》第90條規定：「……逾三個月不得舉發。但汽車肇事致人受傷或死亡案件，因肇事責任不明，已送鑑定者，其期間自鑑定終結之日起算。」

C.號牌連結方面

無照駕駛者普遍的原因之一是不容易被警察發現，為提高其被發現率，有以下之建議：

(A) 在車輛監理方面：研議建置駕駛人與號牌連結之系統

駕照吊銷或吊扣期間而繼續開車上路之無照駕駛者，若不違規或沒發生事故，幾乎很難被警察透過車輛號牌而發現，為增加其被發現率，應設法將駕照受到吊銷或吊扣的駕駛人，及其可能駕駛的車輛號牌加以連結，以協助警察於路上巡邏時，能透過車牌辨識而發現無照駕駛者。

(B) 在警察機關方面：M-Police研議增設加速車牌辨識警示功能

a. M-Police應研議增設透過車牌以辨識無照駕駛者之功能

目前M-Police已能透過人別資料查詢該人是否為無照駕駛者，但無法透過車牌查詢該駕駛人是否為無照駕駛者。警察於路上執法時，若能透過車牌查詢而得知該駕駛人是否為無照駕駛者，則將能有助於嚇阻無駕駛執照者開車上路。因此，若要增設該功能，則車輛監理系統應先建置駕駛人與號牌連結之資料庫，否則效果將徒然。

b. M-Police可研議語音輸入、車牌自動辨識等方法，以方便員警操作，則能增加辨識的案件數。

c. M-Police於發現無照駕駛之車輛號牌時，應具警示通知功能。

二、建構獎勵優良駕駛人制度

獎勵優良駕駛人制度的推動，將可促使駕駛人更願意遵守交通法規，達到提升整體交通安全的目的。

約40年前，筆者於上課中，王文麟老師講了一個令人印象深刻的案例：「我和後來擔任交通部次長的陳○○到美國開會，從這州開完會後，要趕到另一州開會，由陳○○在美國的朋友開車。超速了，被警察

攔下了。警察取走駕駛人之駕照，回到警車透過無線電請勤務指揮中心的人員，用電腦查詢該駕駛人之資料，查完後回問駕駛人『您知道這條路的速限嗎？』駕駛人說『不知道，因為第一次經過這裡；又因為載他們要於○○時前趕到○○城市開會，因為心急才沒有注意到速限。』本以爲鐵面無私的美國警察要開單了，沒想到這名警察竟然回說『您的駕駛紀錄良好，我不對您開單！』接著又溫馨的提醒說『這條路的速限是○○mile，從這裡到○○城市大概要○○分鐘，是有一些緊促，不過還來得及；不要超速！請小心開車！』」警察的這兩句話，深印在駕駛人、老師的心中，並秉持著「不要超速！小心開喔！」的溫馨提醒，一路平順的抵達目的地。除此之外，於建立優良駕駛人制度之前，先建置駕駛人資料庫更是老師想傳達的用意。

《道交條例》第91條早已明定有獎勵「優良駕駛人」的文字，但於其授權法規《促進道路交通安全獎勵辦法》卻未見對「優良駕駛人」加以界定，也未見有如何的獎勵措施。為促成我國建立獎勵優良駕駛人制度，以更有益於交通安全體質的維護，筆者提出以下一些建議供參。

（一）定義「優良駕駛人」

1. 優良職業駕駛人

在《促進道路交通安全獎勵辦法》第3條第6款，已對「優良職業駕駛人」加以定義，其基本條件爲：

(1) 在同一服務單位實際連續擔任汽車駕駛人達3年以上，或營業小客車駕駛人領有執業登記證在3年以上繼續執業者。

(2) 在最近3年以內駕駛車輛無違規及肇事紀錄者。

(3) 在最近5年以內未受有期徒刑以上之宣告者。

2. 優良駕駛人

一般駕駛人比職業駕駛人少開車上路，相對地其違規或肇事的機率會比較低，因此建議「優良駕駛人」基本條件中的時間爲「優良職業駕駛人」的2倍；亦即「優良駕駛人」須具備下列三個基本條件：

(1) 連續駕駛年資達6年以上。

(2) 在最近6年以內駕駛車輛無違規及肇事紀錄者。

(3) 在最近10年以內未受有期徒刑以上之宣告者。

3. 銀牌優良駕駛人

「銀牌優良駕駛人」須具備下列三個基本條件：

(1) 連續駕駛年資達10年以上。

(2) 在最近10年以內駕駛車輛無違規及肇事紀錄者。

(3) 在最近15年以內未受有期徒刑以上之宣告者。

4. 金牌優良駕駛人

「金牌優良駕駛人」須具備下列三個基本條件：

(1) 連續駕駛年資達20年以上。

(2) 在最近20年以內駕駛車輛無違規及肇事紀錄者。

(3) 在最近30年以內未受有期徒刑以上之宣告者。

（二）建置「優良駕駛人」資料庫

依上述三個條件，建置「優良駕駛人」資料庫。但在勾稽資格條件時，下列兩點應加以釐清並注意之。

1. 有關於「肇事紀錄」之釐清

於此所謂的「肇事」，是指因駕駛人之故意或過失所致之事故；至於非因駕駛人之故意或過失（因不可抗力、被害人或第三人之故意或過失）所致之事故，則不屬於該駕駛人之「肇事紀錄」。

肇事案件若有涉及刑案時，肇事責任有無之最終確定，若能採用最終法院之判決結果則最好；若不採用最終法院者，而採用行政鑑定之鑑定結果者，筆者認為尚能接受。

2.「違規紀錄」之釐清

對申述成功、行政訴訟撤銷裁決處分改採不處罰之違規行為，亦應撤銷其「違規紀錄」。

（三）獎勵「優良駕駛人」之措施

（金牌、銀牌）優良駕駛人能於（20年、10年）6年內遵守交通法規而無違規紀錄，而且能於長期內不肇致事故，這表示該駕駛人於交通社會中的安全信用度高於一般人。由於這安全信用與人格特質具有密切關係，所以該（金牌、銀牌）優良駕駛人於其他社會之活動也同樣會擁有高度的安全信用，這是之所以要獎勵（金牌、銀牌）優良駕駛人的基本思維。並藉此獎勵措施來鼓勵駕駛人都能成為（金牌、銀牌）優良駕駛人，而共同創造一個優質的交通社會，則是為什麼要獎勵的重要思維。

因為有上述基本、重要的思維，所以獎勵（金牌、銀牌）優良駕駛人之措施有下列多種，可設計擇一或配套以獎勵之。

1.關於增加優良駕駛人之福利者

由於其社會安全之信用度高，所以由政府出具的「優良駕駛人」憑證，對其於從事社會活動行為時，其所能提供的「安全信用度」比較能獲得其他人的相信。並對其於申請銀行信用卡時（金融信用）、找工作時（謀職信用）、買賣時（商業信用）、開車時（安全信用）等，或許能產生正面的效益。若已擁有金牌、銀牌優良駕駛人的證照，於搭乘運輸工具時、有消費行為時，社會各界說不定也能自動給予優惠措施。

2.關於減少優良駕駛人之義務者

於交通社會中，有下列措施可獎勵（金牌、銀牌）優良駕駛人：

（1）包容違規

既然能成為優良駕駛人，若他（她）發生違規行為了，通常是有一種特別情況才讓他（她）不小心而違規的，他（她）並非「偶爾不小心」，更非「經常不小心」。所以，我們的社會（國家）應該可以包容這位「優良駕駛人」由於「特別因素之不小心」，能像前例的美國警察一樣，不但能不開單，而且又能給予溫馨的提醒「您是優良駕駛人，本地速限為○○，請不要超速，請小心開車」。

我《道交條例》若能有此設計，不但警察執法有據，不用擔心被檢

舉或遭起訴[25]，而且能代替國家傳達溫馨給民眾，創造一個祥和，沒有抱怨的交通社會。

(2) 違規緩執行

　　刑事罰有緩刑，行政罰為什麼不能設計緩執行呢？所謂「優良駕駛人違規緩執行」，是指優良駕駛人發生違規行為，於被警察開單舉發經由裁決後，暫緩執行處罰之處分。若在一定的時間內，例如1年內，不再發生任何違規行為，則該處罰就停止執行，就不執行該處罰；但若在該時間內又發生違規行為了，則連同過去暫緩執行的處分一起執行處罰。這種設計，優良駕駛人為了維持其難得的「優良」身分，同樣會努力的遵守交通法規而不再違規，會為維護整體的交通秩序而盡力。

(3) 通訊換照（非優良駕駛人採用親自換照）

　　更換駕駛執照的目的是為了瞭解（檢測）其駕駛能力是否仍然存在，並透過換照的時候，進行重要交通安全知識、最近法令變革內容的講習或宣導。所以換照制度的設計，應採用「親自換照」為原則，但優良駕駛人可以採「通訊換照」以獎勵之。這對優良駕駛人之「通訊換照」的獎勵措施，仍然符合換照之目的。至於，多久換照一次，於此不討論。

(4) 交通保費減少

　　既然是無違規紀錄、無肇事紀錄之優良駕駛人，其製造風險的機率就很低，當然屬個人化之交通保費，就應該明顯地比一般駕駛人來得低，方屬合理、公平的設計。

(5) 燃料費減少

　　依《汽車燃料使用費徵收及分配辦法》第7條規定，「汽車燃料使用費，應悉數解繳國庫存款戶，備作公路之養護、修建、安全管理之用」，為了鼓勵駕駛人成為優良駕駛人，共同為促成交通運行的安全環境而努力，其與燃料費備作「安全管理之用」的目的相同，故可以考慮

---

25 過去的警察，有因對違規者未開單舉發而被檢舉者，甚而以圖利他人而遭起訴者，搞得警察因擔心被檢舉或被起訴而一律開單舉發，失去了執法倫理的精神。

減少優良駕駛人之燃料費，以鼓勵駕駛人成為優良駕駛人。

三、建立以「駕駛人」為主軸的保險制度

交通保險有強制險、任意險兩類。強制險，目前在臺灣只有一種，是依《強制汽車責任保險法》而設立者，是強制每一部汽車都要投保的責任險，其設立的宗旨是在保障事故受害人。任意險，目前在臺灣有多種，是個人（尤其是車主）可以依自己的意願自由投保的責任險，如第三人責任險（屬意外險）等，其保障的對象主要以投保戶為主。

無論是強制險或任意險，目前的保費訂定，不但都是以從車為主，而且對於事故預防的效益也都很微小。但由於強制險保障的對象在於受害人，不像任意險保障的對象是以投保戶自己為主，所以有關強制險的範圍於本單元不討論，本單元只討論任意險（意外險）的範圍。

（一）現存問題

交通意外保險制度的設計，在目前臺灣有一些重大缺失或困境，值得努力改進或設法克服。這些缺失或困境舉其大者有保費訂定、保戶服務兩個面向，茲說明如下：

1. 保費訂定：事故預防之效益很微小

交通意外險，目前的保費訂定不但以從車為主，而且對於事故預防之效益很微小，其主要原因有：

(1) 在從人因素中，是採從車主而不是從駕駛人之基準

保費的訂定，目前是採「從車從人因素」，而在「從人因素」中，是採「從車主」而不是「從駕駛人」之基準。然而，過去發生交通事故的原因，或製造交通事故風險者幾乎都是「駕駛人」（占90%以上），不是車輛或車輛所有人。因此，若為了預防事故之發生設想，實應改以「從駕駛人」為基準，這才能真正達到人類本來就應該為自己的作為「負責」的基本倫理與設計。

(2) 保費的增減未隨「駕駛人的肇事紀錄」而有「相當地」增減

　　保費的增加，不但要隨「駕駛人」出責任之輕重程度而增加，而且要讓駕駛人能有「明顯的感覺」，以利駕駛人對自己負起「相當的責任」。同理，保費的減少也應讓「駕駛人」有「明顯的感覺」或「相當的感覺」。

2. 保戶服務：保險公司以營利為目標，尚未盡到社會責任

　　保險公司目前幾乎只是負責事故發生後後端的理賠作業而已，對於事故發生前的預防、事故發生後現場及前端的理賠作業幾乎沒有著手，明顯沒有盡到法人的社會責任。

(1) 事故發生後，未及時、有效的參與責任處理，形成諸多問題

A.介入時間未及時、欠主動：因為缺理賠員、想盡量少賠

　　目前，保險公司對自己的客戶（保戶）於通知事故出險後，有關理賠作業的機制，亦即民事責任處理的機制，幾乎都是等待到警察初判後才介入（事故發生後約1個月）。能於警察初判前即參與處理，且完善處理者甚少；能於事故現場或當時（異地）或當天即接手處理者（尤其是A3之事故），更是像大海之盆水般的微少。這現象應該是來自於保險公司不願意花錢培訓夠量的理賠員所致。

　　通知出險後，保險公司即使能及時參與處理，大部分的保險員也顯得不夠積極且被動，尤其是那些己方客戶為完全責任且責任明確的案件。這原因可能是理賠員不夠之外，另一個重要的原因是，保險公司能少賠一點就盡量少賠，而處理的理賠員下情無法上達之故。

B.介入後反而形成紛爭並拖延：當雙方責任不明時

　　為什麼絕大部分的案件，保險公司的理賠員或代表都是等待到警察初判後才介入？因為站在保險公司的立場，能少賠一點就盡量少賠，所以會等到公正的一方（警察）做出初判後才介入處理。

　　警察初判之後，保險理賠員對責任稍有不明的案件，尤其是己方若有責任則將增加公司理賠金額的案件，基於「能少賠一點就盡量少賠」的公司立場，當己方當事人無受傷而對方有受傷，且己方已經承認自己

有責任、願意和解的情況下，卻不同意理賠己方的當事人，而讓雙方當事人無法達成和解。迫使受傷的對方要不斷的申請鑑定、申請覆議、申請調解，甚至於提出告訴，直到於檢察官準備起訴己方當事人之前的最後一刻，才願意承認己方當事人有責任，同意依契約支付最高額理賠金。這樣的過程，不但拖延了和解的時間、有製造雙方紛爭之嫌，而且浪費了覆議、調解、司法等資源，形成這過程的重要原因，是「能少賠就少賠，少賠就是多賺」的營利目標。

(2) 缺乏事故發生前的預防作為

　　若對保戶辦理「保戶交通安全教育（講習）」，搭配「參加交通安全講習之保戶有減少保費之優惠措施」等的業務，則能增加保戶之交通安全知識，進而能減少保戶肇致事故的機會，這不但能促進整體交通安全，履行企業的社會責任，更能減少公司的理賠支出，也等同增加公司的淨利。

（二）改善之建議

1. 在保費訂定方面

　　保費的訂定，對於駕駛人預防事故的誘導力應該要很明顯，讓駕駛人很樂意去配合。若能如此設計，不但可以幫助臺灣減少交通事故的發生量，更可以減少保險公司於理賠上的支出，這是三贏（駕駛人、保險公司、臺灣）或全贏（沒有輸者）的制度設計。

(1) 在從人因素中，應將現在的採「從車主」基準，修改為採「從駕駛人」。

(2) 在保費的增、減率中，除了應斟酌下列變項之外，其增、減的幅度或結果也應令駕駛人有「相當的（明顯的）感覺」：

A.優良駕駛人的資格。

B.駕駛人的肇事紀錄。

C.駕駛人的違規紀錄。

D.駕駛人參加本公司自辦或聯合辦理之交通安全講習的學習時數。

2. 在保戶服務方面

雖然「能少賠就少賠，少賠就是多賺」，但這不是唯一的營運目標，企業也應善盡社會責任。而且善盡社會責任所用的方法，說不定還能減少理賠支出，反而增加公司淨利，方法例如有：

(1) 開辦「保戶交通安全講習」課程，藉以預防其發生事故

可自辦或聯合辦理或爭取政府辦理之「違規講習」[26]委託辦理，參加該交通安全講習之保戶於累積一定時數時，能獲得減少保費之優惠。而這項措施在加拿大已普遍實施[27]。

這些課程可著重於「增加危險感知能力與案例分析」、「防衛駕駛[28]與案例分析」、「重要或變革法令與案例分析」、「身心放鬆小技巧」等。而且貼近於實際交通生活層面的課程，藉以提升保戶之危險感知能力、避免被撞的能力，以達到「保」障保戶能免於車禍危「險」之目的，這才是真正優質的保險。

(2) 增設理賠員、責任分析員或設立理賠聯合服務中心

為了化解拖延和解時間、避免製造雙方紛爭、避免浪費覆議、調解或司法等資源、加速對保戶的服務功能與提高服務品質，並善盡企業的社會責任，保險公司應增設理賠員、責任分析員，或設立理賠聯合服務中心。在該中心內有熟悉法律的法務人員、具有肇事鑑定或責任分析能力的責任分析員、熟悉理賠業務的理賠人員、善於促成雙方和解的調解人員等。

3. 在主管機關方面

全國交通安全業務的主管機關雖是交通部，然而全國保險業務的主

---

26 在美國有些州，駕駛人違規後可選擇接受罰鍰處罰或參加保險公司辦理的安全講習來代替罰鍰處罰，若選擇參加該安全講習，不但只負擔自己的用餐費，而且還可以累積講習時數以減少保費（蘇志強口述，2010）。

27 吳宗修口述（2019）。

28 防衛駕駛與安全駕駛不相同。安全駕駛是指遵守交通法規，不製造危險，不會去撞人的駕駛行為。雖然自己安全駕駛，但別車可能來撞，所以能預防別車（人）來撞的駕駛行為，才屬於防衛駕駛。至於要如何預防別車（人）來撞呢？其關鍵要領在於「能預知危險」，因此防衛駕駛不只是安全駕駛而已，更是需要透過案例的情境特性來加以教導與學習的。

管機關是金融監督管理委員會（以下簡稱金管會），保險業務主要是由金管會的三級機關保險局負責。

　　若欲透過保險業務的改革，來促進全國交通安全的體質改善，站在金管會保險局的本位立場而言，是不可能主動發動改革的；而交通部部長也不太可能是金管會的委員，在目前我國之行政體系、政治生態的運作機制之下，交通保險制度的改革很可能是遙遙無期了！除非關心這議題的人愈來愈多，多到影響了有權者（例如行政院長、總統）也真的關心這議題。

　　不過，在交通保險制度還未改革之前，有關以「駕駛人」為主軸的效益評估研究、駕駛人基本資料庫（如優良駕駛人資格、肇事紀錄、違規紀錄、經常駕駛車輛之牌號等）等，交通部仍應先主動研究、規劃、建置而加以推動，預做基礎的建置。

四、建構社會信用安全網

（一）理由：誠信是社會安全之重要基石

　　於交通社會中之信守承諾者（如優良駕駛人）、不誠信者（如肇逃者、酒駕者等），於其他的社會活動中同樣會具有自己的人格特質，而對其所參與的社會產生影響，如交通、保險、商業、金融、就業等社會行為。

（二）目的：建構社會信用安全網

　　透過鼓勵優良駕駛人、嚇阻不誠信駕駛人的措施，藉以建構社會信用安全網，進而共同強化交通安全體質。

（三）建置駕駛人資料庫：呈現駕駛信用程度

1. 優良駕駛人

　　優良駕駛人（6年內）、銀牌優良駕駛人（10年內）、金牌優良駕駛人（20年內）無違規且無肇事紀錄者。

2. 不誠信駕駛人

例如，酒（毒）駕者、肇逃者、重大違規之肇事者、無照駕駛者、危險駕駛者等。

（四）對應措施

1. 對優良駕駛人實施獎勵制度

如交通優惠、保險優惠、消費優惠、貸款優惠、就業優惠（優位排序）等。

2. 對不誠信駕駛人實施不配合制度

如需要親自換照、明顯增加保費、貸款不配合（減少額度或不給）等。

3. 申請單位

優良駕駛人可向公路監理機關申請出具優良駕駛人之證明；保險公司或聯保法人、銀行或聯銀法人等，可以向公路監理機關查核該位民眾之「駕駛信用程度」。

參、結論：健全交通基本法制

在民主法治時代，有任何的政策要推動，皆應該將它法制化，才能落實執行，發揮功效；或任何的策略要推行，也皆應該於法有據，方可能成功。由於本節是為健全臺灣的交通安全體質而獻策，經綜整前述分析後，於此提出兩項關於法制方面的建議，以健全臺灣的交通安全體質；一、研議修訂對駕駛人加強管理與鼓勵的根本法制：以《道交條例》及相關保險法規為主；二、研議增訂《交通安全對策基本法》：可以學習日本。茲將這兩項法制建議綜整如下。

一、研議修訂對駕駛人加強管理與鼓勵的根本法制：以修訂《道交條例》及相關保險法規爲主

（一）建構更完善的駕照管理制度

1. 對機車駕駛人考照制度的建議

路考前，增加「風險感知」、「防衛駕駛」課程與測驗。

2. 對四輪汽車駕駛人考照制度的建議

可參考澳洲「逐級駕照」，L（學習駕照）、P（臨時駕照，又分P1、P2兩級）、F（完全駕照）三級考照制度。

3. 對駕照管理制度的建議

(1) 如何防止駕駛能力已出現問題或已喪失，卻仍繼續開車者？

可參考日本的駕駛適性檢測機制：A.5年內的新手（職業駕駛人），每年實施再教育檢測；老手則每3年實施之；B.檢測結果分爲優秀、良好、警示、淘汰等四級；C.已廣泛應用於運輸企業、培訓中心、警察及保險系統。

(2) 如何防止無照駕駛者（含吊銷吊扣者）仍繼續開車上路？

在《道交條例》中，因關係「得移置保管」之第85條之2、第85條之3第1項有法律授權欠明確之情，故建議：

A. 修訂法令：《道交條例》比照第12條（無牌照行駛）、第35條（酒後駕駛）之意旨，於第21條（汽機車無照駕駛）、第21條之1（大型車無照駕駛）之本條文中直接明定「汽車當場移置保管」。同時《裁處細則》、《移置辦法》等亦應配合修正「汽車當場移置保管」。

B. 警察機關：(A)分局應規劃增派拖吊車，以能立即支援現場員警之移置作業；(B)肇致死傷案件，應依法落實開單舉發，以達吊銷吊扣之法定功效。

C. 號牌連結：(A)研議建置駕駛人與號牌連結之系統；(B)M-Police研議增設車牌辨識警示，及加速輸入之功能（如語音輸入、車牌影像輸入等）。

（二）建構獎勵優良駕駛人制度

1. 定義優良駕駛人：可分為優良駕駛人、銀牌駕駛人、金牌駕駛人。

2. 建置「優良駕駛人」資料庫：如6年內（銀牌10年內、金牌20年內）無違規紀錄、肇事紀錄、犯罪紀錄等。

3. 設立獎勵「優良駕駛人」之措施

   (1) 增加其社會活動時之福利：如金融信用、謀職信用、開車信用等。

   (2) 減少其社會活動時之義務：如包容違規、違規緩執行、可通訊換照（非優良駕駛人採用親自換照）、交通保費減少、燃料費減少等。

（三）建立以「駕駛人」為主軸的保險制度

1. 在保費訂定方面

(1) 在從人因素中，應將現在的採「從車主」為基準，修改為採「從駕駛人」為基準。

(2) 在保費的增、減率中，應斟酌駕駛人之優良駕駛人的資格、肇事紀錄、違規紀錄、保險學習時數等因素。

(3) 保費的增、減額度應令駕駛人有相當的（明顯的）感覺，而願意約束自己以免製造危險。

2. 在保戶服務方面

(1) 開辦「保戶交通安全講習」課程，藉以預防其發生事故。

(2) 增設理賠員、責任分析員或設立理賠聯合服務中心

（四）建構社會信用安全網

1. 對優良駕駛人實施獎勵制度。

2. 對不誠信駕駛人實施不配合制度：

   (1) 不誠信駕駛人：如酒（毒）駕者、肇逃者、重大違規之肇事者、無照駕駛者、危險駕駛者等。

(2) 不配合制度：如需要親自換照、明顯增加保費、貸款不配合（減少額度或不給）等。

二、研議增訂《交通安全對策基本法》：可以學習日本

政策的推動或策略的制定，會隨著交通環境或時代的變遷而有所應變，故推動、規劃、制定與執行過程中，若能有計畫性的、持續性的、組織性的、監督性的推動機制，則其功效將更好。在這方面，或許可以學習日本，積極制定「交通安全對策基本法」。

（一）臺灣交通安全專責組織位階低，同時缺乏受監督之機制

在臺灣，負責交通安全的專責組織，於中央是交通部的道路交通安全督導委員會（以下簡稱道安會），主任委員雖由部長兼任，但由於全國交通安全的維護工作，不但涉及跨部會，而且該道安會的職責僅是「加強全國道路交通安全事務之推動協調及監督」，是一個「有權（錢）無責」、「只監督他人，卻未受監督」的次級單位，難以發揮整合部會、推動交通安全政策的功能。於地方則是各縣市的道路交通安全會報（以下簡稱道安會報），道安會報的主席雖由市（縣）長擔任，但每個月召開會議時，不見得會親自主持。因此，地方交通安全的推動工作，是視市（縣）長或相關局（處）首長的重視程度而定。地方推動交通安全的組織，也如同中央的一樣，不但組織之位階低，而且缺乏受監督的機制。

中央推動交通安全的組織，目前雖是交通部的道安會，但其位階過低。飛機安全，有行政院層級的「飛安會」負責決策，道路交通安全涉及的保險，也是隸屬行政院之「金管會」負責決策，何以「道安會」不能提高到行政院之層級？！況且目前之「道安會」並非是交通部轄下之常設（正式）組織，還僅是一個任務編組的組織而已。

（二）學習日本，積極制定《交通安全對策基本法》

前文已提及，日本史上車禍死亡人數最多的一年是1970年，將近

1.68萬人。該年，日本天皇發現「1949～1970年車禍死亡比二次大戰戰死的人還多」，乃請首相發動改革措施。因此，日本在1970年制定《交通安全對策基本法》，政府依據該法推動相關計畫，目前正推動2016～2020年的「第十次交通安全基本計畫」，2016年已將事故死亡人數降低至3,904人（3.07人／10萬人），已下降為最高1970年的四分之一以下，改善成效非常顯著。有關該對策基本法的立法目的與幾項重要機制，簡單介紹如下，以作為我們效仿學習並加以制定的參考。

1. 立法目的：有計畫性、持續性、完整性的改善交通安全

2. 重要機制

(1) 明定「國家公安委員會」[29]為決策組織，組織位階高

　　負責交通安全改善之最高層級組織為國家公安委員會，國家公安委員會直接受內閣總理大臣（首相，相當於我國之行政院院長）之指揮監督，並統合全國有關交通安全之政策與決策。

　　同時，從中央政府到地方政府，均明定有負責交通安全改善的專責組織。

(2) 規範相關改善計畫之產生方式

　　根據該基本法，從中央到地方各級政府，設置「交通安全對策會議」，研討改善對策。相關部門依該對策會議，每5年應制定一次「交通安全基本計畫」——中程計畫，每年應制定「交通安全業務計畫」——近程計畫，以有計畫性、完整性、持續性的長期推動交通安全工作。

(3) 規範「議會監督機制」，府會共同為人民交通安全把關

　　各級政府應定期向議會報告「安全改善計畫」之實施現況、成效與

---

[29] 公安委員會為日本的地方自治事務機關，為管理各都道府縣警察的上部行政組織團體，於各都道府縣皆有設置；在中央則有國家公安委員會（《地方自治法》第180條之9、《警察法》第38條），其成員由首相舉薦、經國會同意任免。維基百科，擷取日期：2020年8月3日，https://zh.wikipedia.org/wiki/%E5%85%AC%E5%AE%89%E5%A7%94%E5%93%A1%E6%9C%83。

願景，接受議會之監督，府會共同為人民的交通安全共同努力。該「議
會監督機制」，直接就啓動了「風險評估機制」，並陸續建立了「適性
駕駛」、管理人制度、連結社會信用等攸關改善交通體質的制度。也難
怪，日本交通安全改善的成效是如此的顯著，其為政者眞正關心人民的
重視心態與改善的機制等，實值得我們學習。

參考文獻

一、法令（含公報、公告、措施）

內政部（2006），道路交通違規車輛移置保管及處理辦法。

內政部、交通部（2014.8.14），促進道路交通安全獎勵辦法。

內政部、交通部、衛福部（2024.2.17），道路交通事故處理辦法。

內政部警政署（2007），96年警政年報。

內政部警政署（2021.4.29），道路交通事故處理規範。

立法院（2004.1.7），市區道路條例。

立法院（2022.6.15），災害防救法。

立法院（2022.6.15），強制汽車責任保險法。

立法院（2023.1.13），鄉鎮市調解條例。

立法院（2023.12.6），公路法。

立法院（2024.5.29），道路交通管理處罰條例。

立法院（2024.7.31），中華民國刑法。

立法院（2024.7.31），刑事訴訟法。

交通部（2021.9.29），交通工程規範。

交通部（2024.6.25），汽車燃料使用費徵收及分配辦法。

交通部、內政部（2024.7.22），道路交通標誌標線號誌設置規則。

交通部、內政部（2024.8.14），違反道路交通管理事件統一裁罰基準及處理細則。

交通部、內政部、法務部（2019.12.31），車輛行車事故鑑定及覆議作業辦法。

交通部臺灣區國道高速公路局（2014），交通部臺灣區國道高速公路局處理交通事故作業規定。

交通部臺灣區國道高速公路局（2018），施工之交通管制守則。

國道公路警察局（2016），國道公路警察局交通事故現場處理作業規定。

國道公路警察局（2018），國道公路警察局員警執勤安全策進作為。

監察院（2001），糾正案文：91交正03案號，2001年1月17日審議，關於警政

署、中央警察大學、台灣警察專科學校及交通部等機關未能妥善辦理道路交通事故相關業務案。

監察院（2012），糾正案文：101內正0001案號，2012年1月5日審議，關於女消防員賴文莉被撞截肢，警察局、消防局處置作為均有不當案。

監察院（2013），糾正案文：102交正0005案號，2013年3月12日審議，關於交通部、內政部暨內政部警政署於辦理交通事故鑑定、交通事故蒐證業務，洵有嚴重違失案。

二、書籍

王文麟（1993），交通工程學——理論與實用（三版）。

交通部運輸研究所（2011），道路交通事故特性與對策比較研究（1/2）。

交通部運輸研究所（2016），機車交通政策白皮書。

朱金池主編（2013），警察倫理（Police Ethics）。

吳明德（1994），交通事故偵查學（一版2刷）。

李百川（1998），道路交通事故預防心理學。

周義華（2008），運輸工程（六版）。

姜運祺（2016），交通事故處理實務Q&A（二版）。

財團法人汽車交通事故特別補償基金（2010），強制汽車責任保險法法令及業務參考資料彙編。

張超群、許哲嘉、黃國平、吳宗霖（2017），交通事故力學。

梅可望（1997），警察學原理（修訂八版）。

陳高村（2004），道路交通事故處理與鑑定（二版）。

曾平毅、陳家福（2013），員警處理道路交通事故危險性評估，內政部警政署委託研究。

蔡中志、陳家福、曾平毅、李淑花等（2008），酒駕肇事特性與道安防制措施之研究，交通部補助。

蔡中志、陳高村、陳家福等（2007），桃園縣易肇事地點改善規劃，桃園縣政府交通局委託計畫。

蘇志強（2010），交通事故偵查理論與實務（增訂二版）。

三、期刊（含研討會論文集、專題演講）

中央警察大學行政警察學系暨警察政策研究所（2010），警察倫理學術研討會論

文集。

王銘亨、吳燕山、張緯聖（2018），國道員警交通事故特性與防策制策略之研究，2018年道路交通安全與執法研討會論文集，頁287-302。

交通部臺灣區國道高速公路局（2015），事故處理統一調度制度之配套措施，國道視窗，11月刊。

朱正倫、張夢麟、張緯聖、王裕民（2018），國道員警執勤安全風險性之探討，107年道路交通安全與執法研討會論文集，頁397-408。

吳正緯（2009），假車禍之分辨—以殺人魔陳瑞欽案為例，中央警察大學交通系學士學位專題，未出版。

施俊堯（2004），交通事故處理與鑑定之司法程序—有證據能力與證明力之警察交通事故處理與鑑定報告，93年道路交通安全與執法國際研討會。

徐台生（2016），專題演講，105年道路交通安全與執法研討會，中央警察大學。

張勝雄、吳繼虹、張開國、曾平毅（2011），當前道路交通安全問題戰略研擬，100年道路交通安全與執法研討會論文集。

張超群（2015.11），機車倒地方向的力學分析及其在行車事故鑑定之應用，交通學報，第15卷第2期，頁191-224。

許哲嘉、吳宗霖、翁榮宏、黃國平、吳樹遠、徐銘聰（2007.9），機車刮地痕摩擦係數試驗，九十六年道路交通安全與執法研討會論文集，頁C59-C72。

陳家福（2009），對撞型態之肇事重建與於蒐證、鑑定、判決上之討論—以高等法院囑託鑑定之個案為例，98年道路交通安全與執法研討會專題研討。

陳家福（2015），警察分局對A1事故防治作為之探討—以林園、北斗分局為例，2015年道路交通安全與執法研討會論文集。

陳顯明（2011），培養變色力疑似槍擊彈孔之研判，刑事雙月刊，第44期。

楊宗璟、艾嘉銘、黃啟倡、吳姿樺（2012），高速公路中部路段事故處理時間影響因素分析與事故處理程序探究，2012年道路交通安全與執法研討會論文集，頁235-250。

楊迎春（1986.3），日本交通安全對策基本法（附施行細則），警學叢刊，第16卷第2期，頁127-134。

葉匡時（2014），為愛啟程——全國道安扎根強化行動計畫，中國國民黨中常會專題報告簡報。

賴威宇（2016），肇事致死傷逃逸及未逃逸案件之差異分析，法務部統計分析。

四、網站

內政部警政署（2010），警察專業工作──交通警察簡介，http://www.npa.gov.tw/NPAGip/wSite/policework/police03.htm。

內政部警政署全球資訊網／資訊公開／OPEN DATA或／警政統計，https://www.npa.gov.tw/NPAGip/wSite/mp?mp=1。

交通部運輸研究所／本所服務平臺連結／運輸安全網站資料系統（TALAS），http://talas-pub.iot.gov.tw/default.aspx。

交通部臺灣區國道高速公路局（2018），高速公路施工之交通維持及注意事項，擷取日期：2018年7月31日，https://www.freeway.gov.tw/Publish.aspx?cnid=1502。

行政院衛生署全球資訊網／資料統計／衛生統計／死因統計，http://www.doh.gov.tw/CHT2006。

李承龍（2014），為什麼會留下指紋，科學少年天天問，擷取日期：2020年8月5日，https://ys.ylib.com/AskCont.aspx?ID=13。

法務部全球資訊網／統計資訊服務／常用統計查詢／檢察統計，http://www.rjsd.moj.gov.tw/rjsdweb/common/WebList3.aspx?menu=INF_COMMON_P。

政府資料開放平台／全部資料集／行政院／內政部／提供機關警政署，http://data.gov.tw/wise_search。

政府資料開放平台／全部資料集／行政院／金融監督管理委員會，http://data.gov.tw/wise_search。

政府資料開放平台／關於平台／資料分類統計／機關別分類統計／第5頁法務部統計處，http://data.gov.tw/wise_search?org=%E6%B3%95%E5%8B%99%E9%83%A8%E7%B5%B1%E8%A8%88%E8%99%95。

重大歷史懸疑案件調查辦公室，陳瑞欽連續殺人案18年殺二妻三子，黑鰥夫的保險詐欺，擷取日期：2020年5月，https://ohsir.tw/3788/。

財團法人保險事業發展中心／精算統計／產險互動統計資訊查詢平台／年度賠款率，http://pivot.tii.org.tw/lifesta/DQPFrame1.htm。

財團法人保險事業發展中心／精算統計／產險財業務統計-一般民眾／供社會大眾查詢之產險財業務統計／中華民國強制汽車責任保險業務統計，http://www.tii.org.tw/opencms/actuarial/actuarial1/report/index.html?category=03。

國道公路警察局（2017），國道英烈（106年警察節紀念國道英烈影片），擷取

日期：2017年6月17日，https://www.facebook.com/HighwayPoliceBureau/videos/1207816919348049/。

陳靜詒（2017），台灣馬路超危險　死亡率東亞第一，天下雜誌。擷取日期：2020年8月3日，https://www.cw.com.tw/article/5081040?utm_source=Facebook&utm_medium=Social&utm_campaign=Daily&fbclid=IwAR1pnQnBuBlCtkv5ZBoH8SvEcv33_TBY81AHHmnm86K9o5OtE5CDmJ-Pzck。

壹讀（2017），日本車禍死亡人數67年來首次低於4000人，擷取日期：2020年8月19日，https://read01.com/ODLO54.html。

監察院全球資訊網／監察成果／糾正案文，http://www.cy.gov.tw/sp.asp?xdUrl=./CyBsBox/CyBsR2.asp&mp=14&ctNode=911。

維基百科／八二三砲戰，擷取日期：2020年8月19日，https://zh.wikipedia.org/wiki/金門炮戰。

維基百科／公安委員會，擷取日期：2020年8月3日，https://zh.wikipedia.org/wiki/%E5%85%AC%E5%AE%89%E5%A7%94%E5%93%A1%E6%9C%83。

維基百科全球資訊網（2011），http://zh.wikipedia.org。

衛生福利部／統計資訊／死因統計，http://www.mohw.gov.tw/CHT/DOS/Statistic.aspx?f_list_no=312&fod_list_no=1601。

五、媒體

交通部臺灣區國道高速公路局（2017.3.7），連續假期交通量大小事故容易大塞車，新聞資料。

陳國恩（2015.5.13），回響—重罰酒駕見效　更須移風易俗，中國時報論壇。

蔡中志（2009），台灣的道路可以更安全，中國時報。

聯合報（2019），員警遭撞事件頻傳新北警採用「交通管制預警系統」，即時報導。

六、外文

American Association of State Highway and Transportation Officials (AASHTO) (1994), *A Policy on Geometric Design of Highways and Streets*, Washington, D.C.: American Association of State Highway and Transportation Officials.

Lynn B. Fricke (1990), Traffic Accident Reconstruction, *The Traffic Accident Investigation Manual*, Vol. 2, Northwestern University Traffic Institute.

國家圖書館出版品預行編目(CIP)資料

交通事故肇事重建與蒐證／陳家福著. -- 二
版. -- 臺北市：五南圖書出版股份有限公
司, 2025.02
面；　公分
ISBN 978-626-423-066-7(平裝)

1.CST: 交通事故　2.CST: 交通管理

557.16　　　　　　　　　　113019959

1RE1

交通事故肇事重建與蒐證

作　　　者 — 陳家福（267.9）

編輯主編 — 劉靜芬

責任編輯 — 林佳瑩

封面設計 — 封怡彤

出 版 者 — 五南圖書出版股份有限公司

發 行 人 — 楊榮川

總 經 理 — 楊士清

總 編 輯 — 楊秀麗

地　　　址：106台北市大安區和平東路二段339號4樓

電　　　話：(02)2705-5066

網　　　址：https://www.wunan.com.tw

電子郵件：wunan@wunan.com.tw

劃撥帳號：01068953

戶　　名：五南圖書出版股份有限公司

法律顧問　林勝安律師

出版日期　2025年2月二版一刷

定　　　價　新臺幣520元

經典永恆・名著常在

五十週年的獻禮——經典名著文庫

　　五南，五十年了，半個世紀，人生旅程的一大半，走過來了。
　思索著，邁向百年的未來歷程，能為知識界、文化學術界作些什麼？
　　在速食文化的生態下，有什麼值得讓人雋永品味的？

歷代經典・當今名著，經過時間的洗禮，千錘百鍊，流傳至今，光芒耀人；
　不僅使我們能領悟前人的智慧，同時也增深加廣我們思考的深度與視野。
　　我們決心投入巨資，有計畫的系統梳選，成立「經典名著文庫」，
　　希望收入古今中外思想性的、充滿睿智與獨見的經典、名著。
　　　　這是一項理想性的、永續性的巨大出版工程。
不在意讀者的眾寡，只考慮它的學術價值，力求完整展現先哲思想的軌跡；
　為知識界開啟一片智慧之窗，營造一座百花綻放的世界文明公園，
　　　　任君遨遊、取菁吸蜜、嘉惠學子！